Rechtstransfer

Leipziger Beiträge zur Orientforschung

Herausgegeben von Hans-Georg Ebert
Begründet von Günter Barthel

Band 29

PETER LANG
Frankfurt am Main · Berlin · Bern · Bruxelles · New York · Oxford · Wien

Martin Heckel (Hrsg.)

Rechtstransfer

Beiträge zum islamischen Recht VIII

PETER LANG
Internationaler Verlag der Wissenschaften

Bibliografische Information der Deutschen Nationalbibliothek
Die Deutsche Nationalbibliothek verzeichnet diese Publikation in der Deutschen Nationalbibliografie; detaillierte bibliografische Daten sind im Internet über http://dnb.d-nb.de abrufbar.

Diese Publikation wurde gefördert
mit freundlicher finanzieller Unterstützung
des *Centre for Area Studies* der Universität Leipzig.
Das *Centre for Area Studies* wird gefördert vom

Bundesministerium
für Bildung
und Forschung

Gedruckt auf alterungsbeständigem,
säurefreiem Papier.

ISSN 0942-2323
ISBN 978-3-631-61502-7

www.peterlang.de

Vorwort

Am 15. und 16. Oktober 2010 fand in den Räumen des Orientalischen Instituts der Universität Leipzig die Jahrestagung der Gesellschaft für arabisches und islamisches Recht statt. Die Tagung, die in Kooperation mit dem Centre for Area Studies der Universität abgehalten wurde, war dem Generalthema „Rechtstransfer“ gewidmet.

Unter diesem Thema zeichneten die Referenten Krüger, Ebert und Tellenbach den klassischen Transfer staatlicher Rechtsnormen von einer Jurisdiktion in eine andere nach. Krüger zeigte das für das ägyptische Zivilgesetzbuch samt seiner Ausstrahlungswirkung auf die gesamte arabische Welt. Ebert ging auf Entwicklungen im Familienrecht arabischer Staaten ein und referierte über den Transfer von einem in einen anderen arabischen Staat. Tellenbach ergänzte den zivilrechtlichen Teil mit einem strafrechtlichen Beitrag zum Thema „Gesetze auf Wanderung“.

Rechtstransfer geht freilich über die Übernahme staatlicher Normen durch einen fremden Gesetzgeber hinaus. Rechtstransfer kann auch auf privater Ebene Platz greifen. Vor diesem Hintergrund referierte ich über die Möglichkeiten und Grenzen der Integration nichtstaatlicher islamischer Rechtsregeln in die deutsche Rechtsordnung. Den Bereich nichtstaatlicher Normierung verfolgte Bälz weiter und widmete sich der Bedeutung der internationalen, vor allem angloamerikanischen Vertragspraxis auf die Rechtsentwicklung in den Golfstaaten. Auf der Grenze zwischen privater und staatlicher Normsetzung lag der Beitrag von Schulz zu neueren Entwicklungen im Schiedsverfahrensrecht der Vereinigten Arabischen Emirate, wo nicht zuletzt auf das entsprechende UNCITRAL Modellgesetz von 1985 zurückgegriffen wird.

Der Transfer von Normen, staatlich oder nicht, reicht für einen wirklichen Transfer von *Recht* nicht aus. Recht muss von Menschen praktiziert werden, die im Umgang mit diesem erfahren sind. Mit Blick darauf stellte Grapentin das Dubai International Financial Centre (DIFC) vor, das nicht nur auf dem Common Law aufbaut, sondern darüber hinaus auf Personen zurückgreifen kann, die über Ausbildung und Umgang mit diesem Recht verfügen. Ein Beispiel dafür, dass Rechtstransfer oft Ergebnis eines sozialen Prozesses ist, lieferte Börner in seinem Vortrag zu internationalen Projekten als Motor der Rechtsentwicklung in Ägypten.

Mit jedem Rechtstransfer wird der Geltungsbereich des transferierten Rechts faktisch erweitert. Ägyptisches Recht wird heute nicht nur von ägyptischen, sondern auch von syrischen Richtern angewandt. Rechtsanwälte praktizieren Common Law nicht nur in England und Wales, sondern auch in Dubai. Vielleicht wird zukünftig in Deutschland Recht islamischen Ursprungs und am Golf deutsches Recht angewandt („Law made in Germany“). Rechtstransfer begründet und erweitert mithin Räume, in denen Recht von kundigen Akteuren gehandhabt wird.

Diese neuen Rechtsräume entsprechen häufig nicht jenen tradierten Raumvorstellungen, die andere Disziplinen, nicht zuletzt die Orientalistik selbst, einst begründet hatten. Ein Blick auf die Beiträge der Tagung macht das deutlich. Nur die ersten beiden Beiträge kann man unter Rechtstransfer in der arabischen Welt zusammenfassen, für die übrigen gilt das nicht. Hier steht der Rechtstransfer in die oder aus der arabischen (bzw. noch weitergehend islamischen) Welt im Mittelpunkt. Bezug besteht also nicht nur zu ihr, sondern auch zu anderen Weltregionen. Demgemäß lautet der Titel des Bandes schlicht „Rechtstransfer".

Derartige Globalisierungsprozesse sind oft mit Sorgen verbunden. Vor dem Verlust staatlicher Souveränität wird gewarnt. Freilich sind auch gegenläufige Tendenzen einer Rückbesinnung auf den Nationalstaat erkennbar. Für das Recht gilt das in besonderem Maße, nicht zuletzt bei seiner praktischen Durchsetzung im Wege staatlicher Vollstreckung. Auf diesen Punkt wurde in den Diskussionen im Anschluss an die Beiträge vermehrt hingewiesen.

Für die Organisation und Ausrichtung der Tagung danke ich namentlich dem 1. Vorsitzenden der Gesellschaft für arabisches und islamisches Recht, Herrn Prof. Dr. Ebert, sowie allen daran Beteiligten. Für finanzielle Unterstützung von Tagung und Tagungsband danke ich dem Centre for Area Studies. Bei der Herausgabe des Tagungsbandes waren Frau Backe vom Orientalischen Institut und Frau Polster vom Peter Lang Verlag eine große Hilfe, für die ich herzlich danke. Selbstverständlich sind die Autoren allein für den Inhalt ihrer Beiträge verantwortlich.

Leipzig, im Mai 2011 *Martin Heckel*

Inhaltsverzeichnis

Zur Rezeption ägyptischen Zivilrechts in der arabischen Welt*

Professor Dr. Hilmar Krüger, Köln

I. Einleitung

Das berühmte ägyptische Zivilgesetzbuch (ZGB), Gesetz Nr. 131/1948 (in Kraft seit dem 15.10.1949) beruht weitgehend auf französischem Rechtsdenken und dem Code civil sowie auf Vorarbeiten des wahrscheinlich bedeutendsten arabischen Juristen des 20. Jahrhunderts, Professor *Al-Sanhūrī* (1895–1971)[1]. *Castro* (1936–2006)[2] schreibt ihm völlig zu Recht „la rifondazione del diritto egiziano e arabe in generale" zu[3], und *Al-Sanhūrī* selbst spricht zutreffend davon, dass das ägyptische ZGB eine neue Ära nicht nur in Ägypten, sondern auch in den arabischen Bruderstaaten eröffnet[4]. Zum ägyptischen ZGB sage ich hier nichts; sondern weise Interessenten lediglich auf zwei wichtige Veröffentlichungen von *Kilian Bälz* hin[5].

Meine Aufgabe ist es also, darüber zu berichten, welchen Einfluss das ägyptische ZGB auf die Kodifikationen und Rechtsprechung in anderen arabischen Staaten hatte und hat. Dass es in der arabischen Welt inzwischen einen „trend away from the Egyptian Civil Code" gibt, wie *Vogel* an prominenter Stelle meint[6], ist zumindest sehr zweifelhaft. Sicher ist allerdings, dass das ägyptische

---

* Bei diesem Beitrag handelt es sich um meinen leicht überarbeiteten Vortrag, den ich am 15.10.2010 auf der Tagung der GAIR in Leipzig gehalten habe. – Angesichts der in Fn. 8 genannten Literatur beschränke ich mich mit Nachweisen auf das Nötigste.

1 Näher zu ihm statt vieler *Castro*, ʿAbd al-Razzaq al-Sanhūrī (1895–1971): Primi appunti per una biografia, in: Studi in onore di Francesco Gabrieli nel suo ottantesimo compleanno, Rom 1984, I 173–210; *Hill*, Al-Sanhuri and Islamic Law, Kairo 1987; *Schneider*, Sanhūrī, in: *Stolleis* (Hrsg.), Juristen – Ein biographisches Lexikon, 2001, 551–553.

2 Näher zu ihm *Piccinelli*, Ricordo di Francesco Castro, Oriente Moderno 86 (2006), I–III, und in Iura Orientalia 3 (2007), 155–158.

3 (Fn. 1), 174.

4 Al-wasīṭ fī šarḥ al-qānūn al-madanī I (2. Aufl. Kairo 1964), 9.

5 *Bälz*, Die „Islamisierung" des Rechts in Ägypten und Libyen: Islamische Rechtssetzung im Nationalstaat, RabelsZ 62 (1998), 437–463; *ders.*, Europäisches Privatrecht jenseits von Europa? Zum fünfzigjährigen Jubiläum des ägyptischen Zivilgesetzbuches (1948), ZEuP 8 (2000), 51–76.

6 International Encyclopedia of Comparative Law II/7 (Contract Law of Islam and the Arab Middle East), 7-1–7-155 (7-139), erschienen 2006; s. dazu bereits die kritische Rezension von *Krüger*, RabelsZ 2 (2008), 441–448.

ZGB in mehreren arabischen Staaten nicht gleichsam unverändert übernommen wurde. Auch dies beruht bereits auf *Al-Sanhūrī* und ist deshalb nichts Neues.

Ich werde also einen knappen Überblick über die Rezeption[7] des ägyptischen ZGB geben und gehe in etwa in chronologischer Reihenfolge vor. Dies ist zwar bereits mehrfach – auch von mir – geschehen[8]. Man kann ohne Weiteres von einem ägyptischen Rechtskreis sprechen[9]. Dies ist übrigens – ich spreche in Leipzig – auch in einer Veröffentlichung in den letzten Monaten der Existenz der DDR angenommen worden[10]. Dies sei deshalb erwähnt, weil ich mich nicht an der damnatio memoriae der DDR beteiligen möchte.

II. Übersicht über die Rezeption des ägyptischen ZGB

1. Syrien

Das ägyptische ZGB wird zuerst – nahezu unverändert – in Syrien durch das ZGB, Gesetz Nr. 84/1949, übernommen und trat dort sogar noch einige Monate vor dem ägyptischen bereits am 15.6.1949 in Kraft. Syrien wollte offensichtlich von Anfang an einen Gleichlauf mit Ägypten. Entscheidende Änderungen des ZGB sind dort bisher nicht erfolgt. Ägyptische Rechtsliteratur, insbesondere *Al-Sanhūrīs* Großkommentar Al-Wasīṭ, wird, wie wahrscheinlich bekannt, nach wie vor von den syrischen Gerichten benutzt.

---

7 Ich bleibe bei dem Begriff Rezeption, der uns aus der europäischen (insbesondere deutschen) Rechtsgeschichte vertraut ist. Heute wird stattdessen seit einiger Zeit – aus den USA kommend – auch der angeblich neutralere Begriff Rechtstransfer benutzt.

8 Z.B. *Badr*, The New Egyptian Civil Code and the Unification of the Laws of the Arab Countries, Tulane L.R. 30 (1955–56), 299–304; *Castro*, La codificazione del diritto privato negli stati arabi contemporanei, Riv. dir. civ. 1985 I 387–447; *Saleh*, Civil Codes of Arab Countries: The Sanhuri Codes, Arab L.Q. 8 (1993), 161–167; *Abu-Sahlieh*, Unification des droits arabes et ses constraintes, in: Mélanges en l'Honneur d'Alfred E. von Overbeck, Fribourg 1990, 177–204; *Krüger*, Überblick über das Privatrecht der Staaten des ägyptischen Rechtskreises, Recht van de Islam 5 (1987), 98–168; Neufassung auf Bitten der Redaktion in: Recht van de Islam 14 (1997), 67–131; *ders.*, An Introduction to the Law of Contract in Arab States, Studi Maġrebini N.S. 2 (2004), 201–222 (207–213).

9 Dieser Begriff hat allgemeine Zustimmung erfahren; Nachweise bei *Krüger*, Zum Recht der Forderungsabtretung in der arabischen Welt, in: Festschrift für Ulrich Spellenberg, München 2010, 605–615 (610).

10 *Brand/Fincke/Lechner/Stolpe*, Grundzüge des libyschen Außenwirtschafts- und Handelsrechts, AW: Recht im Außenhandel Nr. 117 (1990), I–XVI (IV), wo der „beispiellose Stand der Rechtsvereinheitlichung" in den arabischen Staaten zum Anlass genommen wird, von einem ägyptischen Rechtskreis unter Bezugnahme auf meine Veröffentlichung in Recht van de Islam 5 (1987), 98–168, zu sprechen.

2. Irak

Bald darauf folgt der Irak, wo 1951 das ZGB, Gesetz Nr. 40/1951, verkündet und zwei Jahre später (1953) in Kraft gesetzt wird[11]. Hier sind seither mehrere Änderungen erfolgt, die jedoch die Grundstruktur nicht berühren. Es gilt noch heute trotz aller politischen Turbulenzen. Bemerkenswert ist, dass das irakische ZGB in mehreren Bereichen vom ägyptischen abweicht. Der Grund hierfür ist bekannt. Der geistige Vater auch dieses Gesetzbuchs ist selbstverständlich *Al-Sanhūrī*. Anders als im ägyptischen ZGB, in dem das islamische Recht nur eine untergeordnete Rolle spielt, hat er im Irak versucht, eine ausgewogenere Mischung von europäischen (französischen) und islamischen Rechtsvorstellungen zu konzipieren.

Beispielhaft sei das Recht der Forderungsabtretung genannt. Diese ist, zumindest in der hanafitischen Rechtsschule, anders als die Schuldübernahme, dem islamischen Recht nicht bekannt. Deutlicher als in den Gesetzesmotiven zum ZGB kann es schwerlich gesagt werden. Unter deren Nr. 17 findet man nämlich: Nur das kodifizierte Recht der Schuldübernahme (ḥawālat ad-dain) entspricht dem islamischen Recht (al-fiqh al-islāmī), die Zession (ḥawālat al-ḥaqq) dagegen ist westlichen Gesetzen (qawānīn ġarbīya) entnommen worden. Um beide Rechtsinstitute, die die Übertragung einer Verbindlichkeit (intiqāl al-iltizām) regeln, im ZGB zu normieren, hat *Al-Sanhūrī* an dieser Stelle unter Rückgriff auf diese beiden Quellen zunächst die Schuldübernahme (Art. 339–361) und anschließend die Zession (Art. 362–401) geregelt.

In einer Reihe von Fällen hat er die bis 1953 dort geltende osmanische Mejelle (1869–1876) und den Muršid al-ḥairān von *Muḥammad Qadrī Pāšā* als Quellen des irakischen ZGB benutzt. Wieder sei nur ein Beispiel genannt: Die Regeln über die Vertragsauslegung (tafsīr al-ʿaqd) in Art. 155–167 ZGB entstammen der Mejelle. *Castro* spricht deshalb zutreffend von „una variante al modello egiziano"[12]. *Al-Sanhūrī* betrachtete wohl aus diesem Grund das irakische ZGB mehr als das ägyptische als sein Hauptwerk[13]. Von den meisten der genannten Staaten, die ägyptisches Recht übernommen haben, ist wahrscheinlich der Irak der wichtigste; denn dessen ZGB diente später als Modell für andere arabische Länder (z. B. Jordanien, Vereinigte Arabische Emirate [VAE]).

3. Libyen

Als nächster Staat folgt Libyen, wo am 28.11.1953 im Gesetzblatt ein ZGB verkündet worden ist, durch das der seit 1913 in Libyen geltende italienische

11 Al-Waqāʾiʿ al-ʿirāqīya Nr. 3015 vom 8.9.1951.
12 Riv. dir. civ. 31 (1985), I 387.
13 *Krüger*, Recht van de Islam 14 (1997), 92 m. w. Nachw. in Fn. 177.

Codice civile[14] aufgehoben wurde. Es enthält nur sehr geringe Abweichungen vom ägyptischen ZGB. Das Inkrafttreten des Gesetzes wurde mehrmals verschoben; in der Rechtsliteratur findet man deshalb unterschiedliche Daten über den Zeitpunkt seines Inkrafttretens. Es trat jedoch erst am 30.9.1954 in Kraft[15]. Im Zuge der Islamisierung sind durch zwei Gesetze im Jahre 1972 lediglich alle Vorschriften, die ribā (Zinsen) und ġarar (Risikogeschäfte) betreffen, aufgehoben worden (Gesetze Nr. 74/1972 und Nr. 86/1972). Im Übrigen gilt das ZGB bis heute weiter, während im handelsrechtlichen Bereich (ohnehin nicht ägyptischrechtlich inspiriert) mit Wirkung vom 21.8.2010 ein neues umfangreiches Handelsgesetzbuch (HGB), Gesetz Nr. 23/2010, in Kraft gesetzt wurde. Aufgrund von dessen Art. 1358 Nr. 1 wurde das frühere HGB von 1953 aufgehoben.

4. Kuwait

Als nächster Staat ist Kuwait zu nennen. Dort hat zwar die osmanische Mejelle bis zum Inkrafttreten des ZGB, Gesetz Nr. 67/1980[16], am 25.2.1981 als Zivilgesetzbuch gegolten[17]. Aber dennoch muss hier mit dem HGB, Gesetz Nr. 2/1961[18], begonnen werden. Zum einen beruht auch dieses Gesetz wiederum auf Vorarbeiten von *Al-Sanhūrī*, und zum anderen ist es wegen seiner atypischen Struktur interessant; denn es weicht in Teilen ganz erheblich vom Üblichen ab. Es enthält nämlich in seinem zweiten Buch (Art. 103–375) eine vollständige Regelung des Allgemeinen Teils des Schuldrechts, basierend auf irakischen Vorbildern[19]. Letzteres gilt z. B. für die Auslegung von Verträgen. Art. 154–161 HGB sind im Wesentlichen Übernahmen der genannten irakischen Regeln (Art. 155–167 ZGB). Das heißt, der kuwaitische Gesetzgeber hatte bereits 1961 kein rechtes Vertrauen mehr in die Mejelle, die zu jener Zeit, wie gesagt, noch das kuwaitische ZGB bildete. Dies ergibt sich ohne Weiteres aus den Gesetzesmotiven. Zur Schließung von Lücken oder Ergänzungen sollte nicht auf die Mejelle (also islamisches Recht) zurückgegriffen werden, weil das gesamte Gesetz auf westlichen Vorbildern beruhte[20].

Dies ist inzwischen jedoch Rechtsgeschichte, denn 1981 wurde in Kuwait, wie gesagt, ein ZGB, Gesetz Nr. 67/1980, in Kraft gesetzt. Der Bereich des All-

---

14 *Cass. civ.* 49/16, 8.12.1970, Maǧallat al-maḥkama al-ʿulyā/Supreme Court Journal VII/2 (1971), 12; *Cass. civ.* 10/18, 15.5.1973, ebenda IX/4 (1973), 5 (6).

15 Näher dazu *Mansur*, Justice Administration in general and Libyan Administration in particular, ebenda VI/4 (1970), 39–58 (53).

16 Al-Kuwait al-Yaum Nr. 1335 vom 5.1.1981.

17 Mejelle aufgehoben durch Art. 1 Einführungsverordnung (EinfVO) zum ZGB.

18 Veröffentlicht im Anhang (mulḥaq) zu Al-Kuwait al-Yaum Nr. 311 vom 23.1.1961.

19 Verkannt von *Vogel* (Fn. 6), 7–136.

20 So eindeutig die Motive zum Gesetz (Fn. 16), 97–124 (97).

gemeinen Teils des Schuldrechts (Art. 31–453) ist allerdings *nicht* den entsprechenden Regeln aus dem HGB von 1961 (Art. 103–375) übernommen worden. Insgesamt entspricht das geltende ZGB im Aufbau und inhaltlich im Wesentlichen dem ägyptischen ZGB. Dies gilt auch für den Besonderen Teil des Schuldrechts (Art. 454–809 ZGB).

Kollisionsrechtlich ist von Interesse, dass das ZGB – anders als die allermeisten anderen arabischen Zivilgesetzbücher – keine Normen über das Internationale Privatrecht (IPR) enthält. In seinem Art. 7 wird auf ein besonderes Gesetz verwiesen. Dabei handelt es sich um das Gesetz zur Regelung der Rechtsbeziehungen mit Auslandselement, Gesetz Nr. 5/1961[21]. Dass das neue kuwaitische HGB, Gesetz Nr. 68/1980[22], der Dreh- und Angelpunkt für die *handelsrechtlichen* Kodifikationen in den Staaten auf der Arabischen Halbinsel einschließlich des Jemen – mit Ausnahme von Saudi-Arabien – geworden ist, sei zumindest beiläufig erwähnt[23].

5. Erstes Zwischenergebnis

Mit den vier Staaten Syrien, Libyen, Irak und Kuwait war zunächst der Kreis der Staaten geschlossen, die im ersten Jahrzehnt nach dem Inkrafttreten des ägyptischen ZGB dieses wörtlich, auszugsweise oder in modifizierter Form, und zwar weitestgehend noch aufgrund der Aktivitäten von *Al-Sanhūrī*, übernommen haben. Danach kommt der Rezeptionsprozess in der arabischen Welt für längere Zeit ins Stocken, wenn man den Sonderfall des Sudan (ZGB von 1971) zunächst beiseite lässt. Aber Ägypten bleibt „the leader and the pace setter“[24] oder der Pionier im Bereich der Rechtsrenaissance in der arabischen Welt[25]. In den 70er und 80er Jahren geht es dann nämlich gleichsam Schlag auf Schlag; es folgt ein Land nach dem anderen. In jüngster Zeit erfasst die Welle der Kodifikationsbewegung nunmehr auch ganz intensiv die kleinen Staaten auf der Arabischen Halbinsel; denn angesichts der sprunghaften wirtschaftlichen und sozialen Entwicklung benötigten sie in relativ kurzer Zeit brauchbare Zivilgesetzbücher, ohne auf einheimische Vorarbeiten zurückgreifen zu können.

21 Veröffentlicht im Anhang (mulḥaq) zu Al-Kuwait al-Yaum Nr. 316 vom 14.2.1961.

22 Al-Kuwait al-Yaum Nr. 1338 vom 19.1.1981.

23 S. dazu z. B. *Krüger*, An Introduction to Commercial Law in the States of the Arab Peninsula, Studi Maġrebini N. S. 1 (2003), 137–165.

24 *Al-Muhktar*, An Introduction to Construction Contracts in Iraq, Int. Constr. L. R. 1985, 35–50 (36).

25 *Badr*, Tulane L. R. 30 (1955–56), 304.

6. Qatar

Begonnen werden muss mit Qatar. Dieses Land übernimmt mit seinem Zivil- und Handelsgesetzbuch (ZHGB), Gesetz Nr. 16/1971[26], inhaltlich weitgehend unverändert das alte kuwaitische HGB von 1961, erstreckt seinen Geltungsbereich allerdings vom Handels- auch auf das Zivilrecht.

Aber dies ist inzwischen Rechtsgeschichte, denn in Qatar ist 2004 ein umfangreiches ZGB, Gesetz Nr. 22/2004, in Kraft gesetzt worden[27], durch das im zivilrechtlichen Bereich das ZHGB von 1971 aufgehoben wurde. Das neue ZGB beruht im Wesentlichen auf kuwaitischem und ägyptischem Recht. Dies gilt für die Struktur und durchgängig auch inhaltlich.

7. Somalia

In diesem Staat, der seit 1974 zur Arabischen Liga gehört, gilt – angesichts der politischen Situation („a failed state" in der Terminologie der Politologen) zumindest theoretisch – der Codice civile somalo, Gesetz Nr. 37/1973[28]. Hierbei hat man es mit einer nahezu wörtlichen – allerdings verkürzten – Übernahme des ägyptischen ZGB zu tun[29], das zu jener Zeit zuerst in italienischer Fassung im Gesetzblatt verkündet wurde. So existiert jetzt gleichsam eine amtliche italienische Übersetzung des ägyptischen ZGB. Die Übernahme dieses Gesetzes ist deshalb interessant, weil damit mit der bisherigen Rechtstradition gebrochen wurde. Weder der italienische Codice civile noch englisches Recht, die lange Zeit in den beiden Teilen Somalias gegolten haben, wurden das Vorbild des somalischen ZGB. Wie sich das somalische Recht angesichts des derzeitigen Zustands des Landes entwickeln wird, ist allerdings eine offene Frage.

8. Algerien

Wichtiger ist der nächste Staat; denn mit der Übernahme des ägyptischen ZGB ist dort erstmals ein Einbruch in die sehr stark unmittelbar französischrechtlich beeinflussten Staaten des Maghreb erfolgt. Das algerische ZGB (Ordonnance no. 75-78)[30] wurde im Rahmen einer großen Rechtsreform seit 1973 im Jahre 1975 in Kraft gesetzt.

26 Al-Ǧarīda ar-Rasmīya Nr. 7 vom 30.8.1971.

27 Al-Ǧarīda ar-Rasmīya Nr. 11 vom 8.8.2004.

28 Allegato al Bollettino Ufficiale Nr. 6 vom 2.6.1973; Text auch bei *Scek Ibrahim*, I Codici e le leggi civili della Somalia, Mogadiscio 1978, 28–164.

29 Insgesamt nur 954 Artikel; das Schuldrecht ist durchgängig, das Sachenrecht im Vergleich zum ägyptischen Recht lediglich z. T. kodifiziert.

30 Journal Officiel de la République Algérienne Nr. 78 vom 30.9.1975, 818–871.

Amüsiert hat mich ein Teil der Stellungnahmen in der internationalen Rechtsliteratur zum algerischen ZGB. Es wurde lang und breit darüber diskutiert, aus welchen Quellen das Gesetz stammt. In Algerien wird sogar der Standpunkt vertreten, der französische Code civil sei das Modell des algerischen ZGB.

Dies ist für einen rechtsvergleichend arbeitenden Juristen nur schwer verständlich, denn das Gesetz ist nicht mehr oder weniger als eine Übernahme des ägyptischen ZGB. Dies ergibt ein bloßer Vergleich der beiden Gesetzestexte, gleichgültig ob man den arabischen oder französischen Text heranzieht. Einige Abschnitte fehlen, einige Artikel sind gekürzt. Im Übrigen sind die beiden Gesetze identisch. Dies wird von algerischen Juristen nur ungern zugestanden, denn man will das Gesetz für einen originären „code national" halten. Dass in Algerien in recht starkem Maße weiterhin auf französische Quellen (Rechtsprechung und Literatur) zurückgegriffen wird, kann angesichts der Rechtstradition nicht wundern.

9. Jordanien

Ein Jahr später als in Algerien (also 1976) wurde in Jordanien erstmals ein ZGB (Gesetz Nr. 43/1976)[31] verkündet, das am 1.1.1977 in Kraft getreten ist und die bis dahin geltende osmanische Mejelle abgelöst hat (Art. 1448 ZGB). Die Hauptquelle des Gesetzes ist nicht unmittelbar das ägyptische, sondern das irakische ZGB. Insgesamt ist das jordanische ZGB konservativer konzipiert als das ägyptische. Die Quellen sind leicht ermittelbar, denn die Gesetzesmotive wurden amtlich bekannt gemacht[32], und dabei findet man dann viele Bezugnahmen auf das irakische ZGB von 1951. Im Übrigen wurden nicht wenige Regeln der Mejelle[33] und des osmanischen Bodengesetzes beibehalten. Insgesamt hat jedoch ein Richtungswechsel stattgefunden. Man orientiert sich in der Rechtspraxis am ägyptischen Recht und folgt ihm vielfach.

---

31 Al-Ǧarīda ar-Rasmīya Nr. 2645 vom 1.8.1976.

32 Anwaltskammer Amman (Hrsg.), Al-Muḏakkirāt al-īḍāḥīya li-l-qānūn al-madanī al-urdunnī, Amman 1977 (2 Bände).

33 Z. B. die Regeln über die Vertragsauslegung (tafsīr al-ʿaqd) in Art. 213–240 ZGB. Wenn ich richtig zähle, sind rund 550 Artikel der Mejelle (also rund ein Drittel des Normtexts) wörtlich oder in veränderter Form übernommen worden. Leicht zugänglich findet man dies bei *Hashem*, The Jordanian Civil Code of Moslem Jurisprudence, Amman 1990, 219–222.

10. Jemen

Die Situation im Jemen ist etwas schwieriger in den Griff zu bekommen. Hinzu kommt, dass in Nord- und Südjemen nach der Vereinigung im Mai 1990 bis 1992 unterschiedliche Zivilrechtssysteme galten.

Ab 1992 galt im Bereich des *Nordjemen* das ZGB, Gesetz Nr. 19/1992[34], das das frühere ZGB, erlassen in fünf Einzelgesetzen in der Zeit zwischen 1979 und 1983[35], abgelöst hat. Im Südjemen galt bis 1992 ein vorzügliches umfangreiches ZGB (Gesetz Nr. 8/1988)[36], das nicht nur zivilrechtliche Regeln, sondern auch weite Teile des Handels-, Wertpapier- und Immaterialgüterrechts enthielt[37]. Nur das Seehandelsrecht wurde separat in einem besonderen Gesetz geregelt (Gesetz Nr. 10/1988)[38]. Dieses ZGB, das in Europa kaum bekannt wurde, war weitgehend ägyptischrechtlich geprägt und enthielt – das ist für den Jemen nicht ohne Belang – keine Anklänge an islamisches Recht, was angesichts der politischen Situation nicht verwundert. Der Nordjemen hat sich jedoch in einem Krieg nach der Wiedervereinigung durchgesetzt und damit sein Recht dem Südjemen aufgezwungen.

Heute gilt im Jemen das ZGB, Gesetz Nr. 14/2002[39], das in wesentlichen Teilen auf seinem Vorgänger, dem ZGB von 1992, beruht. Im Aufbau und in einigen Teilen auch inhaltlich folgt es dem ägyptischen Muster. Allerdings lehnt sich wohl kein anderes arabisches ZGB wie das jemenitische – neben dem sudanesischen – so stark an die šarīʿa an, was angesichts des allgemeinen Entwicklungsstandes des Staates nicht verwundern kann.

11. Sudan

Von einer bemerkenswerten Entwicklung ist im Sudan zu berichten, denn dies ist ein Staat, in dem das ägyptische ZGB zweimal übernommen wurde. Bereits 1971 wurde es aus politischen Gründen übernommen und zwei Jahre später (1973) aus anderen politischen Gründen wieder außer Kraft gesetzt. Im Übrigen,

---

34 Al-Ǧarīda ar-Rasmīya Nr. 6 Teil 2 vom 31.3.1992.

35 Gesetze Nr. 10 und 11/1979, Gesetzblatt (Al-Ǧarīda ar-Rasmīya) Nr. 4/1979; Gesetz Nr. 27/1979, GBl. Nr. 9/1979; Gesetze Nr. 16 und 17/1983, GBl. Nr. 6/1983.

36 Veröffentlicht im Anhang (mulḥaq) zu Al-Ǧarīda ar-Rasmīya Nr. 48 vom 26.11.1988. Die einzige mir bekannt gewordene Veröffentlichung über dieses Gesetz in Europa ist ein Bericht in der Wirtschaftspresse; Nachrichten für Außenhandel Nr. 193 vom 5.10.1989.

37 Angesichts der intensiven Beziehungen der DDR zum Südjemen (Demokratische Volksrepublik Jemen) auf vielen Gebieten wäre es interessant, wenn jemand einmal näher untersuchte, ob und ggf. in welchem Umfang deutsche Juristen an der Kodifikation südjemenitischer Gesetze beteiligt waren.

38 Veröffentlicht im Anhang (mulḥaq) zu Al-Ǧarīda ar-Rasmīya Nr. 51 vom 17.12.1988.

39 Al-Ǧarīda ar-Rasmīya Nr. 7 vom 10.4.2002.

kurz erwähnt, führte die Übernahme des ägyptischen ZGB 1971 zu einem Aufruhr aller englisch geschulten Juristen.

Der zweite Versuch, ein ZGB zu erlassen, war offensichtlich erfolgreicher. Ein in erheblichem Umfang auf ägyptischen Regeln beruhendes ZGB, Gesetz Nr. 6/1984, ist seither in Kraft[40]. Offiziell heißt es übrigens nicht ZGB (qānūn al-madanī), sondern Gesetz über zivilrechtliche Rechtsgeschäfte (qānūn al-muʿāmalāt al-madanīya). Alle auf dem Gebiet des vermögensrechtlichen Privatrechts vorher geltenden englischrechtlich inspirierten Gesetze wurden durch Art. 2 ZGB aufgehoben. Insgesamt scheint mir das sudanesische ZGB jedoch recht erheblich auch durch islamischrechtliche Gedanken inspiriert zu sein[41].

12. Vereinigte Arabische Emirate

Damit komme ich zum Recht der VAE, das – anders als die Rechtsordnungen der übrigen kleinen Golfstaaten – in der deutschen Rechtsliteratur nicht selten erörtert wird[42]. Dort gilt ein recht umfangreiches ZGB, Gesetz Nr. 5/1985, das 1986 in Kraft getreten ist[43]. Es heißt amtlich nach sudanesischem Vorbild Gesetz über zivilrechtliche Rechtsgeschäfte (qānūn al-muʿāmalāt al-madanīya). U. a. aus diesem ZGB zieht *Vogel*[44] den Schluss, dass es einen Trend weg vom ägyptischen ZGB repräsentiere. *Ballantyne*[45] spricht hinsichtlich des ZGB der VAE sogar von einer erneuten Bekräftigung der šarīʿa. Darüber lässt sich jedoch streiten, denn beide bleiben bei ihrer Analyse beim bloßen Gesetzestext stehen. Es besteht kein Zweifel, dass ein erheblicher Teil des Normtexts primär dem jordanischen ZGB entnommen wurde, das – wie gesagt – mehr auf dem irakischen als unmittelbar auf dem ägyptischen ZGB beruht. In der Praxis wird von den Gerichten jedoch nicht selten unmittelbar auf ägyptisches Recht zurückgegriffen.

Dies gilt, um bei meinem bereits genannten Beispiel zu bleiben, z. B. für das Recht der Forderungsabtretung, das im Gesetz – anders als die Schuldübernahme (Art. 993–1017) – nicht geregelt wird. Dies führte in den VAE zu einer

---

40 Veröffentlicht im Anhang (mulḥaq) zu Al-Ǧarīda ar-Rasmīya Nr. 1340 vom 16.2.1984.

41 Hinsichtlich der Rechtslage im Sudan ist die Ansicht von *Vogel* (Fn. 6), 7-3, rechtsirrig, wenn er davon ausgeht, sie sei „heavily influenced by English common law“.

42 Z. B. *Krüger*, Vermögensrechtliches Privatrecht und Shariʿa am Beispiel der VAE, ZvglRWiss 97 (1998), 360–386; *ders.*, Grundzüge des Privatrechts der VAE, in: *Ebert/Hanstein* (Hrsg.), Beiträge zum Islamischen Recht VI, 2007, 101–134.

43 Al-Ǧarīda ar-Rasmīya Nr. 158 vom 29.12.1985.

44 Oben Fn. 6, 7–139.

45 The New Civil Code of the UAE: A Further Reassertion of the Shariʿa, Arab L. Q. 1 (1985/1986), 245–264; “It comes down four-square on the basis of the shariʿa” (246); er nennt die aus der Mejelle übernommenen in Art. 29–70 ZGB übernommenen Regeln “extremely abstruse” (260) usw. Er scheint das System des ZGB nicht recht verstanden zu haben.

lebhaften Rechtsprechung. Insbesondere haben die Kassationshöfe Abu Dhabi und Dubai in zessionsrechtlichen Fragen nicht von Anfang an einheitlich geurteilt. Der Kassationshof Dubai nimmt heute jedoch nach ersten tastenden Versuchen in gefestigter Rechtsprechung an, dass die Abtretung einer Forderung, ohne gesetzlich geregelt zu sein, möglich und ohne Zustimmung des Schuldners wirksam ist. Er braucht lediglich von der Zession unterrichtet zu werden. Dieser Ansicht folgt inzwischen auch der Kassationshof Abu Dhabi. Das heißt, dass in den VAE insoweit – wahrscheinlich contra legem scriptam – aufgrund *Richterrechts* jetzt dieselbe Rechtslage wie in Ägypten gilt. Islamisches Recht spielt in diesem Bereich keine Rolle mehr[46]. Da zumindest die Urteile des Kassationshofs Dubai regelmäßig in der amtlichen Sammlung seiner Entscheidungen veröffentlicht werden, kann man die Rechtsentwicklungen gut verfolgen.

Bemerkenswert ist schließlich folgende Abweichung von den Zivilgesetzbüchern der anderen arabischen Staaten: In Art. 29–70 ZGB werden „Erläuternde Regeln der Grundlagen des islamischen Rechts“ (qawāʿid al-usūl al-fiqhīya at-tafsīrīya) normiert und den nachfolgenden Vorschriften im ZGB vorangestellt. Dies mag damit zusammenhängen, dass das ZGB der VAE durch zwei Kommissionen, bestehend aus Experten der šarīʿa sowie insbesondere ägyptischen und jordanischen Kennern der geltenden Zivilrechtssysteme der arabischen Staaten, erarbeitet wurde. Diese „Erläuternden Regeln“ enthalten viele Anklänge und Übernahmen aus den berühmten ersten 100 Artikeln der osmanischen Mejelle, obwohl diese in den VAE (bzw. in ihren Vorgängerstaaten) nie gegolten hat. Soweit mir aus der Rechtsprechung bekannt ist, haben sie jedoch noch keinen entscheidenden Einfluss auf sie gehabt. Ich habe jedenfalls noch in keinem Urteil ein entsprechendes Zitat gefunden.

Sieht man von der Zinsproblematik ab, die inzwischen durch das HGB, Gesetz Nr. 18/1993 jedoch längst entschärft ist, spielt islamisches Recht in den VAE – abgesehen vom Familien- und Erbrecht – kaum jemals eine Rolle. Kredit- und Verzugszinsen sind z. B. bis zu 12 % in Handelssachen zulässig (Art. 76 und 88 HGB, Gesetz Nr. 18/1993)[47]. Nach der Rechtsprechung in Dubai und Abu Dhabi werden Verzugszinsen auch in zivilrechtlichen Sachen zugesprochen (üblicherweise 9 %). Es sind sogar Urteile des Kassationshofs Dubai bekannt, in denen in handelsrechtlichen Sachen Verzugszinsen in Höhe von 14 % zuerkannt wurden[48]. Man darf also, anders als es *Vogel* tut, nicht beim Gesetzestext stehen

46 Näher mit Rspr. *Eltom*, The Emirates Law in Practice, Dubai 2009, 92–95; *Krüger* (Fn. 9), 611 f.

47 Al-Ǧarīda ar-Rasmīya Nr. 255 vom 20.9.1993.

48 S. z. B. *Krüger*, ZvglRwiss 97 (1998), 381–382; www.clydeco.com/knowledge/articles/the-legal-entitlement-to-judgment-interest-in-the-emirate-of-abu-dhabi.cfm (abgerufen am 22.6.2010); *Eltom* (Fn. 46), 181–186. Einschlägige Urteile des Kassationshofs Dubai findet man z. B. in englischer Übersetzung bei *Price/Al Tamimi*, UAE Court of Cassation

bleiben, um eine Aussage über den Charakter eines Rechtssystems zu treffen, denn die gesetzlichen Vorschriften sind das eine, die gerichtliche Wirklichkeit das andere, und zwar das Entscheidende.

13. Zweites Zwischenergebnis

In der Gruppe der Staaten, die in den 70er und 80er Jahren des vergangenen Jahrhunderts Zivilgesetzbücher erlassen haben, spielt neben dem ägyptischen auch das irakische ZGB von 1951 als Vorbild eine Rolle. Dies gilt insbesondere für Jordanien und die VAE.

14. Bahrain

Der letzte Staat, in dem bisher ein ägyptisch inspiriertes ZGB in Kraft gesetzt wurde, ist wie bereits gesagt Qatar mit seinem ZGB von 2004. Vorangegangen war allerdings bereits drei Jahre früher Bahrain mit seinem ZGB, Gesetz Nr. 19/2001[49]. Bahrain war neben dem Sudan der einzige arabische Staat, in dem im schuldrechtlichen Bereich englischrechtlich inspirierte Gesetze galten (Contract Law, 1969; Civil Wrongs Ordinance, 1970). Diese wurden durch Art. 2 ZGB aufgehoben. Damit gelten nun in keinem arabischen Staat mehr Regeln des Common Law. Das ZGB beruht in weiten Teilen auf kuwaitischem Recht. In Frankreich ist man deshalb sehr stolz auf den Einfluss des Code Napoleon. *Peyrard*[50] spricht zutreffend von der „persistance de l'influence de notre Code civil".

Abschließend sei angemerkt, dass – wie bereits gesagt – anders als in den meisten arabischen Staaten – mit der Ausnahme von Kuwait – in einem der ersten Abschnitte des jeweiligen ZGB auch das IPR normiert wird. Dies gilt jedoch nicht für Bahrain. In Art. 7 ZGB ist zwar – wie in Kuwait – der Erlass eines besonderen Gesetzes über das Kollisionsrecht vorgesehen, aber dies ist nach meinem Kenntnisstand bisher nicht erfolgt.

15. Drittes Zwischenergebnis

Anders als *Vogel* meint, erfolgt jetzt in den jüngsten Zivilgesetzbüchern (Bahrain und Qatar) keineswegs ein größerer Rückgriff auf islamische Rechtsregeln als früher. Selbst in einem im Grunde stärker islamisch geprägten Staat wie dem Jemen ist – um bei meinem Beispiel zu bleiben – das Recht der Forderungsab-

---

Judgments 1989–1997, 1998; *dies.*, UAE Court of Cassation Judgments 1998–2003, 2005, sowie in den in dieser Fn. genannten Veröffentlichungen von *Eltom* und *Krüger*.

49 Veröffentlicht im Anhang (mulḥaq) zu Al-Ǧarīda ar-Rasmīya Nr. 2476 vom 29.5.2001.

50 Persistance de l'influence de notre Code civil, Rev. int. dr. comp. 2001, 927–944.

tretung gesetzlich normiert (Art. 383–394). Das ägyptische Recht unmittelbar oder mittelbar in irakischer Form bleibt die maßgebliche Quelle für die anderen arabischen Kodifikationen.

16. Oman: Rezeption durch Richterrecht

Damit ist der Kreis der arabischen Staaten, in denen das ägyptische ZGB unmittelbar oder via Irak übernommen wurde, abgeschlossen. Aber es bleibt noch eine Besonderheit zu erwähnen. Das Sultanat Oman besitzt zwar seit 1990 ein HGB (Gesetz Nr. 55/1990)[51], jedoch noch kein ZGB. In der Rechtsliteratur findet man deshalb gelegentlich Hinweise, dass dort mangels gesetzlicher Bestimmungen das traditionelle islamische Recht der ibaditischen Schule auch im Bereich des vermögensrechtlichen Privatrechts maßgebend sei[52]. Dies trifft jedoch schwerlich zu, wie *Elwan* ausführlich ermittelt hat; denn nach der Rechtsprechung der früheren Authority for the Settlement of Commercial Disputes (heute des Commercial Court) ist das ägyptische Recht „eine Referenz, vor allem in Entscheidungen über Fragen des Schuldrechts." Dies gilt nahezu für alle wichtigen Probleme[53]. Hier haben wir es deshalb – anders als in den bisher genannten Staaten – mit einer Übernahme ägyptischen Rechts durch *Richterrecht* zu tun. Man wird wohl nicht ausschließen können, dass auch in diesem Staat in Zukunft ein ZGB nach ägyptischem Vorbild in Kraft gesetzt werden wird.

III. Zusammenfassung

Zusammenfassend sei gesagt: Die Vereinheitlichung des Zivilrechts der arabischen Staaten beruht im Wesentlichen auf den Arbeiten von *Al-Sanhūrī*. Wir haben es damit mit einer Rezeption durch die Rechtswissenschaft zu tun, der die Gesetzgeber gefolgt sind. Eine Ausnahme bilden nur das Sultanat Oman und teilweise die VAE mit der Übernahme ägyptischen Rechts durch die Rechtsprechung. Man findet heute vom Nordwesten Afrikas (Algerien) bis zu den Staaten der Arabischen Halbinsel vielfach vereinheitlichtes Recht. Bei dem ägyptischen ZGB handelt es sich weder um eine islamisch- oder französischrechtliche Kodifikation, sondern um eine eigene Schöpfung durch *Al-Sanhūrī*, aber sicherlich kann man von einem code d'inspiration française sprechen[54]. Dies gilt dementsprechend, wenngleich in unterschiedlich intensi-

51 Al-Ǧarīda ar-Rasmīya Nr. 435 vom 15.7.1990.

52 Z. B. *Saleh*, Commercial Agency and Distributorship in the Arab Middle East, London 1989, I 302.

53 *Elwan*, Die Rechtsordnung des Sultanats Oman, in: Festschrift für Reinhold Trinkner, 1995, 525–547 (545–547).

54 So mit Recht auch *Bälz*, ZEuP 8 (2000), 51, 69.

vem Grad, auch für die arabischen Zivilgesetzbücher, die auf dem ägyptischen ZGB beruhen.

Das ägyptische ZGB gilt in Staaten höchst unterschiedlichen Entwicklungsgrades. Das heißt, es ist offensichtlich ein so taugliches und elastisches Instrument, das ganz unterschiedlichen politischen, wirtschaftlichen und sozialen Gegebenheiten gerecht wird und politische Umwälzungen in den einzelnen Staaten regelmäßig übersteht. Die überragende Leistung des Schöpfers des ägyptischen ZGB, *Al-Sanhūrī*, wird damit immer wieder neu bestätigt. Hinzu kommt, dass seine Schriften und sein Großkommentar zum ZGB in der arabischen Welt „faktisch den Rang von Rechtsquellen" haben[55]. Nach *Al-Sanhūrī* ist sein Kommentar (Al-Wasīṭ) kein ägyptischer, sondern ein „arabischer Kommentar"[56], der deshalb ohne Weiteres von den Gerichten anderer arabischer Staaten stets benutzt werden kann und auch benutzt wird[57].

Hinsichtlich des Erfolgs der Sanhūrī Codes soll der Umstand nicht außer Acht gelassen werden, dass die politischen Verhältnisse der arabischen Staaten in der zweiten Hälfte des 20. Jahrhunderts die rasche und weite Ausbreitung des ägyptischen ZGB erheblich begünstigt haben; denn nach Erlangung der Unabhängigkeit brauchten sie nationale Zivilgesetzbücher, die ihren Bedürfnissen entsprachen, jedoch nicht ohne Weiteres durch einheimische Juristen, soweit zunächst überhaupt vorhanden, konzipiert werden konnten.

Auf diese Weise entstand in relativ kurzer Zeit ein ägyptischer Rechtskreis. Innerhalb dieses Rechtskreises kann man, wie bereits gesagt, zwei Staatengruppen unterscheiden: Zum einen die Staaten, die das ägyptische ZGB mehr oder minder unverändert rezipiert haben (Syrien, Libyen, Somalia, Algerien, Bahrain und Qatar sowie Oman kraft Richterrechts) und zum anderen die Staaten, die intensiver auf das ägyptisch-*irakische* Modell zurückgreifen (VAE, Jemen, Sudan und Jordanien). So hat man es nicht nur mit ägyptischen Tochter-, sondern auch mit Enkel- oder gar Urenkelgesetzen zu tun; man siehe z.B. die Kette Ägypten, Irak, Jordanien, VAE[58].

Außerhalb des ägyptischen Rechtskreises stehen bisher nur noch die stark französischrechtlich geprägten Rechtsordnungen der maghrebinischen Staaten (Tunesien, Marokko und Mauretanien) sowie Djibouti und der Libanon auf der einen Seite[59] sowie Saudi-Arabien (mit der Anwendung islamischen Rechts auch im Bereich des Zivilrechts) auf der anderen.

---

55 So *Goussous*, Der Vertrag nach dem neuen jordanischen ZGB von 1976, Diss. München 1983, 9; ähnlich *Saleh*, Arab L. Q. 8 (1993), 166; *Bälz*, ZEuP 8 (2000), 70 f.

56 *Bälz*, ZEuP 8 (2000), 72.

57 *Saleh*, Arab L. Q. 8 (1993), 166.

58 So schon *Krüger*, Recht van de Islam 14 (1997), 96.

59 Aber selbst in einem Teil dieser Staaten finden sich Hinweise auf den Großkommentar von *Al-Sanhūrī*; zutreffend *Bälz*, ZEuP 8 (2000), 70 f.

Rechtstransfer in der arabischen Welt am Beispiel des Familienrechts

Professor Dr. Hans-Georg Ebert, Leipzig

1. Einleitung

Wer in Kairo von der Ibn Ṭulūn-Moschee, die der mesopotamischen Moschee von Samarra nachgestaltet ist (wobei wir schon beim Thema Transfer wären), zur Šāriʿ Būr Saʿīd, die von as-Saiyida Zainab in die Neustadt führt, vorzugsweise per Fuß unterwegs ist, lenkt seine Schritte durch eine kleine Straße mit dem Namen Šāriʿ Muḥammad Qadrī Pāšā. Nicht allzu viele Ägypter und Besucher des Landes wissen allerdings, dass die Straße an einen der größten Juristen Ägyptens erinnert, der 1821 im oberägyptischen Mallawī geboren wurde und einer anatolischen Familie entstammte. Er durchlief nicht den „klassischen" Azhar-Bildungsweg, sondern besuchte zunächst die von Muḥammad aṭ-Ṭahṭāwī (gest. 1837) eingerichtete Sprachenschule in Kairo, um sich in der Folgezeit vor allem rechtlichen Fragen in Theorie und Praxis zu widmen.[1] Knapp neun Jahre nach seinem Tod 1886 wurde in Alexandria ʿAbd ar-Razzāq as-Sanhūrī geboren, der sich 1913 in die aus der erwähnten Sprachschule hervorgegangene Rechtsschule (madrasat al-ḥuqūq) von Kairo immatrikulieren ließ.[2] 1971 verstarb as-Sanhūrī und ging in die Geschichte als Spiritus rector zahlreicher Zivilgesetzbücher ein. Beide Männer verkörpern das Thema Rechtstransfer in Bezug auf unterschiedliche Zeiten und unterschiedliche Gebiete. Gemeinsam ist ihnen das Bestreben, das Recht als Motor einer sozial-ökonomischen Entwicklung zu nutzen, die Rechtsanwendung und -auslegung unter Nutzung verbindlicher Rechtssätze zu präzisieren und nach kontinentaleuropäischem Vorbild eine widerspruchsfreie national-staatliche oder arabisch-islamische Rechtsordnung zu schaffen. Auf diesbezügliche Konfliktfelder wird zurückzukommen sein.

---

1 Vgl. zum Lebenslauf von Muḥammad Qadrī Pāšā *Ebert*, Die Qadrî-Pâshâ-Kodifikation. Islamisches Personalstatut der hanafitischen Rechtsschule. Leipziger Beiträge zur Orientforschung Bd. 23, Frankfurt am Main, Berlin, Bern, Wien 2010, 11–13.

2 Vgl. zum Lebenslauf von ʿAbd ar-Razzāq as-Sanhūrī die Aufzeichnungen von seiner Tochter *N. As-Sanhūrī, aš-Šāwī* (Hg.), As-Sanhūrī, min ḫilāl aurāqihi aš-šaḫṣīya. al-Qāhira 2005. Zur Entwicklung der Sprach- und Rechtsschulen in Ägypten siehe *Botiveau, Sharî'a* islamique et droit positif dans le Moyen-Orient contemporain. Egypte et Syrie. Thèse pour le Doctorat en Science Politique, Aix-Marseille 1989, 160–170.

2. Rechtstransfer: Theoretische Überlegungen

Der seit einigen Jahren häufig benutzte Terminus Rechtstransfer (legal transfer oder legal transplant) meint in allgemeiner Form die Übernahme „fremder" Rechtsfiguren, aber auch rechtspolitischer, rechtstheoretischer oder rechtsphilosophischer Vorstellungen in die „eigene" Rechtsordnung. Dabei überlagern sich die Begriffe Rechtstransfer und Rechtsrezeption, wobei letzterer mit Blick auf die Befindlichkeit islamischer Länder nicht selten vermieden wird, zu Unrecht – wie Gottfried Plagemann ausführt –, weil „eine orientalistische Betrachtungsweise (nicht) zwingend zum Inhalt des Begriffs (gehöre)"[3]. Selbstverständlich ist Rechtstransfer keineswegs ein Phänomen, welches nur für den islamischen Kulturkreis Geltung besitzt. In der neueren und neuesten Geschichte wird in besonderer Weise die Wirkung des englischen Rechts auf dem indischen Subkontinent hervorgehoben.[4] Rechtstransfer kann durch innere und/oder äußere Faktoren vornehmlich beeinflusst sein, wobei in der Phase des europäischen Kolonialismus die Interessen der Kolonialmacht, eine adäquate Rechtsordnung zu schaffen, im Mittelpunkt standen. Dass sich das Personalstatut im französisch-rechtlichen Verständnis (statut personnel: Familien-, Personen- und Erbrecht) als zunächst „transferfreies" Gebiet dafür anbot, französische Staatsangehörige zu privilegieren und ihnen über ein französisch-inspiriertes Sachenrecht (droits réels) die wirtschaftliche Vormachtstellung zu garantieren, zeigt die selektive Nutzung des Rechtstransfers und seine Verbindung zu anderen Rechtsbereichen – so auch zum Staatsangehörigkeitsrecht – und zur Politik.[5] Im Zuge der Globalisierung gewinnt der Rechtstransfer aus Europa und Nordamerika in die arabische Welt weiter an Bedeutung. Anders als im 19. Jahrhundert erfolgt dies jedoch nicht durch direkte koloniale Penetration, sondern durch die Einbindung der Region in

3 *Plagemann*, Von Allahs Gesetz zur Modernisierung per Gesetz. Gesetz und Gesetzgebung im Osmanischen Reich und der Republik Türkei, Berlin, Münster 2009, 45. Dazu weiterführend: *Watson*, Legal Transplants: An Approach of Comparative Law, Athens/Georgia 1974, *Duss, Linder, Kastl, Börner, Hirt, Züsli* (Hg.), Rechtstransfer in der Geschichte. Legal Transfer in History, München 2006. Vgl. auch Rechtsgeschichte (Rg). Zeitschrift des Max-Planck-Instituts für europäische Rechtsgeschichte Nr. 7/2005 im Internet unter der URL http://www.zeitgeschichte-online.de/zol/_rainbow/documents/pdf/raf/raf_diewald_kerkmann.pdf (zuletzt abgerufen: 7.12.2010).

4 Vgl. *Banerjee*, English Law in India, New Delhi 1984, *Zweigert, Kötz*, Einführung in die Rechtsvergleichung, Tübingen 1996, 3. Aufl., 214–216 (Die Ausbreitung des Common Law in der Welt).

5 Siehe *Dennerlein*, Islamisches Recht und sozialer Wandel in Algerien. Zur Entwicklung des Personalstatuts seit 1962, Berlin 1998, 36–45. Mit der nationalen Unabhängigkeit des Landes wurde die Frage des Personalstatuts zum Kriterium für die algerische Staatsangehörigkeit (Art. 34 des Gesetzes Nr. 63-96 vom 27.3.1963: Journal Officiel de la République Algérienne vom 11.1.1963). Im Folgenden wird der Begriff Personalstatut im Sinne des französischen Rechts verwendet.

sicherheitspolitische, wirtschaftliche und kulturelle Projekte. Auf dem Gebiet des Vermögensrechts wird trotz einer grundsätzlich am kontinentaleuropäischen Vorbild ausgerichteten Rechtsordnung zunehmend anglo-amerikanisches Recht wirksam, nicht zuletzt durch eine entsprechende Vertragsgestaltung und eine dominierende Kautelarpraxis, z. B. in der Golfregion.[6] Auch in scheinbar autonome religiös-rechtliche Bereiche (etwa: Islamic Banking) dringen westliche Vertragsprinzipien und Standards ein.[7] Der sog. Barcelona-Prozess seit 1995 und die am 13.7.2008 geschaffene „Union für das Mittelmeer" stehen als Symbole für eine euro-mediterrane Partnerschaft, die auch die Bereiche Rechtsstaatlichkeit, Menschenrechte und Rechte der Frau nicht ausspart. In vielen arabischen Ländern wirken heute Organisationen und Gremien im Rahmen zivilgesellschaftlichen Engagements, die sich für eine Veränderung des islamischen Personalstatuts aussprechen und sich dabei auch an ausländischen Vorbildern orientieren. Diese nicht zu unterschätzenden Einflüsse „von innen" verstärken den Druck auf die nationalen Gesetzgeber, bestimmte islamische Rechtsinstitute, die eine Gleichberechtigung zwischen den Geschlechtern behindern, zu verändern oder abzuschaffen. Hinzu kommt, dass viele arabische Länder (z. T. mit Vorbehalten) internationale Abkommen in Bezug auf Frauen- und Kinderrechte unterzeichnet haben und die Umsetzung dieser Verträge in besonderer Weise das Personalstatut betrifft.[8] Andererseits steht Rechtstransfer im weiteren Sinne auch für solche Prozesse, die mit der Formierung einer Rechtsordnung im Allgemeinen zu tun haben. Gerade für die islamische Jurisprudenz können derartige „fremde" Einflüsse aus dem altorientalischen, sasanidischen[9], jüdischen und römischen Recht bzw. dem orientalischen Volksrecht in Form von Überlieferungen und (möglicherweise) Offenbarungen nachgewiesen werden. Einige Rechtsinstitute wie die bis heute übliche Brautgabe (mahr) als Eigentum der Frau[10] oder die Klientelschaft (al-walāʾ)[11] mögen bei aller Kritik an einzelnen

---

6 Siehe die Aufsätze von *Bälz* und *Grapentin* in diesem Band.

7 *Bälz*, Sharia Risk? How Islamic Finance Has Transformed Islamic Contract Law. Islamic Legal Studies Program, Harvard Law School, Occasional Publications 9, September 2008.

8 Vgl. die Ratifizierung solcher Verträge durch arabische Länder auf der Website des Eidgenössischen Departements für auswärtige Angelegenheiten unter der URL http://www.eda.admin.ch/eda/de/home.html (zuletzt abgerufen: 7.12.2010).

9 *Macuch*, Die sasanidische fromme Stiftung und der islamische *waqf*. Eine Gegenüberstellung. In: *Meier, Pahlitzsch, Reinfandt* (Hg.), Islamisches Stiftungen zwischen juristischer Norm und sozialer Praxis, Berlin 2009, 19–38.

10 Ursprünglich als Geschenk des Ehemannes an die Ehefrau in vorislamischer Zeit verstanden. Vgl. *Spies, Pritsch*, Klassisches islamisches Recht. In: Handbuch der Orientalistik. Ergänzungsband III: Orientalisches Recht, Leiden, Köln 1964, 226. Weiterführend dazu: *Krüger*, Beharrung und Entwicklung im islamischen Rechtsbereich (unter besonderer Berücksichtigung des ehelichen Vermögensrechts). In: Internationales Familienrecht für das 21. Jahrhundert. Symposium zum 65. Geburtstag von U. Spellenberg. Hrsg. von *Freitag, Leible, Sippel, Wanitzek*, München 2006, 178–181, *Wurmnest*, Die Mähr von der *mahr* –

Aussagen vom Prinzip her diese Meinung bestätigen. Allerdings lässt sich daraus nicht die Schlussfolgerung ziehen, dass das Islamische Recht insgesamt als eine nachträgliche Fälschung qualifiziert wird, die nicht-islamisches Recht in eine arabische Tradition kleidet.[12] Dass der sog. revisionistische Zugang zur Entstehungsgeschichte von Koran und Sunna, d. h. die mehr oder weniger umfassende Leugnung der Echtheit der Quellen, besonders für Nicht-Arabisten und aus naheliegenden politischen Gründen eine große Anziehungskraft ausübt, vermag nicht zu überraschen. Für ein solches umfassendes vorsätzliches Fälschungswerk gibt es allerdings keine schlüssigen Beweise.[13]

3. Kompilation und Kodifikation

Die Trennung von Theologie und Recht im Islam, die mit der Vollendung systematischer Lehrmeinungen innerhalb der Rechtsschulen einhergeht und nach Knut S. Vikør um das Jahr 1000, also fast zwei Jahrhunderte nach dem Tod von aš-Šāfiʿī (gest. 820), dem Begründer einer systematischen Rechtsquellenlehre (uṣūl al-fiqh), zu terminieren ist[14], widerspiegelt sich in der Herausbildung einer Literaturgattung, die als fiqh-Literatur normativen Charakter trägt. Diese Rechtshandbücher oder Kompilationen folgen in ihrer Struktur den Grundwerken der Schulgründer bzw. deren Schüler, d. h. sie übernehmen die vorgegebene Einteilung nach Rechtsgebieten, wobei die kultischen Pflichten vorangestellt werden. Neu ist jedoch, dass die aḥādīṯ, d. h. die verschriftlichten Traditionen des Propheten, nicht mehr kommentarlos im Mittelpunkt stehen – weder bei der Darstellung einzelner Rechtsfiguren noch in der Bewertung ihrer Verbindlichkeit. Während das Kitāb al-muwaṭṭaʾ des Mālik b. Anas eher als eine vorkanonische Traditionssammlung bezeichnet werden könnte[15], beinhalten die Werke seit Beginn des 11. Jh. persönliche Rechtsauffassungen von muslimischen Juristen und keineswegs generell „göttliches" Recht. Bis ins 16. Jh. hinein entsteht damit eine Rechtsliteratur, die besonders im Bereich der Rechtsgeschäfte (muʿāmalāt) – vereinfacht des Privatrechts – bis in die Gegenwart hinein prägend wirkt. Ihren Abschluss findet diese Literaturgattung, die auch in Form von Kommentaren, Superkommentaren und Glossen erscheint, mit dem

Zur Qualifikation von Ansprüchen aus Brautgabevereinbarungen. In: RabelsZ, Tübingen 71 (2007), 527–558.

11 Vgl. *Schneider*, Kinderverkauf und Schuldknechtschaft, Stuttgart 1999.

12 Vgl. *Jokisch*, Islamic Imperial Law, Berlin, New York 2007.

13 *Nagel*, Das islamische Recht. Eine Einführung, Westhofen 2001, 166–174.

14 *Vikør*, Between God and the Sultan. A History of Islamic Law, London 2005, 103. Vgl. zur Entwicklung des Islamischen Rechts statt aller: *Hallaq*, Authority, Continuity and Change in Islamic Law, Cambridge 2001.

15 Muwaṭṭaʾ al-Imām Mālik. Riwāyat *Yaḥyā b. Yaḥyā al-Laiṯī*, Bairūt o. J.

ḥanafitischen Radd al-muḥtār ʿalā ad-durr al-muḫtār des Ibn ʿĀbidīn (gest. 1836).[16] Die z. T. recht umfangreichen, mehrere Bände umfassenden Werke[17], aber auch kürzere Lehr- und Handbücher[18] der muslimischen Juristen werden immer wieder zitiert und bisweilen als „Islamisches Recht" schlechthin angesehen. In Wirklichkeit handelt es sich jedoch – wie bereits betont – um individuelle Rechtsmeinungen, deren Legitimität aber auch aus der Bezogenheit auf die Methoden einer Rechtsschule und aus der selektiven Nutzung akzeptierter Rechtsquellen resultiert.

Die Vielfalt rechtlich-religiöser Auffassungen war für die Regierenden stets eine besondere Herausforderung und ließ die Verfechter einer Vereinheitlichung auf den Plan treten. Eine oft zitierte, aber keineswegs historisch-verbürgte Episode mag dies illustrieren: Ibn al-Muqaffaʿ (gest. um 757), ein in Basra wirkender Schriftsteller und Sekretär des ʿabbāsidischen Kalifen al-Manṣūr (gest. 775), der Bagdad zur Hauptstadt der Dynastie machte, schlug seinem Dienstherrn vor, ein corpus juris des Islamischen Rechts zu erstellen, um unterschiedliche administrative und gerichtliche Entscheidungen in den einzelnen Provinzen zu verhindern. Während einer Pilgerreise nach Mekka kontaktierte der Kalif Mālik b. Anas (gest. 795), um ihn für die Erarbeitung eines solchen Werkes – basierend auf Koran und Sunna – zu gewinnen. Dieser lehnte jedoch unter Hinweis auf die Vielfältigkeit der islamischen Lehre ab.[19] Auch eine Tradition, wonach die Unterschiede zwischen den Rechtsauffassungen ein Gnadengeschenk Allāhs seien, wird oft zur Demonstration der Toleranz unterschiedlicher rechtlicher Meinungen benutzt.[20]

Bis ins 19. Jh. hinein war die Gültigkeit islamisch-rechtlicher Bestimmungen im Zusammenwirken mit Entscheidungen des Herrschers (siyāsa šarʿīya) durchaus hinreichend, um ein Instrumentarium anwendbarer Normen zu entwickeln. Es kristallisierte sich jedoch – wie Hilmar Krüger zur Rechtspraxis des Osmanischen Reiches unterstreicht – bereits vor der kolonialen Phase eine Konzentra-

16 Eine gute Übersicht der sunnitischen Rechtsliteratur (mit einschlägigen Übersetzungen) findet sich bei *Spies, Pritsch*, Klassisches..., a. a. O., 237–263.

17 Etwa das 30 Bände umfassende ḥanafitische Werk von *as-Saraḫsī*, Kitāb al-mabsūṭ, Bairūt 1993/1994.

18 Z. B. das mālikitische Lehrbuch al-muḫtaṣar von *Ḫalīl b. Isḥāq* (gest. 1365), welches von *Guidi* und *Santillana* ins Italienische übertragen wurde.

19 *Khadduri*, The Islamic Conception of Justice, Baltimore, London 1984,150–151, *Mallat*, Introduction to Middle Eastern Law, Oxford 2007, 239. Im Übrigen wurde Ibn al-Muqaffaʿ, der selbst zunächst Anhänger des Zoroastrismus war, wohl auf Initiative seines Kalifen wegen Ketzerei auf dem Scheiterhaufen verbrannt. Lexikon Arabische Welt. Kultur, Lebensweise, Wirtschaft, Politik und Natur im Nahen Osten und Nordafrika. Hrsg. von *Barthel* und *Stock*, Wiesbaden 1994, 431.

20 In den sog. sechs „kanonischen" sunnitischen Traditionssammlungen ist diese Überlieferung nicht enthalten. Vgl. die DVD „al-maktaba aš-šāmila", Ausgabe 2.11. und die URL http://www.shamela.ws/index.php (zuletzt abgerufen: 7.12.2010).

tion auf autoritative fiqh-Werke und fatwā-Sammlungen heraus.[21] Insofern können die Kompilations- und Kodifikationsprozesse seit Mitte des 19. Jh. nicht allein auf äußere Einflussnahme zurückgeführt werden.

Eine Kompilation als Zusammenfassung des Rechts für einen bestimmten Lebensbereich geht qualitativ dann in eine Kodifikation (taqnīn) über, wenn der systematische Aufbau und die Normendichte auf eine materielle Veränderung abzielen oder diese bewirken.[22] Für die islamische Welt stellen sich Kompilation und Kodifikation nicht nur als Rezeption europäischen Rechts dar, sondern beziehen sich auch auf Bereiche, die von der šarīʿa dominiert werden. Die osmanische Mecelle aus den Jahren 1869 bis 1876, eine auf ḥanafitischer Grundlage formulierte Kodifikation des Vermögensrechts und des diesbezüglichen Verfahrensrechts[23], bildet den Ausgangspunkt eines (islamischen) Kodifizierungsprozesses, der sich weitgehend am Privatrecht orientiert. Dies ist selbstverständlich kein Zufall, sondern resultiert nicht zuletzt aus der von den Kolonialmächten England und Frankreich tolerierten autonomen Rechtsgestaltung der religiösen Gemeinschaften – also vor allem Muslime, Christen und Juden – und der damit verbundenen Fortexistenz einer religiös gespaltenen Rechtsordnung. Im Osmanischen Reich wie auch in den anderen Gebieten des Vorderen Orients und Nordafrikas konnten die islamischen Rechts- und Religionsgelehrten (ʿulamāʾ) im Bereich des Personalstatuts ihren Einflussbereich bewahren und sahen aus diesem Grunde Kodifikationen islamischer Regelungen nicht selten als Gefahr für den Machterhalt an. So verwundert es nicht, dass der eingangs erwähnte Jurist Muḥammad Qadrī Pāšā im Jahre 1875 die 647 Artikel umfassende Kodifikation „Al-aḥkām aš-šarʿīya fi-l-aḥwāl aš-šaḫṣīya ʿalā maḏhab Abī Ḥanīfa an-Nuʿmān" vorlegte.[24] Das Werk zum Personalstatut von Muḥammad Qadrī Pāšā griff unmittelbar in die Auseinandersetzungen im 19. Jh. in Ägypten um die Vorherrschaft der von den Osmanen präferierten ḥanafitischen Rechtsschule ein und bewirkte einen zusätzlichen Schub zur Ḥanafitisierung des Rechts. Auf der anderen Seite förderte die britische Besetzung Ägyptens im Jahre 1882 die schnelle Durchsetzung bzw. Annahme von Rechtstexten nach europäischem Vorbild, sodass lediglich das Personalstatut als

---

21 *Krüger*, Zur Geschichte der Schiedsgerichtsbarkeit im Nahen und Mittleren Osten. In: Festschrift Gunther Kühne zum 70. Geburtstag. Hrsg. von *Baur, Sandrock, Scholtka, Shapira*, Frankfurt am Main 2009, 749–754.

22 Vgl. *Münch*, Strukturprobleme der Kodifikation. In: *Behrends*, Der Kodifikationsgedanke und das Modell des Bürgerlichen Gesetzesbuches (BGB), Göttingen 2000, 148, *König*, Die Idee der Kodifikation – besonders in Deutschland und Frankreich. In: Zeitschrift für Gesetzgebung (ZG), Heidelberg 14(1999)3, 196, *Plagemann*, Von Allahs..., a. a. O., 28–35.

23 Zur Mecelle vgl. u. a. *Krüger*, Zum zeitlich-räumlichen Geltungsbereich der osmanischen Mejelle, in: Liber amicorum Gerhard Kegel, München 2002, 43–63.

24 Übersetzung und Kommentar des Werkes in: *Ebert*, Die Qadrî-Pâshâ-Kodifikation..., a. a. O.

ein nicht-kodifizierter Bereich verblieb.[25] So sollte die Qadrī-Pāšā-Kodifikation die Richter an den Gemischten Gerichten „in westlicher Form“ über die Rechtslage in Bezug auf die Muslime informieren, nicht zuletzt wegen des Art. 4 des „Code civil mixte“, der Inzidententscheidungen in Angelegenheiten des Personalstatuts ermöglichte.[26]

Im Zusammenhang mit dem Nebeneinanderbestehen und der partiellen Überlagerung von staatlich gesetztem Recht (positivem Recht), Islamischem Recht, Gewohnheitsrecht und westlichem Recht (auch im Bereich des Personalstatuts) wird bisweilen der Terminus „Rechtspluralismus“ (Legal Pluralism) verwendet. Tatsächlich greifen arabische Rechtsanwender in familienrechtlichen Fällen nicht selten auf Normen außerhalb des kodifizierten Rechts zurück und ermöglichen auf diese Weise gesellschaftlich angemessene Lösungen. Besonders in denjenigen Ländern, deren Rechtssysteme große positiv-rechtliche Lücken oder Unklarheiten aufweisen, bemühen sich die Gerichte, Entscheidungen durch die Respektierung gegebener Traditionen zu legitimieren. Andererseits leidet darunter die Einheitlichkeit der Rechtsprechung, wie Anna Würth an mehreren familienrechtlichen Entscheidungen eines Gerichts in Ṣanʿāʾ (Jemen) nachweist.[27]

4. Rechtstransfer durch Kodifikation

Die ḥanafitische Ausrichtung der Qadrī-Pāšā-Kodifikation zeigt an mehreren Stellen, dass der Autor zwischen unterschiedlichen Rechtsmeinungen auch innerhalb eines maḏhab auszuwählen hatte. Er bevorzugte die nach seiner Ansicht beste und praktikabelste Lösung (aufaq) und bewirkte auf diese Weise eine Konzentration auf eine bestimmte ḥanafitische Interpretation. Die Kodifikation des Familienrechts fand ihre historische Fortsetzung oder, um genau zu sein, de jure ihren eigentlichen Beginn mit der Veröffentlichung des osmanischen Familiengesetzes am 25.10.1917.[28] Dieses bis heute in Libanon für die muslimische

25 Vgl. *Lombardi*, State Law as Islamic Law in Modern Egypt. The Incorporation of the *Sharīʿa* into Egyptian Constitutional Law, Leiden, Boston 2006, 71–73.

26 *Kohler*, Das Vaterschaftsanerkenntnis im Islamrecht und seine Bedeutung für das deutsche internationale Privatrecht, Paderborn 1976, 47–49.

27 *Würth*, Aš-Šarīʿa fī Bāb al-Yaman. Recht, Richter und Rechtspraxis an der familienrechtlichen Kammer des Gerichts Süd-Sanaa, (Republik Jemen) 1983–1995, Berlin 2000, 153 ff. Vgl. auch zur Situation im Jemen *Blumi*, Chaos in Yemen. Societal collapse and the new authoritarianism, London, New York 2010. Zum Rechtspluralismus statt aller: Rechtspluralismus in der Islamischen Welt. Gewohnheitsrecht zwischen Staat und Gesellschaft. Hrsg. von *Kemper, Reinkowski*. Studien zur Geschichte und Kultur des islamischen Orients, Beihefte zur Zeitschrift „Der Islam“. Neue Folge 16, 2005.

28 Text des Gesetzes in arabischer und französischer Sprache (unter Auslassung der in Libanon durch das Gesetz vom 16.7.1962 gestrichenen drei Artikel) in: Statut Personnel.

Gemeinschaft (mit Ausnahme der Drusen), in Israel und in einigen Teilen Palästinas (mit entsprechenden Veränderungen) gültige Gesetz[29] hat mit Blick auf den Rechtstransfer eine besondere Bedeutung. Zunächst enthält es Regelungen, die auch aus anderen Rechtsschulen, besonders der mālikitischen und der ḥanbalitischen, stammen. Damit entsteht durch Auswahl (taḫaiyur) und Kombination (talfīq) von unterschiedlichen Rechtsauffassungen ein Ergebnis, welches in dieser Form in den Rechtshandbüchern nicht auffindbar ist und eine Modernisierung bestimmter Normen möglich macht.[30] Seit Mitte des 20. Jh. gehört diese Methode zum bevorzugten Instrumentarium reformwilliger Staaten, denn sie stellt die grundsätzliche Akzeptanz der šarīʿa nicht in Frage und kann somit a priori nicht als islam-feindlich diskreditiert werden. Dem osmanischen Familiengesetz von 1917 kommt eine Vorbildrolle für andere islamische Länder im Hinblick auf Kodifikation und Veränderung des Familienrechts zu. Das Gesetz von 1917 regelt keineswegs alle Fragen des Familienrechts umfassend und erschöpfend. Insofern sind Gesetzeslücken unter Rückgriff auf die einschlägigen Bestimmungen der jeweiligen Rechtsschule zu füllen. Für die Sunniten und Schiiten in Libanon wurde dies durch das Dekret Nr. 241 vom 4.11.1942 (Art. 111) in Bezug auf die ḥanafitische bzw. ǧaʿfaritische Lehre und (gleichlautend) durch das Gesetz vom 16.7.1962 (Art. 242)[31] expressis verbis festgelegt. Die von K. Dilger als „Schweigen des Gesetzesgebers“ bezeichnete Methode kann mittel- und langfristig neue Regelungen befördern, ohne mit einer voreiligen Gesetzgebung die Rechts- und Religionsgelehrten zur Opposition zu drängen. Andererseits werden dadurch aber auch notwendige Reformen verzögert oder verhindert.[32]

Textes en Vigueur au Liban. Rassemblés et traduits par *Mahmassani* et *Messarra*, Beyrouth 1970, 58–85, *Yūnis, Saʿīd*, Mausūʿat at-tašrīʿāt al-ʿarabīya, al-Qāhira 1983, Bd. 9.

29 Dabei wurden die entsprechenden Artikel, die sich auf die Christen und Juden beziehen, außer Kraft gesetzt. Vgl. *Layish*, The Status of the Sharīʿa in a non-Muslim State: The Case of Israel, in: Asian and African Studies. Journal of the Israel Oriental Society, Haifa 1&2/1993, 171–187. In Israel wurden durch entsprechende Gesetze über gleiche Rechte für Frauen und Männer und über das Ehefähigkeitsalter von 1951 bzw. 1950 zusätzliche Einschränkungen des Familiengesetzes von 1917 realisiert. Siehe die arabische Ausgabe „Qānūn qarār ḥuqūq al-ʿāʾila“. Hrsg. vom Ministerium für religiöse Angelegenheiten in Israel 1957. Ich danke Herrn Prof. Dr. H. *Krüger*, Köln, für die Kopie dieses Textes.

30 Zu den verschiedenen Methoden der Reform vgl. *Ebert*, Wider die Schließung des „Tores des *iǧtihād*“: Zur Reform der *šarīʿa* am Beispiel des Familien- und Erbrechts. In: Orient, Opladen 43(2002)3, 367–380.

31 Statut Personnel. Textes..., a. a. O., 36–37, vgl. *Nasir*, The Islamic Laws of Personal Status. London, Dordrecht, Boston 1990, 2nd edition, 32.

32 *Dilger*, Das Schweigen des Gesetzgebers als Mittel der Rechtsfortbildung im Bereich des islamischen Rechts, in: Die islamische Welt zwischen Mittelalter und Neuzeit. Festschrift für H. R. Roemer zum 65. Geburtstag. Hrsg. von *Haarmann* und *Bachmann*, Beirut, Wiesbaden 1979, 81–93.

Der Kodifizierungsprozess auf national-staatlicher Ebene wurde mit den ägyptischen Gesetzen der Jahre 1920 und 1929 eingeleitet: Gesetz Nr. 25 über die Bestimmungen des Unterhalts und einiger Fragen des Personenrechts sowie Gesetzesverordnung Nr. 25 über einige Fragen des Personenrechts, die bis heute in veränderter Form in Kraft sind.[33] Zur Gesetzesverordnung Nr. 25 von 1929 wurde auch ein sog. Erläuterndes Memorandum (muḏakkira īḍāḥīya) veröffentlicht, welches einzelne Rechtsfiguren näher bestimmt und von Gerichten und Behörden zu berücksichtigen ist. Solche Memoranden zur Interpretation sind auch in anderen arabischen Ländern (z.B. in Kuwait) verbreitet.[34] Obgleich die Gültigkeit der Kodifikationen, die seitdem in den meisten arabischen Ländern erlassen wurden, auf das jeweilige Staatsterritorium beschränkt bleiben, ist nicht zu übersehen, dass in Vergangenheit und Gegenwart einzelne Rechtsinstitute oder ganze Abschnitte in den Gesetzen zum Personalstatut aufgrund von Vorlagen aus einzelnen arabischen Länder formuliert worden sind: Dies gilt für die 50er Jahre hinsichtlich der Gesetze in Syrien und Marokko ebenso wie für analoge Prozesse im Maghreb (Mauretanien – Marokko; Tunesien – Marokko – Algerien) und am Golf (Kuwait – Oman – Vereinigte Arabische Emirate [VAE] – Qatar – Bahrain) seit Mitte der 90er Jahre des 20. Jh.[35]

Auch im Verbreitungsgebiet der 12er Šīʿa gab es Versuche, den Rechtsstoff des Personalstatuts zu kodifizieren und damit überschaubar zu machen. Die Sammlung „Al-aḥkām al-ǧaʿfarīya fi-l-aḥwāl aš-šaḫṣīya“[36] des ʿAbd al-Karīm ʿAbd ar-Riḍā al-Ḥillī, die auf Wunsch von M. ʿA.H. aš-Šahrastānī (gest. 1967) erarbeitet wurde, fand jedoch im Vergleich zur Qadrī-Pāšā-Kodifikation keine allgemeine Akzeptanz.[37] In den Jahren 1928 bis 1935 wurde jedoch unter Beteiligung šīʿitischer Gelehrter ein Zivilgesetzbuch in Kraft gesetzt, dessen zweiter Band (aus dem Jahre 1934) familienrechtliche Bestimmungen šīʿitischer Prägung enthält (Art. 956–1256). Obgleich nach der Islamischen Revolution in Iran einige Veränderungen eingeführt worden sind, gilt ein Großteil der Artikel

33 Al-waqāʾiʿ al-miṣrīya 15.7.1920, Nr. 61 und 25.3.1929, Nr. 27.

34 Qānūn al-aḥwāl aš-šaḫṣīya li-l-muslimīn. Hrsg. von der Allgemeinen Behörde für die Angelegenheiten der Staatsdruckereien, al-Qāhira 2004. Vgl. zum ägyptischen Familienrecht im Allgemeinen: *Ebert, Hefny*, Ägypten. Internationales Ehe- und Kindschaftsrecht mit Staatsangehörigkeitsrecht, Stand: 15.7.2008, 178. Lieferung, 1–105.

35 Zum Stand der Kodifikation bis zum Jahr 2009 vgl. *Ebert*, Personal Status Laws in the Arab States: Traditions and Innovations. In: Islamica. Studies in Memory of Holger Preißler (1943–2006). Ed. by A. *Christmann* and J.-P. *Hartung*. Journal of Semitic Studies Suppl. 26, Oxford 2010, 156.

36 1923/1924 in Bagdad gedruckt.

37 *Brockelmann*, Geschichte der arabischen Litteratur (GAL). Leiden 1937–1949, S 2, 805, Art. AL-SHAHRASTĀNĪ *(Ende)*. In: The Encyclopaedia of Islam. New Edition (EI²), Leiden 1960 ff., Bd. IX, 222–223, (CD-ROM Edition, 216b).

bis heute fort.[38] Die hierarchische Gliederung der šīʿitischen Gelehrten sowie die normative Struktur šīʿitischer Rechtsgutachten (fatāwā)[39] befördern die Akzeptanz von fatwa-Werken als gültige Rechtsquellen. Beispielhaft seien hierfür Ayatollah as-Saiyid Abū al-Qāsim al-Musawī al-Ḫūʾī (gest. 1992) und der im Irak residierende Ayatollah as-Saiyid ʿAlī al-Ḥusainī as-Sīstānī erwähnt.[40]

5. Islamische Rechtsfiguren: Veränderungen und Wirkungen

Im Folgenden sollen ausgewählte Rechtsfiguren dahingehend analysiert werden, inwieweit und inwiefern sie sich von der als ursprünglich angenommenen fiqh-Interpretation unterscheiden und neuen gesellschaftlichen Herausforderungen in verschiedenen arabischen Ländern gerecht werden. Eine vollständige Auflistung ist dabei weder intendiert noch realisierbar, weil im Einzelfall nur schwer zu entscheiden ist, ob sich ähnliche oder gleiche Regelungen aus einem direkten Rechtstransfer oder aber lediglich aus einem übereinstimmenden rechtlichen Hintergrund ergeben. Dabei ist vorauszuschicken, dass es keinen Konsens auf die Festlegung eines bestimmten Werkes der islamischen Jurisprudenz gibt, sondern Unterschiede – auch innerhalb einer Rechtsschule – auftreten, die gleichsam zur methodologischen Grundlage von Veränderungen werden können. Im Allgemeinen sind solche Entwicklungen mit der beschriebenen Problematik der Kodifikation verbunden, eine Ausschließlichkeit ist damit jedoch nicht gegeben. Dies kann im Falle von Gesetzeslücken oder aber in Bezug auf die *faktische* Übernahme von Einzelregelungen in solchen Gebieten, die durch historische bzw. politisch-staatliche Verbindungen geprägt sind (z. B. Jordanien und die palästinensischen Gebiete), relevant sein.[41] Andererseits gelten sog.

---

38 The Civil Code of Iran. Translated from the Persian by *Taleghany*, London 1994. Auszugsweise Übersetzung, Kommentar und aktuelle Veränderungen bei: *Enayat*, Iran. Internationales Ehe- und Kindschaftsrecht mit Staatsangehörigkeitsrecht. Stand: 1.10.2002, 158. Lieferung, 1–182. Vgl. auch *Yassari*, Überblick über das iranische Scheidungsrecht, in: FamRZ, Bielefeld 16 (2002), 1088–1094.

39 Oft als masʾala (Frage, Fall) bezeichnet.

40 So stehen die Rechtsgutachten von al-Ḫūʾī in Libanon als anwendbare Bestimmungen der gesetzlichen und gewillkürten Erbfolge für Šīʿiten. Maǧmūʿat al-qawānīn wa-l-marāsim. Al-irṯ wa-l-waṣīya. Al-maǧalla al-qaḍāʾīya, Bairūt 1992, 31–54. Für den Irak, aber auch für Šīʿiten in anderen Ländern (z. B. Bahrain) genießen die Rechtsgutachten von as-Sīstānī höchste Priorität. *As-Sīstānī*, Minhāǧ aṣ-ṣāliḥīn. Al-muʿāmalāt, Bairūt 2002, 3. Bd., 8. Aufl.

41 Vgl. *Ghandour*, Religious Law in a Secular State: The Jurisdiction of the *Sharīʿa* Courts of Palestine and Israel, in: Arab Law Quarterly, London, Dordrecht, Boston 5(1990)1, 25–37, *Welchman*, In the Interim: Civil Society, the *Sharʿī* Judiciary and Palestinian Personal Status Law in the Transitional Period, in: Islamic Law and Society (ILS), Leiden, Boston 10(2003)1, 34–69.

Rechtskniffe (ḥiyal) seit dem islamischen Mittelalter als probate Mittel für Ḥanafiten und Šāfiʿten, um Neuerungen oder Umgehungsgeschäfte zu legitimieren, die dann – unabhängig von der dominierenden Rechtsschule – in verschiedene arabische Länder transferiert werden (s. u.).[42] Auch die Mālikiten und Ḥanbaliten verfügen mit dem Prinzip des Abweisens der Mittel (sadd aḏ-ḏarāʾiʿ) über ein geeignetes Instrumentarium, um den Zweck einer Norm in den Mittelpunkt zu rücken und auf diese Weise „fremde" Regelungen zu übernehmen.[43] Wichtiges Kriterium für einen diesbezüglichen Rechtstransfer bleibt aber die Abgrenzung von der unstatthaften Neuerung (bidʿa).[44]

a. Eheschließung

a.1. Ehemündigkeit

Die Frage der Ehemündigkeit tangiert zwei unterschiedliche, aber miteinander in Beziehung stehende Problemkreise. Zum einen handelt es sich um das Verständnis der Volljährigkeit, zum anderen um die Registrierung der Geburt und die zweifelsfreie Feststellung des Alters einer Person. Die Volljährigkeit, d. h. die Geschäftsfähigkeit in Personenangelegenheiten (bulūġ), wird gemäß šarīʿa an den Eintritt der Pubertät geknüpft, sodass zunächst biologische Kriterien ausschlaggebend sind. In der fiqh-Literatur dominiert die Auffassung, dass der Junge das 15. Lebensjahr, das Mädchen das 9. Lebensjahr vollendet haben muss.[45] Diese Altersgrenzen erfüllen jedoch weder die selbst gesteckten Ziele

42 *Al-Ḥaṣṣāf*, Das *Kitāb al-Ḥiyal wal-Makhārij*. Hrsg von *Schacht*, Hannover 1923, Neudruck Hildesheim 1968, aš-Šaibānī, Das *Kitāb al-Makhārij fil-Ḥiyal*. Hrsg. von *Schacht*, 1930, al-Qazwīnī, *Das kitāb al-ḥiyal fil-fiqh*. Mit Übersetzungen und Anmerkungen hrsg. von *Schacht*, Neuausgabe Hildesheim, Zürich, New York 2004.

43 *Jokisch*, Islamisches Recht in Theorie und Praxis. Analyse einiger kaufrechtlicher Fatwas von Taqīʾ d-Dīn Aḥmad b. Taymiyya, Berlin 1996, 201–205, *Kamali*, Principles of Islamic Jurisprudence. Revised Edition, Cambridge 1991, 310–320.

44 Vgl. *Lohlker*, ‚Unstatthafte Neuerungen' oder das Feld der religiösen Diskussion im Islam. In: Zeitschrift der Deutschen Morgenländischen Gesellschaft (ZDMG), Wiesbaden 149(1999)2, 221–244, *dgl.*, *Bidʿa* in der malikitischen Rechtsschule. Weitere Überlegungen zu Strukturen des Feldes des islamischen Rechts, in: ZDMG, Wiesbaden 152(2002)1, 95–112.

45 *Hepperle*, Die Stellung der Frau im islamisch-sunnitischen und römisch-katholischen Eherecht, Berlin, Münster 2006, 28, *Rauscher*, Sharīʾa. Islamisches Familienrecht der sunna und shīʾa, Frankfurt am Main 1987, 18–19, *Motzki*, Geschlechtsreife und Legitimation zur Zeugung im frühen Islam, in: *Müller* (Hg.), Geschlechtsreife und Legitimation zur Zeugung, Bd. 1, Freiburg im Breisgau 1985, 479–550, *dgl.*, Das Kind und seine Sozialisation in der islamischen Familie des Mittelalters, in: Zur Sozialgeschichte der Kindheit. Hrsg. von *Martin* und *Nitschke*. Veröffentlichungen des Instituts für Historische Anthropologie, Bd. 4, Freiburg im Breisgau, München 1986, 391–

der meisten arabischen Länder, frühe Eheschließungen im Interesse der Senkung der Geburtenrate zu vermeiden, noch die Vorgaben internationaler Verträge – so des New Yorker Übereinkommens über die Rechte des Kindes aus dem Jahre 1989 –, das Kindeswohl in den Vordergrund der Bemühungen zu rücken.[46] So hat sich in den letzten Jahren in den arabischen Familiengesetzen[47] eine Tendenz herauskristallisiert, das Alter der Eheschließung auf 18 Jahre[48] für beide Geschlechter festzulegen, so in Jordanien, Marokko, Mauretanien, Oman, Tunesien und den VAE[49]. Andere Länder (z. B. Algerien; 19 Jahre) folgen diesem Beispiel weitgehend. Besonders im Maghreb ist nachvollziehbar, dass rechtliche Veränderungen in einem Land beispielhaft für andere wirken, dies nicht erst in den letzten 20 Jahren und schon gar nicht aufgrund einheitlicher staatsrechtlicher Systeme.

---

441. Dass es sich bei der Zählung nach dem islamischen Kalender um ein Alter unter 9 Jahren bei Mädchen handeln kann, sei hier nur ergänzend erwähnt.

46 Vgl. die URL http://www.unicef.de/fileadmin/content_media/Aktionen/Kinderrechte18/UN-Kinderrechtskonvention.pdf (zuletzt abgerufen: 7.12.2010). Zum Stand der Ratifizierung in der arabischen Welt siehe die URL http://www.admin.ch/ch/d/sr/c0_107.html (zuletzt abgerufen: 7.12.2010), vgl. Fn. 8.

47 Die folgenden Ausführungen beziehen sich auf die Familiengesetze der arabischen Länder, deren Quellen aufgeführt werden in: *Ebert*, Das Personalstatut arabischer Länder. Problemfelder, Methoden, Perspektiven. Leipziger Beiträge zur Orientforschung Bd. 7, Frankfurt am Main, Berlin, Bern, Wien 1996, 59–88, *dgl.*, Das Erbrecht arabischer Länder. Leipziger Beiträge zur Orientforschung, Bd. 14, Frankfurt am Main, Berlin, Bern, Wien 2004, 29–72. Nicht berücksichtigt sind die Gesetze bzw. Veränderungen in Marokko 2004, Algerien 2005, Qatar 2006, den VAE 2005, in Tunesien 2007 und 2008 sowie Bahrain 2009. Siehe für Marokko: Le Nouveau Code de la Famille avec les textes d'application, 146/2006, für Algerien: Journal Officiel de la République Algérienne, 15/2005, für Qatar die URL http://www.gcc-legal.org/MojPortalPublic/BrowseLawOption.aspx?country=3&LawID=2978 (zuletzt abgerufen: 7.12.2010), für die VAE: Ǧamʿīyat al-ḥuqūqīyīn, Januar 2006. Die beiden ersten Quellen beinhalten den Text in arabischer und französischer Sprache. Die Quelle zu den VAE folgt dem arabischen Text in al-ǧarīda ar-rasmīya (Amtsblatt), Nr. 439 vom 30.11.2005. Siehe die Gesetze Nr. 2007-32 vom 14.5.2007 und Nr. 2008-20 vom 4.3.2008 in Tunesien in französischer Sprache: Journal Officiel de la République Tunisienne, No. 42, 25.5.2007, 1779 und No. 21, 11.3.2008, 883. Für die Texte bedanke ich mich bei Herrn Professor Dr. H. *Krüger*, Köln. Im Amtsblatt (ar-rāʾid ar-rasmī li-l-ǧumhūrīya at-tūnisīya) auch in arabischer Sprache veröffentlicht: http://www.iort.gov.tn/WD120AWP/WD120Awp. exe/CTX_10844-261-ukSfzXhVkV/RechercheJORT/SYNC_442494218 (zuletzt abgerufen: 7.12.2010). Das neue Gesetz Nr. 19 von 2009 über den Erlass des Gesetzes über die Bestimmungen zur Familie (1. Teil) in Bahrain (al-ǧarīda ar-rasmīya Nr. 2898 vom 4.6.2009) bezieht sich auf die Sunniten und deutet auf den noch nicht angenommenen Teil für die Ǧaʿfariten (12er Šīʿiten), der im Entwurf vom Mai 2009 insgesamt 109 Artikel umfasst.

48 Im Irak ist dieses Alter von 18 Jahren bereits im Gesetz von 1959/1963 festgelegt worden.

49 Die Altersangaben beziehen sich in den VAE (wie auch in Qatar) grundsätzlich auf das islamische Jahr (Mondjahr; hiǧra).

Erst im Kontakt mit Europa haben die Prinzipien und Bestimmungen des Personenstandes (al-aḥwāl al-madanīya) nach französischem Vorbild (état civil) in der arabischen Welt Verbreitung gefunden. Seit dem 2. Weltkrieg konnten Schritt für Schritt in allen arabischen Ländern Ämter und Behörden gebildet werden, die Geburt, Ehe, Tod sowie andere familien- und namensrechtliche Tatsachen registrieren, sodass nunmehr auch die Altersangaben bei der Eheschließung überprüfbar sind. Die diesbezüglichen Gesetze, Verordnungen und Ausführungsbestimmungen orientieren sich direkt an europäischen Texten oder aber indirekt an ägyptischen Mustern.[50]

a.2. Zwangsehen

Zwangsehen, d. h. solche Ehen, die vom Ehevormund (walī an-nikāḥ) gegen den Willen der Ehefrau geschlossen werden, werden von den Rechtsschulen und der 12er Šīʿa zwar grundsätzlich ausgeschlossen und an die Zustimmung der Ehefrau gekoppelt. In der Qadrī-Pāšā-Kodifikation (Art. 53) wird dieses Prinzip expressis verbis verankert.[51] Dies gilt jedoch grundsätzlich nur für die volljährige Frau. Für die nicht-volljährige Frau, die durch ihren Vormund verheiratet wird, lässt sich aus der „klassischen" fiqh-Literatur eine solche Mitwirkung der Frau jedoch nur bedingt ableiten, vielmehr ist der ḫiyār al-bulūġ, die Wahlmöglichkeit der Frau, nach Erlangung der Volljährigkeit die Ehe fortzusetzen oder zurückzuweisen, bei den Ḥanafiten auf den Vormund beschränkt, der nicht der Vater bzw. Großvater der Braut ist.[52] Zur Vermeidung von Zwangsehen, die auch durch die Anerkennung der „Allgemeinen Erklärung der Menschenrechte" von 1948 (Art. 16)[53] für alle UNO-Mitgliedstaaten zumindest als Völkergewohnheitsrecht zu ächten sind, können die Länder auf eine doppelte Strategie zurückgreifen: Zum einen auf die erwähnte Auswahl- und Kombinationsmethode (s. o.), zum anderen auf verfahrensrechtliche Bestimmungen, wonach eine Ehe zwischen Personen, die nicht ehemündig sind, keine oder nur eingeschränkte Wirkungen entfaltet. Das ägyptische „Gesetz Nr. 1 von 2000 über die Regelung einiger Grundsätze und Maßnahmen der Prozessführung in Angelegenheiten des Personalstatuts" geht davon aus, dass Klagen im Allgemeinen nur dann zulässig sind, wenn zum Zeitpunkt der Klageerhebung das Alter der

---

50 Vgl. das gültige Gesetz Nr. 143 von 1994 i. d. F. des Gesetzes Nr. 126 von 2008 in Ägypten (al-ǧarīda ar-rasmīya Nr. 33 vom 9.6.1994) und die diesbezügliche Durchführungsverordnung Nr. 1121 von 1995 (al-waqāʾiʿ al-miṣrīya Nr. 50 vom 27.2.1995).

51 *Ebert*, Die Qadrî-Pâshâ-Kodifikation..., a. a. O., 35.

52 Vgl. *Rauscher*, Sharīʾa… a. a. O., 34–35, 37–39.

53 Siehe die URL der United Nations Human Rights, Office of the High Commissioner for Human Rights: http://www.ohchr.org/EN/UDHR/Pages/Language.aspx?LangID=ger (zuletzt abgerufen: 7.12.2010).

Ehemündigkeit erreicht ist (Art. 17).[54] Dies steht im Zusammenhang mit der Beurkundung des Ehevertrages (siehe unter a.3.).

a.3. Beurkundung der Ehe

Die Auffassung von der Ehe als ein zivilrechtliches Vertragsverhältnis setzt eine amtliche Mitwirkung zunächst nicht voraus. Dies kann jedoch dazu führen, dass sog. ʿurfī-Ehen (gewohnheitsrechtliche Ehen) geschlossen werden, die nur in einigen Fällen dem von der islamischen Religion vorgegebenen Sinn einer Ehe (vgl. Koran 30:21) entsprechen. Die mutʿa-Ehe (Zeitehe), die im Bereich des šīʿitischen Islam als erlaubt gilt, findet auch im sunnitischen Bereich als al-misyār (Besuchsehe), al-misfār (Auslandsehe) oder al-wanāsa (Betreuungsehe) durchaus Verbreitung.[55] Bereits Anfang des 20. Jh. wurde in Ägypten mit der „Ordnung zum Gesetzlichen Bevollmächtigten zur Eheschließung (maʾḏūn šarʿī)" erstmalig die Mitwirkung einer staatlich bestallten Amtsperson am Eheschließungsverfahren vorgeschrieben. Die bis heute (mit Veränderungen) gültige ägyptische Ordnung vom 4.1.1955 wurde zum Muster für andere arabische Staaten (zuletzt für Bahrain) innerhalb des von Hilmar Krüger bezeichneten „ägyptischen Rechtskreises".[56] Auch im sog. französischen Rechtskreis der arabischen Welt (Maghreb-Länder)[57] wird durch die ʿudūl (juristische Amtspersonen; oftmals vereinfacht mit „notaires" bzw. „Notare" übersetzt) eine ähnliche Wirkung erzielt. Mit diesen Regelungen sowie mit den schon ausgeführten Bestimmungen zum Personenstand (siehe unter a.1.) kann der Staat nicht nur den Einfluss der islamischen Rechts- und Religionsgelehrten zurückdrängen, sondern auch substanzielle Veränderungen – so in der Vermeidung von Kinderehen – verstärkt durchsetzen.[58]

54 *Ebert, Hefny*, Ägypten..., a. a. O., 62–63.

55 Vgl. auch *El-Gawhary*, Sex Tourism in Cairo. In: Middle East Report, Washington DC, September/October 1995, 26–27. Zur ʿurfī-Ehe statt aller: *ʿUmrān*, Az-zawāǧ al-ʿurfī wa-ṣuwar uḫrā li-z-zawāǧ ġair ar-rasmī, al-Iskandarīya 2001.

56 *Krüger*, An Introduction to the Law of Contract in Arab States, in: STUDI MAĠREBINI, Nuova Serie, Napoli 2004, 207.

57 Vgl. *Jung*, Der arabische und internationale ordre public als Einfallstor für islamisches Recht. In: Beiträge zum Islamischen Recht. Hrsg. von *Ebert*, Frankfurt am Main, Berlin, Bern, Wien 2000, 63–67. Holger Jung sieht ferner einen „islamischen Rechtskreis" unter Führung von Saudi-Arabien.

58 Vgl. Art. 17 des ägyptischen Gesetzes Nr. 1 von 2000.

b. Ehewirkungen

b.1. Gehorsamspflicht

Im Grundsatz schuldet die Ehefrau ihrem Ehemann Gehorsam (ṭāʿa), der insbesondere in Koran Vers 4:34 seine religiöse Basis findet.[59] Zwar wird diese Gehorsamspflicht im weitesten Sinne als Gehorsam gegenüber dem Ehemann als Familienoberhaupt verstanden, in den gesetzlichen Regelungen jedoch zumeist auf zwei Pflichten der Ehefrau reduziert: Zum einen auf die Pflicht, mit dem Ehemann in der ehelichen Wohnung zu leben, zum anderen auf die Pflicht, ohne seine Einwilligung diese Wohnung nicht zu verlassen, es sei denn, es liegen Rechtfertigungsgründe (etwa: zum Besuch ihrer Familie) vor.[60] Ungehorsamkeit führt zum Verlust des Unterhalts (nafaqa) durch den Ehemann. Eine Definition der Gehorsamkeit wird in den Gesetzen der arabischen Länder nicht selten mit der Orientierung am Gewohnheitsrecht (ʿurf, ʿāda) verknüpft, sodass die konkreten Implikationen durchaus als orts- und zeitabhängig eingeschätzt werden können.[61] Insbesondere das Verlassen der Wohnung, um eine Arbeit aufzunehmen, da der Ehemann nicht fähig oder willens ist, die Familie entsprechend zu unterhalten, gehört zu denjenigen Fragen, die angesichts sozialer Missstände neu zu bewerten sind. Der ägyptische Gesetzgeber hat im Veränderungsgesetz Nr. 100 von 1985 eine solche allgemeine Formulierung aufgenommen. Wenn die Frau eine legale Arbeit verrichtet, dieses Recht nicht missbraucht, dieses Recht nicht gegen das Familienwohl verstößt und der Ehemann nicht die Einstellung eines solchen Missbrauchs fordert, gilt sie nicht als ungehorsam (nāšiz).[62] Ihr Anspruch auf Unterhalt besteht fort. Mit dem Selbstloskauf aus der Ehe kann die Frau eine Gehorsamkeitsklage durch den Mann verhindern (siehe unten c.1.).

b.2. Züchtigungsrecht

Gemäß den islamisch-rechtlichen Quellen ist ein Züchtigungsrecht des Mannes gegenüber seiner Ehefrau nachweisbar. In Art. 209 der Qadrī-Pāšā-Kodifikation heißt es: „Dem Ehemann ist es erlaubt, die Ehefrau für ungehorsames Verhalten, welches keine gesetzliche Strafe nach sich zieht, in leichter Weise zu züchtigen (taʾdīb ḫafīf). Es ist ihm jedoch generell nicht erlaubt, sie maßlos zu schlagen,

---

59 Der Koran. Übersetzung von *Paret*, Stuttgart 2007, 10. Aufl., 64.

60 Vgl. Art. 207 in *Ebert*, Die Qadrî-Pâshâ-Kodifikation..., a. a. O., 69. Ausführlich dazu mit zahlreichen Literaturverweisen *Krüger*, Ehewirkungen im Recht orientalischer Staaten. In: FamRZ, Bielefeld 7 (2008), 651–652. Zu den islam-rechtlichen Quellen und Interpretationen statt aller: *ʿAqla*, Niẓām al-usra fi-l-islām, ʿAmmān 1983, Teil 2, 16–26.

61 Vgl. z. B. Art. 23 der tunesischen maǧalla.

62 Vgl. *al-ʿAṭṭār*, Al-usra wa qānūn al-aḥwāl aš-šaḫṣīya raqm 100 li-sana 1985, al-Qāhira 1985, 68–93.

auch wenn er dafür einen Rechtsfertigungsgrund hat."[63] Ähnlich lautet die Erläuterung des ägyptischen Juristen ʿAbd an-Nāṣir Taufīq al-ʿAṭṭār, der anmahnt, dass die Züchtigung nur als ein „geringfügiger Schlag außerhalb von Kopf und Gesicht" keine Verletzung nach sich ziehen und keinen Schaden (ḍarar) erzeugen soll, der die Aufrechterhaltung der Ehe unmöglich machen würde.[64] Dass sich die arabischen Länder offiziell bemühen, Gewalt in der Ehe als nicht mit dem Islam in Übereinstimmung stehend zu deklarieren und in den Medien eine Verurteilung von Gewalt nicht selten deutlich wird, lässt zunächst keine Rückschlüsse auf das tatsächliche Phänomen zu. Auch die Verpflichtung der überwiegenden Mehrheit der arabischen Länder, mit der Unterzeichnung des „UNO-Übereinkommens zur Beseitigung jeder Form der Diskriminierung der Frau" aus dem Jahre 1979 jede Form der Unterdrückung der Frau zu bekämpfen, beeinflusst durchaus den Gesetzgebungs- und Meinungsbildungsprozess.[65] Gewalt in der Ehe wird trotz aller Beteuerungen eher als eine private Angelegenheit betrachtet, die eine öffentliche Einmischung nicht erforderlich macht. Formulierungen in den familienrechtlichen Kodifikationen, dass sich die beiden Partner keinen Schaden zufügen sollten (z. B. Art. 23 Tunesien, Art. 55/5 VAE) o. ä. deuten aber auf eine zunehmende Sensibilisierung in dieser Frage hin.

b.3. Ehegüterrecht

Nach wie vor basiert das Ehegüterrecht in den arabischen Ländern auf der Gütertrennung. Bedingt durch lebenswirkliche Umstände und durch den Bedeutungsverlust der Brautgabe (mahr oder ṣadāq) als finanzielle Versicherung der Frau wurde zunächst in Tunesien im Jahre 1998 eine Regelung durch Gesetz Nr. 1998-91 vom 9.11.1998 eingeführt, wonach über in der Ehe erworbene Immobilien eine ehegüterrechtliche Vereinbarung im Sinne einer gestalteten Gü-

---

63 *Ebert*, Die Qadrî-Pâshâ-Kodifikation..., a. a. O., 78. Vgl. die weitgehend identischen Auffassungen der sunnitischen Rechtsschulen dazu in: Al-aḥkām aš-šarʿīya fi-l-aḥwāl aš-šaḫṣīya. Muḥammad Qadrī Pāšā wa-šarḥuhu li-Muḥammad Zaid al-Abyānī (4 Bände). Hrsg. vom Markaz ad-dirāsāt al-fiqhīya wa-l-iqtiṣādīya *(Sirāǧ, ʿAlī Ǧumʿa)*, al-Qāhira 2006, Bd. 1, 460–462.

64 *Al-ʿAṭṭār*, Al-usra…, a. a. O., 72. Vgl. auch *Krüger*, Ehewirkungen..., a. a. O., 652–653 und *Ebert*, Das Personalstatut..., a. a. O., 108.

65 Vgl. die URL http://www.admin.ch/ch/d/sr/c0_108.html (zuletzt abgerufen: 7.12.2010; siehe Fn. 8). Bis auf Qatar haben alle arabischen Länder dieses Übereinkommen unterzeichnet, allerdings mit entsprechenden Vorbehalten. Marokko etwa hat bereits bei Unterzeichnung einschränkende Erklärungen zu Art. 2 und Art. 15 abgegeben, Vorbehalte gegen Art. 9, Art. 16 und Art. 29 erklärt. Das Fakultativprotokoll wurde nicht unterzeichnet. Vgl. *Möller*, Zwischen Religion und Politik: Marokkos Vorbehalte zur UN-Frauenrechtskonvention und die Reform des nationalen Familienrechts. Vortrag auf dem 31. Deutschen Orientalistentag Marburg, 21.9.2010.

tergemeinschaft zwischen den Eheleuten geschlossen werden kann.[66] Die Veränderungsgesetze zum Personalstatut in Marokko und Algerien aus den Jahren 2004 und 2005 knüpfen in Art. 49 bzw. in Art. 37 an diese Regelung an und erweitern sie um das bewegliche Vermögen.[67] Hier zeigt sich, dass das tunesische Gesetz zum Personalstatut (maǧallat al-aḥwāl aš-šaḫṣīya) sowie weitere diesbezügliche tunesische Gesetze nicht nur in den 50er und 60er Jahren des 20. Jh. hinsichtlich verschiedener Rechtsfiguren (z. B. Verbot der Polygynie, Scheidungsmöglichkeiten der Frau, Adoption) für den „französischen Rechtskreis“ (Maghreb) und darüber hinaus beispielgebend waren, ohne dass diese Bestimmungen unverändert übernommen worden wären.

c. Eheauflösung

c.1. Selbstloskauf aus der Ehe

Per Gesetz Nr. 1 von 2000 wurden in Ägypten neben verfahrensrechtlichen Regelungen auch solche zum ḫulʿ (Selbstloskauf aus der Ehe) festgeschrieben. Art. 20 des Gesetzes Nr. 1 von 2000 beinhaltet die traditionelle *Vereinbarung* zwischen den Ehepartnern. Darüber hinaus kann die Ehefrau bei Rückerstattung der Brautgabe und Verzicht auf alle finanziellen Ansprüche nach einem Versöhnungsversuch die richterliche unwiderrufliche Ehescheidung auch gegen den Willen des Ehemannes erwirken. Wegen der Brisanz dieses Themas in den ägyptischen Medien und unter den islamischen Rechts- und Religionsgelehrten wurde das Gesetz Nr. 1 von 2000 auch als ḫulʿ-Gesetz (qānūn al-ḫulʿ) bezeichnet.[68] Die Gründe, die die Ehefrau zu diesem Schritt bewegen, bedürfen keines Beweises. Insofern verliert auch eine Ungehorsamkeitsklage des Mannes wegen des Verlassens der ehelichen Wohnung durch die Frau ihre Wirkung. Mit der Verankerung des Selbstloskaufs der Frau aus der Ehe verbessern sich die Möglichkeiten für die Frau, die Ehe aufzulösen. Es können jedoch auch negative Folgen in Bezug auf die finanzielle Absicherung der Frau damit verbunden sein. Die Gesetze bzw. Gesetzesänderungen zum Personalstatut in Algerien (Art. 54–57), Bahrain (Art. 97–99), Jordanien (Art. 6 des Gesetzes Nr. 82 von 2001), Ma-

---

66 Vgl. diese gesetzlichen Regelungen unter der URL http://www.jurisitetunisie.com/tunisie/codes/csp/menubiens.html (zuletzt abgerufen: 8.12.2010).

67 Al-makāsib al-qānūnīya li-l-marʾa at-tūnisīya fi-l-ʿahd al-ǧadīd, Tūnis 2004, 11, *Krüger*, Beharrung..., a. a. O., 199–202, *Wohlgemuth*, Die neue Moudawana – Ausblick auf das marokkanische Familienrecht und seine Reform. In: FamRZ, Bielefeld 23 (2005), 1951, *Nelle*, Neue familienrechtliche Entwicklungen im Mahgreb (Marokko, Algerien, Libyen, Mauretanien und Tunesien). In: StAZ, Frankfurt am Main, Berlin 9 (2004), 262, *dgl.*, Familienrechtliche Modernisierung und islamische Bioethik im neuen Familiengesetzbuch von Algerien. In: StAZ, Frankfurt am Main, Berlin 10 (2005), 292.

68 Vgl. *Bernard-Maugiron*, Normes et pratiques en matière de statut personnel : La loi sur le « khulʿ » en Égypte. In: Maghreb – Machrek, Paris 182(2004–2005), 77–98.

rokko (Art. 115–120), Qatar (Art. 118–122) und in den VAE (Art. 110) orientieren sich an der ägyptischen Regelung.

c.2. Scheidung wegen ehelichen Zerwürfnisses

Gerichtliche Scheidungen – zumeist auf die Nichtleistung des Unterhalts, die Schädigung der Ehefrau, die Abwesenheit des Ehemannes oder eine Krankheit des Ehemannes zurückgeführt – werden insbesondere in der mālikitischen Rechtsschule als legitim bewertet. Sie finden aber auch in denjenigen Ländern, deren Gesetze vorrangig einer anderen Rechtsschule verpflichtet sind, Verbreitung.[69] Die Schädigung der Ehefrau (iḍrār) wird in der ägyptischen Gesetzesverordnung Nr. 25 von 1929 in der Überschrift zum 2. Kapitel mit „Zerwürfnis zwischen den Ehegatten" (šiqāq baina az-zauǧain) identifiziert. Damit eröffnet sich die Möglichkeit, über den Nachweis eines konkreten Schadens hinaus das Scheitern einer Ehe als Scheidungsgrund anzugeben.[70] Die Gesetze zum Personalstatut in Algerien (Art. 53/8)[71], Bahrain (Art. 102), Jemen (Art. 54)[72], Mauretanien (Art. 102), Qatar (Art. 129) und Sudan (Art. 162) gestatten der Frau, diejenigen in Irak (Art. 41)[73], Jordanien (Art. 132)[74], Kuwait (Art. 126)[75], Libanon (Art. 130)[76], Libyen (Art. 35–39), Marokko (Art. 94), Oman (Art. 101), Qatar (Art. 130–134), Syrien (Art. 112), Tunesien (Art. 25 und 31) und in den VAE (Art. 118) beiden Ehepartnern, im Falle einer Schädigung bzw. eines Zerwürfnisses eine gerichtliche Eheauflösung zu fordern. Die beiden Schlichter (ḥakamān), die sich um die Aufrechterhaltung der Ehe bemühen sollen, können eine Scheidung im Allgemeinen nicht verhindern. Tendenziell zeigt sich, dass das Zerwürfnis in der Ehe als hinreichender Grund für eine Ehescheidung angesehen wird. Nach wie vor hat aber der Richter festzustellen, wer die Zerrüttung in der Ehe verschuldet hat. Dieses Prinzip hat unmittelbare Auswirkungen auf mögliche Entschädigungszahlungen. Insofern ist es nicht verwunderlich und – im Hinblick auf die finanziellen Rechte der Frau – nicht unproblematisch, wenn

69 *Šalabī*, Aḥkām al-usra fi-l-islām, Bairūt 1983, 4. Aufl., 575–614, *ʿAqla*, Niẓām..., a. a. O., T. 3, 199–211.

70 *Al-Barrī*, Bidāyat al-muǧtahid fī aḥkām al-usra al-islāmīya. Maʿa šarḥ wa-naqd al-qānūn 100 li-sana 1985, al-Qāhira 1985, 243–245.

71 Gemäß Veränderung von 2005.

72 Gerichtliche Aufhebung (fasḫ) der Ehe auf Antrag der Ehefrau wegen einer unüberwindlichen Abneigung (karāhīya).

73 Zerwürfnis hier als ḫilāf bezeichnet.

74 Streit (nizāʿ) und Zerwürfnis. Dabei muss der Antragsteller die Schädigung beweisen.

75 Lediglich als Schädigung bezeichnet.

76 Nizāʿ wa-šiqāq.

diese Form der Eheauflösung an Bedeutung gewinnt. Dennoch – sie überwindet oder vermindert ausschließliche Rechtsansprüche des Ehemannes.[77]

c.3. Mitwirkung des Gerichts bei der Verstoßung

Gemäß šarīʿa ist die Verstoßung (ṭalāq) der Ehefrau durch den Ehemann ein einseitiger Akt, der von der Mehrheit der „klassischen" islamischen Rechts- und Religionsgelehrten als nicht zwingend mit einem Zeugenbeweis verbunden deklariert wird. Lediglich die 12er Šīʿiten fordern die Mitwirkung von Zeugen. Dies steht im Zusammenhang mit unterschiedlichen Formerfordernissen bei der Eheschließung.[78] Der tunesische Gesetzgeber hat bereits im Jahre 1956 in Art. 30 erstmalig die Verfahrensscheidung generell als verbindlich vorgeschrieben. Dieser Auffassung hat sich die Mehrheit der arabischen Länder jedoch nicht angeschlossen, sondern lediglich die Mitwirkung des Gerichts, des Notars oder des Gesetzlichen Bevollmächtigten zur Eheschließung geregelt.[79] Bei der Qualifikation dieser Rechtsfigur ist jedoch zu vermerken, dass eine bloße deklaratorische Registrierung oder gerichtliche Beurkundung nicht ausreicht, um eine solche Verstoßung als eine gerichtliche Scheidung zu werten.[80] Sie bleibt aus der Sicht des deutschen Rechts eine Privatscheidung mit den entsprechenden Konsequenzen für die Anerkennung. Die Änderung des marokkanischen Personalstatuts im Jahre 2004 hat jedoch ein gerichtliches Verfahren eingeführt, sodass die „Grenzziehung zwischen Privat- und Verfahrensscheidung" schwierig ist.[81] Darauf sei aber an dieser Stelle nicht näher eingegangen. Alles in allem bedeutet auch die gerichtliche Mitwirkung eine Verbesserung der Rechtsstellung der Frau und eine Einschränkung des Willkürcharakters der Verstoßung.

d. Scheidungsfolgen

d.1. Abfindung und Schadensersatz

Nach „klassischer Lehre" hat die Frau im Scheidungsfalle nur in der Wartezeit (ʿidda), in welcher sie nach Eheauflösung keine neue Ehe eingehen kann, An-

77 Gemäß Aussage von Khalil ist die gerichtliche Scheidung wegen ehelichen Zerwürfnisses die Scheidungsart mit dem „größten Anteil bei Scheidungen in Syrien". *Khalil*, Rechtskulturelle Grundlagen des syrischen Scheidungsrechts. Eine Untersuchung islamischer Rechtsgrundsätze, Hannover 2005, 311, vgl. auch 233–280.

78 *As-Saiyid Sābiq*, Fiqh as-sunna, Bairūt 1985, 7. Aufl., Bd. 2, 257–260.

79 Siehe unter a.3.

80 Vgl. StAZ, Frankfurt am Main, Berlin 4 (2003), 108–109 mit weiteren Verweisen.

81 *Gärtner*, Die Privatscheidung im deutschen und gemeinschaftsrechtlichen Internationalen Privat- und Verfahrensrecht. Studien zum ausländischen und internationalen Privatrecht 208, Tübingen 2008, 17, *Wohlgemuth*, Die neue Moudawana – Ausblick..., a. a. O., 1956.

spruch auf Unterhalt durch den Ehemann. Die Brautgabe ist aber in der heutigen Zeit – auch wenn es zur Zahlung des erst bei Scheidung fälligen Teiles kommt – nicht ausreichend, um daraus den eigenen Unterhalt zu bestreiten. Soziale Missstände, Armut und Probleme bei der Wiedereingliederung in die elterliche Familie können dementsprechende Folgen sein. Besonders in denjenigen Ländern, in denen die Brautgabe traditionell nicht sehr hoch ist, stand und steht der Gesetzgeber vor der Aufgabe, eine Entschädigung oder Abfindung (mutʿa, taʿwīḍ, ʿiwaḍ, badal) festzulegen, wenn bei der Scheidung eine Schuld oder ein Willkürakt des Ehemannes erkenn- und nachweisbar vorliegt. Der vorgesehene Betrag differiert in Abhängigkeit von der gerichtlich festgestellten „Schuld" der Ehefrau. Er beträgt mindestens zwei Jahresunterhaltsleistungen (Ägypten Art. 18bis des Gesetzes Nr. 25 von 1929 <i. d. F. 100/1985>), maximal sechs Monate Unterhaltsleistung (Sudan Art. 138), maximal eine Jahresunterhaltsleistung (Bahrain Art. 52d und 82, Jordanien Art. 134, Kuwait Art. 165, VAE Art. 140), maximal zwei Jahresunterhaltsleistungen (Irak Art. 39 Abs. 3) oder maximal drei Jahresunterhaltsleistungen (Qatar Art. 115, Syrien Art. 117). Der Betrag kann aber auch generell im Ermessen des Richters liegen (Algerien Art. 52, Libyen Art. 39 und 50, Marokko Art. 84, Mauretanien Art. 84 und 102, Oman Art. 91).[82] Im Gegensatz zu dieser Regelungstendenz ist der Art. 71 im jemenitischen Personalstatutsgesetz, der eine Abfindung von höchstens einer Jahresunterhaltsleistung vorsah, durch Gesetz Nr. 24 von 1999 gestrichen worden. Nach dem Vorbild Tunesiens (Dekret Nr. 93-1655) hat Ägypten im Jahre 2000 (Gesetz Nr. 1 von 2000: Art. 71–76) einen Familiensicherungsfonds ins Leben gerufen, der über die Nasser-Sozialbank die Vollstreckung von Urteilen zum Unterhalt und anderen Zahlungen absichert. Die prekäre Wohnraumlage in einigen arabischen Ländern (z. B. Ägypten, Algerien, Irak, Libyen, Marokko) hat den Gesetzgeber darüber hinaus veranlasst, der Frau im Scheidungsfalle die eheliche Wohnung bzw. äquivalenten Wohnraum zu überlassen, wenn minderjährige Kinder zu versorgen sind.

d.2. Vermögensausgleich

Da in den arabischen Ländern kein eheliches Güterrecht existiert, ist ein Zugewinnausgleich zunächst nicht vorgesehen. Mit der Veränderung des marokkanischen Gesetzes zum Personalstatut im Jahre 2004 sind bei der Vermögensauseinandersetzung (im Falle des Fehlens einer diesbezüglichen Vereinbarung) die Leistungen und Lasten der beiden Ehepartnern zu berücksichtigen (Art. 49), was im Ergebnis – so formuliert D. Nelle – „letztlich mehr einer Zugewinngemeinschaft ähnelt".[83] Ob dies ein Einfallstor für Veränderungen in anderen arabischen Ländern sein kann, bleibt abzuwarten.

---

82 Vgl. *Nasir*, The Islamic..., a. a. O., 143–145.

83 *Nelle*, Neue familienrechtliche..., a. a. O., 265. Siehe unter b.3.

e. Kindschaftsrecht

e.1. Tatsächliche Personensorge und Vormundschaft

Die im Islamischen Recht dominierende systematische Trennung von Personen- und Vermögenssorgerecht (wilāya ʿalā an-nafs wa-ʿalā al-māl) und tatsächlicher Personensorge (ḥaḍāna) wird zwar in den arabischen Ländern nicht grundsätzlich in Frage gestellt, jedoch angesichts veränderter sozialer Bedingungen per Kodifizierung modifiziert und insgesamt stärker an das Kindeswohl gekoppelt. Obwohl der Begriff des Kindeswohls (maṣlaḥat al-maḥḍūn) interpretationsbedürftig sowie örtlich und zeitlich inhaltlich veränderbar ist, gibt das New Yorker Übereinkommen über die Rechte des Kindes im Art. 3 eine allgemeine Orientierung hierfür.[84] In Bezug auf die *wilāya* geht es dabei insbesondere um die Frage, wann und wie der gesetzliche Vormund (walī) in Gestalt des Vaters durch einen anderen gesetzlichen oder ernannten Vormund (waṣī) ersetzt werden kann. Die gerichtliche Mitwirkung wird hierbei zum entscheidenden Ansatzpunkt praktischer Lösungen zum Wohle des Kindes.[85]

Wichtige gesetzliche Veränderungen im Kindschaftsrecht konzentrieren sich aber auf die ḥaḍāna. Die Reformen können zwei unterschiedlichen Ebenen zugeordnet werden: Zum einen dem Personenkreis, dem die tatsächliche Personensorge zufällt, zum anderen den Kompetenzen für den Inhaber der ḥaḍāna.[86] Die Quellenwerke des Islamischen Rechts vermitteln hierfür nur wenige Ansätze, konzentrieren sich im Wesentlichen auf die Rolle der Mutter bzw. einer anderen weiblichen Verwandten des Kindes bei der Pflege und Erziehung des Kindes.[87] Ausgangspunkt von substantiellen Veränderungen bei der tatsächlichen Personensorge war die durch Gesetz Nr. 49 vom 3.6.1966 in Tunesien eingeführte elterliche tatsächliche Personensorge während der Ehe. Dieser Auffassung folgen die Maghrebländer Libyen (Art. 62b), Marokko (Art. 164), Mauretanien

84 Siehe zu den allgemeinen Kriterien des Kindeswohls die URL http://www.sgipt.org/forpsy/kw_krit0.htm (zuletzt abgerufen: 8.12.2010).

85 Vgl. *Ebert, Hefny*, Ägypten..., a. a. O., 38.

86 Weitere Veränderungen von Regelungen zur ḥaḍāna beziehen sich auf die Bereitstellung einer Wohnung für die tatsächliche Personensorgeberechtigte und das Kind durch den Vater des Kindes angesichts des in einigen arabischen Ländern existierenden Wohnraummangels. Hierbei spielen gerichtliche Entscheidungen eine immer größere Rolle. Vgl. Art. 56 der tunesischen maǧalla i. d. F. des Gesetzes Nr. 2008-20. Hinzu kommen Bestimmungen, die die Veränderung des Aufenthaltsortes des Kindes betreffen, besonders im Hinblick auf eine Reise ins Ausland mit der (ausländischen) Mutter des Kindes (z. B. Bahrain Art. 138).

87 Vgl. *Šalabī*, Aḥkām al-usra.... a. a. O., 753–786, *ʿAqla*, Niẓām..., a. a. O., T. 3, 266–274.

(Art. 123) und indirekt auch Algerien (Art. 36 Abs. 3)[88]. Auch die Golfländer Oman (Art. 130), Qatar (Art. 166) und jüngstens Bahrain (Art. 132) haben sich diesem Beispiel angeschlossen. Neben diese eher formalen Modifikationen am Rechtsinstitut der tatsächlichen Personensorge zeigt sich jedoch in den Reformgesetzen in Tunesien, Marokko und Algerien, dass auch die Mutter eines Minderjährigen im Ausnahmefall zum Personen- und Vermögenssorgeberechtigten durch Gerichtsbeschluss bestellt werden kann (Tunesien Art. 67[89], Marokko Art. 231 und 238, Algerien Art. 87[90]) oder im Scheidungsfalle auch die wilāya übertragen bekommt, wenn sie bereits die ḥaḍāna ausübt (Algerien Art. 87). Bei Abwesenheit des Vaters des Minderjährigen kann die Mutter in eiligen Angelegenheiten rechtsgeschäftlich tätig werden (Algerien Art. 87). Die Erweiterung der Rechte der ḥādina (etwa: Reiseerlaubnis; vgl. Marokko Art. 180 ff. oder Qatar Art. 185[91]) greifen unmittelbar in die traditionellen Kompetenzen des walīs ein.[92] Die Tendenz in der arabischen Welt, das Kindeswohl stärker in den Blick zu nehmen, lässt sich mit den aufgeführten Beispielen durchaus untermauern.[93]

e.2. Abstammung

Der Nachweis der Abstammung aufgrund der herkömmlichen Methoden – Ehevertrag, Anerkenntnis, Zeugenbeweis – macht zunächst keine biologisch-genetische Untersuchung erforderlich, sondern ist unabhängig von einer tatsächlichen Blutsverwandtschaft.[94] Im Falle einer Beweisführung stützen sich aber die Gerichte auf moderne technische Untersuchungs- und Analyseverfahren (Blut, DNA), obwohl in den Gesetzen der arabischen Länder zum Personalstatut nur allgemeine Hinweise (z. B. Algerien Art. 40) dazu enthalten sind.[95] Die Leugnung der Abstammung durch das liʿān-Verfahren (Ehebruchsbezichtigung), verbunden mit einer Eheauflösung, wird bei Berücksichtigung einer weitgehend zweifelsfreien DNA-Analyse grundlegend verändert, denn die rechtlichen Beziehungen des Kindes zum klagenden Ehemann werden nur dann gekappt, wenn

88 Die Sorge um die Kinder und ihre Erziehung wird beiden Elternteilen als Aufgabe gestellt. Das Wort ḥaḍāna erscheint in diesem Zusammenhang nicht.

89 Geändert durch Gesetz Nr. 74 von 1993.

90 Im Falle des Todes des Vaters der Minderjährigen.

91 Im Falle der Weigerung des Vormundes, das Kind mit der tatsächlichen Sorgeberechtigten reisen zu lassen, kann ein Gerichtsbeschluss diese Weigerung außer Kraft setzen.

92 Vgl. *Ebert*, Das neue Personalstatut Marokkos: Normen, Methoden und Problemfelder. In: Orient. Deutsche Zeitschrift für Politik und Wirtschaft des Orients, Baden-Baden 4/2005, 626–627.

93 Vgl. *Rieck*, Die Rolle des Islam bei Eheverträgen mit einem nichtmoslemischen Ehepartner. In: Beiträge zum Islamischen Recht. Hrsg. von *Ebert*, 2000, 80–85.

94 *Šalabī*, Aḥkām al-usra…. a. a. O., 703–727.

95 *Ḫalīfa*, Al-baṣma al-wirāṯīya wa-aṯaruhā ʿalā al-aḥkām al-fiqhīya, al-Iskandarīya 2004.

die Analyse eine nicht existierende Vaterschaft anzeigt. Hieraus könnten sich weiterhin strafrechtliche Folgen ergeben. Es überrascht, dass das neue bahrainische Gesetz für die sunnitische Bevölkerung in Art. 79 eine DNA-Analyse in einem solchen liʿān-Verfahren vorschreibt, obgleich die gesellschaftlichen Strukturen eine solche geschiedene Frau verfemen.

6. Schlussfolgerungen

Das Familienrecht ist nur eines der Rechtsgebiete in der Region des Vorderen Orients und Nordafrikas, für die sich ein vielfältiger Rechtstransfer in unterschiedliche Richtungen und zu unterschiedlichen Zeiten erkennen lässt. Es existieren mehrere Ebenen und Stränge von Verflechtungen und Transfererscheinungen:

a. Ausgangspunkt ist und bleibt auf absehbare Zeit das Islamische Recht in seinen vielfältigen Ausformungen und Interpretationen. Auf der Grundlage dessen entstanden seit Ende des 19. Jh. Kodifikationen und später Gesetze, die ihrerseits zwar einer Rechtsschule folgten, aber auch Elemente anderer Richtungen integrierten. Dieser Prozess berücksichtigte und berücksichtigt die unterschiedlichen Methoden der Anpassung und Veränderung auf Makro-Ebene und auf Mikro-Ebene;[96]

b. Die koloniale und später neo-koloniale Durchdringung der Region hat seit dem 19. Jh. europäische Rechtsvorstellungen – insbesondere französische – verbreitet und in vielen Rechtsgebieten, die bis dahin islamisch-rechtlich geprägt waren, europäische Gesetze oktroyiert. Dass dies im Bereich des Personalstatuts nicht in direkter Weise erfolgte, liegt an äußeren und inneren Verhältnissen, nicht zuletzt an der religiösen Struktur des Orients. Dennoch wurden Werte, Methoden und Techniken auch im Bereich des Familienrechts transferiert;

c. Als das bedeutendste arabische Land hat zunächst Ägypten auch im Personalstatut eine Leitfunktion bei der Formulierung und Ausrichtung von Gesetzen gehabt. Dass damit auch französisches Recht – so auch, aber nicht nur im Verfahrensrecht – eingeflossen ist, liegt auf der Hand. Mit der Rolle Ägyptens ergab sich auch eine Konzentration auf ḥanafitische Regelungen;

d. Die Einbindung der arabischen Länder in die UNO und in andere internationale Organisationen hatte gleichsam zur Folge, dass bestimmte grundsätzliche Normen – zumeist der europäisch-amerikanischen Rechtskultur entlehnt – einigen „klassischen" šarīʿa-Bestimmungen zuwiderlaufen, insbesondere hinsichtlich der Rechtsstellung der Frau. Dieser Konflikt führt auch in den arabischen Ländern dazu, bisher kaum veränderbare Rechtsauffassungen zu hinterfragen und partiell zu reformieren. Zahlreiche Nicht-Regierungsorganisationen (NGOs)

96 Vgl. hierzu *Ebert*, Wider die Schließung..., a. a. O., 365–381.

und Einzelpersönlichkeiten erhöhten und erhöhen im Rahmen einer angestrebten Zivilgesellschaft den Druck auf die Regime und/oder die islamischen Rechts- und Religionsgelehrten, diesbezügliche Veränderungen zu ermöglichen oder zu fördern. Es ist klar, dass das Tempo dieser Entwicklung von inneren Verhältnissen direkt abhängig ist. Auch jüngste Aktivitäten z. B. innerhalb des sog. Barcelona-Prozesses stehen für einen derartigen Rechtstransfer;

e. Seit den 50er Jahren des 20. Jh. orientierten sich einige arabische Länder an Reformen, die in Tunesien eingeführt worden sind. Mittlerweile ist diese Vorbildwirkung um einige andere Maghreb-Länder (Marokko, Algerien) erweitert worden;

f. Auch in konservativen arabischen Staaten (z. B. am Golf) wurde dem Druck, das Personalstatut zu kodifizieren und den Besonderheiten der jeweiligen Gesellschaft anzupassen, weitgehend nachgegeben. Dabei orientiert man sich an vorhandenen Beispielen, so insbesondere am kuwaitischen Vorbild.

Auch wenn die Modernisierung des Personalstatuts objektiv als dringlich erscheint, werden auch in Zukunft in erster Linie nur kleine Schritte möglich sein. Dies liegt auch an der Frage der gesellschaftlichen Akzeptanz solcher „modernen“ Regelungen. Vor den arabischen Ländern steht perspektivisch die Aufgabe, politische, soziale, religiöse *und* rechtliche Strukturen zu reformieren, um den Herausforderungen der Zeit zu begegnen.

Gesetze auf Wanderung
Zum Strafrecht in der muslimischen Welt*

Dr. Silvia Tellenbach, Freiburg im Breisgau

1. Einführung

Für das Strafrecht, das heute in den meisten muslimischen Ländern gilt, waren Entwicklungen des 19. Jahrhunderts weichenstellend. Sie führten zu einem umfassenden Transfer europäischen Straf- und Strafprozessrechts in die muslimischen Länder, auf verschiedenen Wegen, in verschiedener Art, bei unterschiedlichen Situationen in den Aufnahmeländern. Peters beschreibt in seinem Werk „Crime and Punishment in Islamic Law" drei Vorgehensweisen, durch die das bisher herrschende islamische Strafrecht in dieser Zeit in vielen Ländern durch westliches Recht ersetzt wurde.[1] Die erste, häufig in Kolonialstaaten angewendet, war die komplette Abschaffung des islamischen Strafrechts und seine Ersetzung durch westliches Recht, beispielsweise durch die Franzosen in Nordafrika. Die zweite, seit dem späten 18. Jahrhundert von den Briten in Indien und dann sehr viel später auch in Nordnigeria praktiziert, war eine allmähliche Aushöhlung des islamischen Rechts bis es zwar noch islamisches Strafrecht hieß, tatsächlich aber nicht mehr war[2] und schließlich als letzter Schritt die Ersetzung durch ein westlich geprägtes Strafgesetzbuch wie etwa den Indian Penal Code von 1860. Der dritte Weg wurde in unabhängigen Ländern wie dem Osmanischen Reich und Ägypten beschritten – letzteres war Teil des Osmanischen Reichs, hatte aber zur fraglichen Zeit bereits eine Sonderstellung. Zwar hatte es im Bereich der taʿzīr-Delikte im Osmanischen Reich schon seit Jahrhunderten immer wieder Gesetze gegeben; jetzt aber gewannen die Gesetze eine neue Qualität und bisher herrschende willkürliche siyāsa-Justiz wurde zunehmend durch Rechtssetzung durch präzise Gesetze und Rechtsverfolgungsmöglichkeiten vor Gericht ersetzt. Wir wollen heute einigem davon nachgehen. Dabei müssen wir uns allerdings weitgehend auf den Transfer der Gesetze beschränken, und auch hier können wir nicht alle muslimischen Länder berühren. Die oft hochkomplexen Vorgänge bei der Übernahme eines Gesetzes in einem bestimmten Land, die Umstände, die dort dazu führen, dass aus dem Buchstaben

---

* Leicht überarbeitete und durch Anmerkungen ergänzte Fassung des Vortrags auf der Jahrestagung der Gesellschaft für arabisches und islamisches Recht in Leipzig am 15.10.2010.

1 Siehe hierzu und zum Folgenden *Peters, R.*, Crime and Punishment in Islamic Law, S. 104 ff.

2 Siehe Näheres unter 2.2.

lebendiges Recht wird, dass es sich verändert oder dass es überhaupt nicht angewendet wird, können hier nicht behandelt werden.

2. Wanderung von Gesetzen

2.1. Französisches Recht

Das bedeutsamste Gesetz für die Strafrechtsentwicklung der muslimischen Staaten des Nahen Ostens und des Maghrebs ist der Code Napoléon von 1810. Er wurde das Vorbild für das osmanische Strafgesetzbuch von 1858, er war das Vorbild für das iranische Strafgesetzbuch von 1926, und er prägte das Strafrecht der Maghrebstaaten.

2.1.1. Osmanisches Reich und Nachfolgestaaten

Im osmanischen Reich hatte es bereits seit dem Edikt von Gülhane von 1839 umfassende Reformbewegungen gegeben, die auch das Strafrecht berührten.[3] So war das erste Gesetz, das infolge dieses Edikts im Jahr 1840 erging, ein allerdings noch bruckstückhaftes Strafgesetz (Ceza Kanunnamesi), das aber wichtige Neuerungen beispielsweise die Gleichheit vor dem Gesetz enthielt. So sollte das Leben des Wesirs und des Hirten in den Bergen gleich viel wert sein.[4] Ihm folgte 1851 ein weiteres Gesetz, das Kanun-i Cedid, das zum ersten Mal vorsah, dass die Verzeihung der Erben bei Tötungsdelikten den Staat nicht an einer weiteren Strafverfolgung hindern sollte und damit die Strafgewalt des Staates stärkte.[5] Beide Gesetze waren allerdings von europäischem Recht noch nicht beeinflusst. Das Strafgesetzbuch, das nur wenige Jahre später folgte, das Strafgesetzbuch von 1858,[6] stellte dann eine deutliche Zäsur dar. Dieses Gesetz war eine weitgehende Übernahme des französischen Strafgesetzbuchs. Das bedeutete zum Beispiel, dass es erstmals in einem osmanischen Gesetz einen allgemeinen Teil des Strafgesetzbuchs gab, also einen Teil, der bestimmte grundsätzliche Frage gleichsam vor die Klammer zog. Es findet sich die uns vertraute Dreiteilung von Straftaten nach ihrer Schwere in Verbrechen, Vergehen und Übertretungen mit genauer Beschreibung der jeweils möglichen Strafen, aber auch

3 Vgl. zum folgenden *Üçok, C./Mumcu, A./Bozkurt,G.*, Türk Hukuk Tarihi, S. 342 ff.

4 Siehe dazu Kapitel 1, Abschn.1, vgl. *Gökcen, A.*, Osmanlı Ceza Kanunları, S. 96.

5 *Üçok, C./Mumcu, A./Bozkurt, G.*, Türk Hukuk Tarihi, S. 344.

6 Vollständige Texte der Gesetze von 1840, 1851 und 1858 bei *Gökcen, A.*, Osmanlı Ceza Kanunları, S.95-168. Eine deutsche Übersetzung des Strafgesetzbuchs von 1858 findet sich bei *Nord, E.* [Übers.], Das türkische Strafgesetzbuch vom 28. Zilhidje 1274 (9. August 1858) mit Novelle vom 6. Djemazi-ül-achyr 1329 (4. April 1911) und den wichtigsten türkischen Strafnebengesetzen, Berlin 1912.

schon Straffreistellungsgründe wie Jugend, Geisteskrankheit oder Handeln unter Zwang. Schließlich gibt es die Einteilung der Straftaten in die großen Kategorien der Straftaten gegen den Staat, gegen die Gesellschaft und gegen die Person. Freilich enthielt dieses Gesetz noch Spuren islamischen Rechts vor allem bei den Tatbeständen der Tötung und Körperverletzung, sowie zu Beginn in Art. 1 eine allgemeine salvatorische Klausel zugunsten des islamischen Rechts.

Dieses Gesetz beanspruchte Geltung im gesamten osmanischen Reich. Das bedeutete, dass es zum Beispiel in dem Gebiet des heutigen Iraks, Libanons, Syriens, Jordaniens galt und seine Spuren hinterließ. In Ägypten dagegen, das schon seit Jahrzehnten auch in der Strafgerichtsbarkeit einen Sonderweg gegangen war, galt das Gesetz von 1855 (al-Qānūn al-humāyūnī) weiter, das eine Mischung aus dem Kanun-i Cedid von 1851, dessen Übernahme in Ägypten die osmanische Regierung in mühsamen Verhandlungen durchgesetzt hatte, sowie einer Reihe von Vorschriften aus früher ergangenen ägyptischen Strafgesetzen darstellte.[7]

Das französische Recht behielt zunächst weiterhin seinen Einfluss auf das osmanische Recht. Das galt etwa für die Strafprozessordnung und das Gerichtsverfassungsgesetz von 1879. Jetzt wurde zum Beispiel eine selbständige Anklagebehörde gegründet, die Staatsanwaltschaft, die es im osmanischen Reich zuvor nicht gegeben hatte. Eine weitere wichtige Neuerung war ferner etwa die Einführung eines Instanzenzugs mit erster und zweiter Tatsacheninstanz und einem Kassationshof an der Spitze. Der starke Einfluss des französischen Rechts im Bereich des Straf- und Strafprozessrechts sollte aber nicht von Dauer sein. Es blieb keineswegs unbemerkt, dass das italienische Strafrecht in den letzten Jahrzehnten des 19. Jahrhunderts international großes Ansehen gewann. Der Codice Zanardelli, das italienische Strafgesetzbuch von 1889 galt weithin als das fortschrittlichste und beste seiner Zeit. Das führte dann dazu, dass eine große Reform des osmanischen Strafgesetzbuchs im Jahr 1911 sich schon deutlich am italienischen Strafrecht orientierte.[8]

Nach dem Zusammenbruch des Osmanischen Reichs und der Gründung der Türkischen Republik sollte auch das Rechtswesen auf neue Grundlagen gestellt werden. Da die zeitlichen, persönlichen und sachlichen Ressourcen fehlten, umfassend neue Gesetze auszuarbeiten, entschloss man sich zu einer Reihe von Übernahmen ausländischer Gesetze. Im Strafrecht wurde jetzt der Schwenk vom französischen zum italienischen Recht vollzogen und der Codice Zanardelli ins türkische Recht übernommen, allerdings mit einigen Abweichungen. So sah der Codice Zanardelli im Übernahmejahr 1926 bereits keine Todesstrafe mehr vor.

7 Vgl. statt anderer *ʿAbd al-Malik, Ǧ.*, Al-Mausūʿa al-ǧināʾīya, S. 502 ff.; *Forstner, M.*, Der Allgemeine Teil des ägyptischen Strafrechts, S. 24 f.; *Peters*, *R.*, Crime and Punishment in Islamic Law, S. 136 f.

8 Vgl. hierzu und zum Folgenden *Tellenbach, S.*, Zum Straf- und Strafprozeßrecht in der Republik Türkei 70 Jahre nach der Gründung, S. 145–170.

Dazu konnte sich der türkische Gesetzgeber damals nicht durchringen und behielt sie bei. Sie wurde zwar in der Türkei zunehmend weniger vollstreckt, das letzte Mal 1984, wurde aber erst 2004 endgültig aus dem Gesetz entfernt.[9] Ein weiterer Punkt war etwa, dass das türkische Strafgesetzbuch noch sehr viel differenzierte und zahlreichere Fälle des Fehlverhaltens von Beamten unter Strafe stellte als es im Codice Zanardelli vorgesehen war. Andererseits wurden etwa die dort noch bestehenden Sondervorschriften für das Duell nicht ins türkische Strafgesetzbuch übernommen, eine Institution, mit der man nichts anzufangen wusste und die mittlerweile auch in Europa seit Langem obsolet ist.

Bei der Strafprozessordnung entschloss man sich ebenfalls zur Aufgabe des französisch geprägten Gesetzes von 1876 und übernahm die deutsche Strafprozessordnung auf dem Stand von 1929, allerdings auch hier mit einer Reihe von Änderungen. So wurde – wohl wegen des Mangels an ausgebildeten Juristen in den zwanziger Jahren – die zweite Tatsacheninstanz, die Berufung (istinaf) gestrichen. Das Rechtsmittel gegen eine erstinstanzliche Entscheidung war daher sofort die Revision an den Kassationshof in Ankara (Yargıtay), der bald völlig überlastet war, was zu einer überlangen Dauer der Rechtsmittelverfahren führte und zu Lasten der Qualität der Entscheidungen ging. Erst die Reformgesetze, die 2005 in Kraft traten, sahen nach langen Diskussionen wieder die Errichtung einer zweiten Tatsacheninstanz vor. Dennoch sind Berufungsgerichte aber bis heute noch nicht eingerichtet worden. Ein weiterer wichtiger Unterschied liegt darin, dass das türkische Strafverfahren bis heute keine Laienbeteiligung kennt. Im Gegensatz zum deutschen Strafverfahren, wo Schöffen zumindest in den Tatsacheninstanzen eine große Rolle spielen, kennt das türkische Recht nur Berufsrichter.

Bei den türkischen Reformgesetzen von 2005 ist schließlich an die Stelle des italienisch geprägten Strafgesetzbuchs ein Gesetzbuch getreten, das zwar noch italienische Züge hat, stellenweise aber auch durch das neue französische Strafgesetzbuch von 1994, besonders im Allgemeinen Teil aber auch stark vom deutschen Strafgesetzbuch geprägt ist.[10] Dazu kommen eine Reihe von Normen, die aufgrund völkerrechtlicher Verpflichtungen zu schaffen waren, aber auch Lösungen, die durch die türkische Rechtsprechung erarbeitet worden waren. Die neue türkische Strafprozessordnung blieb weiterhin dem deutschen Strafprozessrecht verbunden, enthält aber auch neue Entlehnungen aus dem französischen Strafprozess.[11]

Nach dem Auseinanderbrechen des Osmanischen Reichs gerieten Syrien und Libanon zunächst unter französisches Mandat, das heutige Jordanien ebenso wie

9 Ges. 5218 v. 14.7.2004.

10 Vgl. dazu *Keçelioğlu, E.*, Der Einfluss des deutschen Strafgesetzbuches auf das neue türkische Strafgesetzbuch.

11 Z.B. die Justizkontrolle (adli control, contrôle judiciaire) als mildere Maßnahme anstelle von Untersuchungshaft, Art. 109 ff. tStPO.

der Irak unter britisches. Was wurde nun aus dem osmanischen Recht? Im Irak trat 1919 der Baghdad Penal Code in Kraft, der trotz seines englischen Namens wenig englisches Recht enthielt, sondern weiterhin wesentlich auf dem osmanischen Recht aufbaute, mit einigen Anleihen aus dem ägyptischen Recht. Das Baghdad Law of Criminal Procedure dagegen orientierte sich am meisten am sudanesischen Strafprozessrecht.[12] Beide Gesetze blieben bis 1969 in Kraft. An ihre Stelle traten dann Gesetze, die deutlich vom ägyptischen Recht beeinflusst waren.[13]

In Syrien und Libanon machte sich der französische Einfluss sozusagen in zwei Schüben bemerkbar, einmal indirekt durch die Tradition des osmanischen Rechts, einmal direkt durch den Einfluss der französischen Mandatsherrschaft seit 1920.[14] Das osmanische Strafgesetzbuch galt aber weiter, bis in die vierziger Jahre des letzten Jahrhunderts, als es in seinem Kernland schon längst nicht mehr Bestand hatte. Im Libanon kam es 1943 zum Erlass eines Strafgesetzbuchs, das mit 771 Artikeln ausgesprochen detailliert ist. Es war im Original in Französisch abgefasst, dennoch war der französische Einfluss auf dieses Gesetz nicht so stark, wie man nach der gesamten politischen Situation hätte vermuten können. Freilich ging es weiterhin von einer französischen Basis aus, vor allem durch das osmanische Strafgesetzbuch, das mit den juristischen Traditionen des Landes harmonierte,[15] nahm aber auch internationale Entwicklungen auf. So soll die Kommission, die das Gesetz erarbeitete, bei ihren Beratungen 60 ausländische Strafgesetzbücher herangezogen haben.[16] Besonders das italienische Recht wird an manchen Stellen als Vorbild deutlich, etwa durch die exakte Begrifflichkeit. Auch schweizerische Einflüsse werden ausgemacht, nämlich bei den Maßregeln der Sicherung.[17] Das libanesische Strafgesetzbuch wurde wenige Jahre später, 1949, fast genau von Syrien übernommen.[18] Auch die syrische Strafprozessordnung von 1950 orientierte sich an der libanesischen StPO von 1948, aber auch direkt an französischen und ägyptischen Quellen.[19] Palästina war zwar britischem Mandat unterstellt, das Organgesetz von Transjordanien von 1928 bestimmte jedoch, dass die osmanischen Gesetze, die 1914 in Kraft waren, sofern sie nicht später ausdrücklich abgeändert worden waren, in Kraft bleiben

---

12 *Amin, S. H.*, Middle East Legal Systems, S. 167; *Mostafa, M. M.*, Principes de Droit Pénal des Pays Arabes, S. 15.

13 *Mostafa, M. M.*, Principes de Droit Pénal des Pays Arabes, S. 15; *Sfeir, G.*, Modernization of the Law in Arab States, S. 140.

14 *Amin S. H.*, Middle East Legal Systems, S. 363.

15 *Mostafa, M. M.*, Principes de Droit Pénal des Pays Arabes, S. 16.

16 *Sfeir, G.*, Modernization of the Law in Arab States, S. 138.

17 Siehe dazu im Einzelnen *Nakib, A./El-Aougi, M.*, Droit Pénal et Procédure Pénale, S. 90 f. Auch *Tyan, E./Baz, J.*, Le Droit Moderne au Liban et en Syrie, S. 348 f.; *Mostafa, M. M.*, Principes de Droit Pénal des Pays Arabes, S. 16.

18 Siehe *Alyeh, S.*, Criminal Law and Procedure, S. 391 f.; *Tyan, E./Baz, J.*, a.a.O., S. 356.

19 *Amin, S. H.*, Middle East Legal Systems, S. 361.

sollten.[20] Daher blieb das osmanische Strafgesetzbuch von 1858 in Jordanien so lange in Geltung wie in keinem anderen Gebiet des früheren osmanischen Reichs, nämlich bis zum Erlass des provisorischen Strafgesetzbuchs von 1951. Dieses wiederum lehnte sich stark an das syrische Strafgesetzbuch an. Ihm folgte schon wenige Jahre später, 1960, das heute noch geltende Strafgesetzbuch. Eine ähnliche Geschichte hat die jordanische Strafprozessordnung aufzuweisen. Auch hier galt die osmanische Strafprozessordnung, bis sie zunächst 1951, dann endgültig 1961 durch ein neues Gesetz nach syrischem Vorbild ersetzt wurde.

2.1.2. Ägypten

Ägypten hatte, wie bereits bemerkt, zwar das osmanische Strafgesetzbuch von 1851 (Kanun-i Cedid) weitgehend akzeptiert, war aber weiterhin einen eigenen Weg gegangen.[21] Von besonderer Bedeutung für die ägyptische Entwicklung war die Tatsache, dass Ausländer einen Sonderstatus genossen und ihre Rechtsangelegenheiten durch Konsulargerichte entschieden wurden. Das führte zu Rechtsunsicherheiten, da häufig unklar war, welches Recht in einem Streitfall Anwendung finden würde. Diese wurden zumindest wesentlich dadurch abgemildert, dass seit 1831/32 in Handelssachen durch gemischte Gerichtshöfe (maḥākim muḫtaliṭa, tribunaux mixtes) entschieden wurde, Gerichte in denen ägyptische und ausländische Richter amtierten und die zuständig waren, wenn an einer Streitsache ein Ausländer beteiligt war. Im Strafrecht gab es gemischte Gerichte dann seit 1875.[22] Im Zusammenhang damit wurde auch ein Strafgesetzbuch erlassen, das aber wegen seines auf die Verfahren vor den gemischten Gerichten beschränkten Anwendungsbereichs keine große praktische Bedeutung gewann. Erst 1883 erging ein Strafgesetzbuch, das bei den nationalen Gerichten (maḥākim ahlīya, tribunaux nationaux) galt. Hier wurde der französische Einfluss maßgeblich, und zwar noch stärker und näher, weil ja zahlreiche ausländische Juristen in Ägypten selbst lebten und amtierten und als Gesprächspartner zur Verfügung standen. Etwa 20 Jahre später, 1904, erging ein neues Strafgesetzbuch, das zwar erlassen wurde, um Rechtsentwicklungen in Ägypten, vor allem durch neue Vorschriften, einzuarbeiten, in dem dann aber auch belgische, italienische und britische Einflüsse auszumachen sind.[23] Erst im Vertrag von Montreux von 1937 wurde die Abschaffung der gemischten Gerichte mit einer

20 *Amin, S. H.*, a.a.O., S. 253.

21 Zu den ägyptischen Strafgesetzen im 19. Jahrhundert vgl. eingehend *ʿAbd al-Malik, Ǧ.*, Al-Mausūʿa al-ǧināʾīya, S. 502 ff.; *Forstner, M.*, Der Allgemeine Teil des ägyptischen Strafrechts, S. 24 f.; *Baer, G.*, Tanzimat in Egypt, S. 29–49; *Peters, R.*, Criminal Law in Nineteenth Century Egypt, S. 72 ff.; *Peters, R.*, The Codification of Criminal Law in Nineteenth Century Egypt, S. 214 ff.; *Peters, R.*, Crime and Punishment in Islamic law.

22 Vgl. *Forstner, M.*, a.a.O. S. 75 f.

23 Vgl. dazu im Einzelnen *ʿAbd al-Malik, Ǧ.*, Al-Mausūʿa al-ǧināʾīya, Bd. 5, S. 513 ff.

Übergangszeit von 12 Jahren, also bis 1949, festgelegt. Ebenfalls 1937 trat ein weiteres neues Strafgesetzbuch in Kraft, das, wenn auch mit einer Reihe von Änderungen, heute noch gilt, ferner 1950, nach dem Verschwinden der gemischten Gerichte, eine neue Strafprozessordnung.[24]

2.1.3. Die Maghrebländer

Die Maghrebländer hatten und haben eine noch engere Bindung an das französische Recht. Algerien war seit 1830 französische Kolonie, Tunesien wurde 1881, Marokko 1912 französisches Protektorat. Überall brachte Frankreich sein Recht mit und wenn es auch Rechtsgebiete gab, in denen das islamische Recht oder lokales Recht weiter Bedeutung behielt, so waren doch Straf- und Strafprozessrecht Gebiete, in denen das französische Recht maßgeblich wurde und trotz eigener Straf- und Strafprozessgesetze nach der Unabhängigkeit der Maghrebländer weiterhin ist.

2.1.4. Iran

Noch ein Land, in dem das französische Recht erhebliche Bedeutung erlangen sollte, was jedoch einige Jahrzehnte später geschah als in der Türkei, war Iran. Bereits 1911 erging dort eine Strafprozessordnung nach französischem und belgischem Vorbild. Ein Strafgesetzbuch, das als Dekret des Ministerrats 1917 erging und an die Stelle des bisher geltenden Gewohnheitsrechts treten sollte, wurde nie vom Parlament bestätigt.[25] So kam es erst 1926 zum Inkrafttreten eines Strafgesetzbuchs, das sich am französischen Strafgesetzbuch orientierte, auch wenn es in Art. 1 noch vorsah, dass Straftaten, die nach den Vorschriften des islamischen Rechts verfolgt werden, mit den Strafen der Scharia geahndet werden. Zudem enthielt es einige weitere Vorschriften des islamischen Rechts bei den Sexualdelikten. Als nach der Islamischen Revolution 1979 die Geltung islamischen Rechts zu einem der zentralen Grundprinzipien der Islamischen Republik erklärt wurde, wurde auch das Strafgesetzbuch von 1926 in den Jahren 1982 und 1983 durch Gesetze ersetzt, die dieser Forderung Rechnung tragen sollten. Bei genauerem Hinsehen zeigt sich jedoch, dass zwar das ḥadd- und qiṣāṣ-Gesetz und das diyat-Gesetz das islamische Kernstrafrecht wieder einführten, aber das Gesetz über die islamischen Strafen von 1982 und das taʿzīr-Gesetz von 1983 weiterhin im Wesentlichen aus Vorschriften bestanden, die ihre französische Herkunft nicht verleugnen konnten. Ersteres umfasste einen Allgemeinen Teil mit Regeln über die räumliche und zeitliche Geltung des Gesetzes, Täterschaft und Teilnahme, Versuch, Konkurrenzen, aber unter anderem auch Vorschriften zur Strafaussetzung zur Bewährung oder vorzeitigen Entlas-

24 *Forstner, M.*, Der Allgemeine Teil des ägyptischen Strafrechts, S. 25 ff.
25 *Daftary, A. A. K.*, Geschichte und System des iranischen Strafrechts, S. 1.

sung. Letzteres enthielt einen Besonderen Teil mit vielen einzelnen Strafvorschriften, in denen wie auch im Nebenstrafrecht vieles von dem früher geltenden Recht erhalten geblieben ist. Hier kam der islamischen Theorie die Auffassung zugute, dass taʿzīr-Strafen nach Ort und Zeit von der Obrigkeit im Rahmen der islamischen Prinzipien erlassen werden konnten. Diese Begriffe waren eben sehr dehnbar. Bei einer umfassenden Umarbeitung dieser Gesetze und Zusammenfassung in einem einzigen Gesetz in den neunziger Jahren zeigt sich sogar, dass in einer Reihe von Vorschriften Formulierungen aus dem französischen Recht, die nach der Revolution entfernt worden waren, wieder aufgenommen worden sind. Zwei Beispiele seien genannt. Zum einen die Strafzumessungsregelungen bei dem Diebstahl, der nicht die Voraussetzungen einer ḥadd-Strafe erfüllt. Während das Gesetz von 1983 hier unterschiedslos für alle Fälle bis zu 74 Peitschenhieben vorsah, differenziert das jetzige Gesetz wiederum nach französischem Muster. Es zählt eine Reihe von Strafschärfungsgründen auf, zum Beispiel Begehung zur Nachtzeit, Begehung mit Waffen, Begehung zu mehreren und Weiteres und bemisst die Strafen danach, wie viel dieser Strafschärfungsgründe der oder die Täter verwirklicht haben (Art. 561 ff.). Das zweite Beispiel ist Art. 630: Wenn ein Mann seine Frau beim Ehebruch ertappt, kann er sie und den Ehebrecher töten und bleibt straffrei. Auch diese Vorschrift kommt aus dem französischen Recht. Es gab sie auch in vielen kontinentaleuropäischen Rechten, und sie ist meist erst in den siebziger oder gar achtziger Jahren abgeschafft worden, so in Frankreich, Italien oder Spanien.[26] Auffallend ist allenfalls, dass es der iranische Gesetzgeber für notwendig hält, ausdrücklich zu betonen, dass der Täter nur den Mann töten dürfe, wenn dieser die Frau vergewaltigt.

2.2. Englisches Recht

Auch das englische Recht gewann in Teilen der muslimischen Welt Einfluss, vor allem in Indien. Dieser Einfluss wurde aber zunächst vorsichtig ausgeübt. Seitdem England sich in Indien festgesetzt hatte, wurde auch versucht, in den Gebieten, in denen islamisches Recht galt, dieses zu beeinflussen, aber eher vorsichtig.[27] Den Briten missfiel am islamischen Recht einerseits die Rechtsunsicherheit bei den Verhaltensweisen, die mit taʿzīr-Strafen bestraft werden konnten, andererseits die vielen Möglichkeiten, einer ḥadd-Strafe zu entgehen und bei den mit qiṣāṣ zu bestrafenden Taten die Verfügungsmöglichkeit Privater über die Strafe. So wurden im Bereich der mit taʿzīr-Strafen zu ahnenden Taten gesetzliche Regelungen erlassen. Bei den ḥadd- und qiṣāṣ-Strafen, die man als solche nicht ändern konnte und wollte, erhielten die Muftis, die den

26 Vgl. dazu *Tellenbach, S.*, Rechtsvergleichende Zusammenfassung, S. 787. In der Türkei wurde der ähnliche Art. 462 StGB erst 2003 abgeschafft.

27 Zur Entwicklung des Anglo-Muhammadan Law im Strafrecht siehe *Peters, R.*, Crime and Punishment in Islamic Law, S. 109–119.

britischen Richtern zur Seite standen und sie über das islamische Recht zu instruieren hatten, Anweisungen, die zu einem Ergebnis führten, das dem britischen Rechtsempfinden eher entsprach. Beispielsweise hatten sie bei Zeugen stets davon auszugehen, dass sie Muslime von gutem Ruf seien (und ihr Zeugnis damit verwertbar war), oder bei Tötungsdelikten den Fall so zu beurteilen, als ob alle Erben die talio verlangt hätten (was zur Todesstrafe führte).[28] Erst 1860 wurde der Indian Penal Code erarbeitet. Dass es überhaupt dazu kam, ist auch deswegen von Interesse, weil Kodifizierung ja eher eine Sache des kontinentaleuropäischen Rechts ist, während das Common Law eher ein Fallrecht ist. Das schlägt sich auch in der Gesetzestechnik nieder, die mit zahlreichen gesetzlichen Definitionen und Beispielen arbeitet.[29] Dieser Indian Penal Code gilt nicht nur bis heute, natürlich mit einer Reihe von Änderungen, in Indien, sondern auch in Pakistan und Bangladesh. Nach Errichtung des anglo-ägyptischen Kondominiums im Sudan wurde 1899 ein Straf- (und ein Strafprozessgesetz) in Kraft gesetzt, das auf dem britischen Kolonialrecht, vornehmlich einer vereinfachten Form des Indian Penal Code, basierte, wobei noch Spielraum für lokales Recht blieb.[30] Der Indian Penal Code blieb auch die Grundlage der späteren sudanesischen Strafgesetzbücher.[31] Selbst die Strafgesetzbücher von 1983 und 1991, die eine Re-Islamisierung des Strafrechts bewirken sollten, können dieses Vorbild nicht verleugnen.[32] Ähnliches lässt sich vom pakistanischen Strafrecht sagen. Obwohl Ende der siebziger Jahre eine Reihe sehr detaillierter Gesetze zum islamischen Strafrecht verabschiedet wurden, blieben die zentralen Regelungen bestehen wie bisher.[33]Auch in Malaysia ist das Strafrecht stark vom Indian Penal Code geprägt, auch wenn inzwischen in einigen Provinzen, beispielsweise Kelantan 1993, Vorschriften des islamischen Strafrechts wieder eingeführt wurden.[34]

3. Wanderungen von Menschen und Büchern

So wichtig wie die gesetzgeberischen Regelungen für einen Rechtstransfer sein mögen, es gibt weitere Umstände, die hierfür von großer Bedeutung sind. Es sind zum einen die Menschen, die mit dem Recht umgehen. So haben etwa bis

28 *Peters, R.*, a.a.O., S. 111 ff.

29 *Mostafa, M. M.*, Principes de Droit Pénal des Pays Arabes, S. 16.

30 *Köndgen, O.*, Das islamisierte Strafrecht des Sudan, S. 18; *Mustafa, Z.*, Common Law in the Sudan, S. 43 ff.

31 Vgl. *Mahmood, T.*, Criminal Law Reform in Muslim Countries, S. 320.

32 Siehe dazu näher *Köndgen, O.*, a.a.O. S. 91.

33 Vgl. zum islamischen Strafrecht in Pakistan *Peters, R.*, Crime and Punishment in Islamic Law, S. 155 ff.

34 *Mahmood, T.*, Criminal Law Reform in Muslim Countries, S. 328 ff.

weit ins 20. Jahrhundert viele junge Ägypter in Frankreich studiert. Als in Ägypten eine volle Juristenausbildung möglich war, gingen viele junge Juristen zur Promotion nach Frankreich und noch später promovierten sie zwar in Ägypten, verbrachten aber einen Teil ihrer Vorbereitung der Doktorarbeit in Frankreich, gelegentlich in Italien.[35] Ähnliches gilt für Iran. Auch aus der Türkei gingen viele Doktoranden nach Mitteleuropa, allerdings wenn sie Strafrechtler waren, eher nach Italien und Deutschland. Wenn sie dann später ihre Doktorarbeiten veröffentlichten, enthielten und enthalten ihre Fußnoten und ihre Bibliographie zahlreiche Werke zum Recht der Länder, in denen sie gearbeitet hatten. In ihren Doktorarbeiten und späteren Arbeiten finden sich regelmäßig Darstellungen von Rechtsproblemen, zu denen es bisher in ihrem Heimatland keine Literatur gab, die häufig noch gar nicht diskutiert worden waren und die so in dem Heimatland des jungen Wissenschaftlers zum Bewusstsein gebracht werden. Manchmal fragt sich dann sogar, ab wann kann man sagen, dass die Lösung eines Problems Teil eines bestimmten Rechts ist. Eindeutig ist die Frage, wenn eine gesetzliche Regelung vorliegt. Man wird auch sagen können, dass ein Recht dann eine Lösung übernommen hat, wenn die Rechtsprechung sie anerkannt hat. Aber wie ist es, wenn „nur" die Wissenschaftler darüber diskutieren? Wenn nur ein einziger eine Lösung vertritt und einige wenige weitere in ihrem Lehrbuch in wenigen Zeilen darauf hinweisen, wie es derzeit zum Beispiel mit dem neuen deutschen Rechtfertigungsgrund des erlaubten Risikos[36] in der Türkei der Fall ist, kann man dann schon sagen, die Rechtsfigur sei transferiert worden? Wohl eher nein. Aber was ist, wenn sie von der überwiegenden Meinung in der Literatur gutgeheißen wird, die Rechtsprechung aber (noch) nicht mitmacht? Hier ist es eher fraglich.

Aber gehen wir weiter zum Transfer durch Menschen. Wie viele arabische Studenten aus den Golfstaaten und anderen arabischen Ländern sind zum Jurastudium nach Kairo oder Damaskus gegangen und haben, das, was sie dort gelernt haben, in ihre Heimatstaaten mitgenommen? Wie viele ägyptische oder syrische Professoren haben in den Golfstaaten, im Jemen, in Libyen oder gar in Marokko gelehrt und publiziert? Ein berühmter ägyptischer Professor schreibt auch ein Lehrbuch über libanesisches Strafrecht.[37] Ein gebürtiger Syrer schreibt im Laufe seines Lebens ein Lehrbuch zum syrischen Strafrecht, dann zum libanesischen Strafrecht, etwas später zum marokkanischen Strafrecht und schließlich zum kuwaitischen Strafrecht.[38] Man kann davon ausgehen, dass sich seine Sichtweisen in vielen Punkten in den Lehrwerken für verschiedene Länder nicht

35 *Forstner, M.*, Der Allgemeine Teil des ägyptischen Strafrechts, S. 36 f.

36 Siehe *Ünver, Y.*, İzin Verilen Risk, Istanbul 1998.

37 *Naguib Hosni*, Šarḥ qānūn al-ʿuqūbāt al-lubnānīya, Beirut 1975.

38 *ʿAbd al-Wahhab Ḥaumad*, Uṣūl al-muḥakamāt al-ğazāʾīya, Damaskus 1952, Al-Iğrām siyāsī, Beirut 1963, Al-Qānūn al-ğināʾī ʾl-maġribī, Casablanca 1968, Al-Wasīṭ fi-ʾl-iğrāʾāt al-ğazāʾīya al-kuwaitīya, Kuwait 1982.

wesentlich unterscheiden. Und sehen wir die Literaturverzeichnisse der Publikationen aus den arabischen Ländern an. Bücher zum Strafrecht, die aus den Maghrebstaaten kommen, enthalten in ihrem Literaturverzeichnis bis heute einerseits sehr viele in Frankreich publizierte Bücher, dann aber auch Titel aus Ägypten, aus dem Libanon, in geringerem Maße aus Syrien, dem Irak und anderen Ländern. Bücher aus dem eigenen Land sind weit in der Minderzahl. Auch in den nahöstlichen Staaten, ja auch in Saudi-Arabien und den Golfstaaten, im Jemen und in Libyen führen Publikationen aus Ägypten die Bibliographien an, gefolgt von Werken aus dem Libanon und Syrien. Diese Länder strahlen bis heute in die ganze arabisch-sprachige muslimische Welt aus.[39]

4. Rechtstransfer heute: eine Schlussbemerkung

Die Zeiten des Transfers von Recht durch die völlige oder teilweise Übernahme eines fremden Rechts sind heute vorbei. Weltweit hat in den letzten Jahren auch im Bereich des Rechts eine internationale Verflechtung eingesetzt, die vor wenigen Jahrzehnten noch unvorstellbar gewesen wäre. Völkerrechtliche Abkommen, die allen Staaten offenstehen, verpflichten die Beitretenden zum Erlass bestimmter Rechtsnormen, Wissenschaftler tauschen sich länderübergreifend aus. Internationale Organisationen erarbeiten Lösungsmöglichkeiten und empfehlen sie. Man denke hier etwa an die Bekämpfung der organisierten Kriminalität, des Rauschgifthandels oder des Terrorismus. Viele Staaten können sich und wollen sich die darin liegenden Möglichkeiten zunutze machen. Hier sind auch die muslimischen Staaten zunehmend beteiligt, nicht mehr im Wege eines einseitigen Transfers, sondern in einem vielseitigen Austausch.

39 Vgl. hierzu auch *Forstner, M.*, Der Allgemeine Teil des ägyptischen Strafrechts, S. 39 f. mit zahlreichen Beispielen.

Literatur

ʿAbd al-Malik, Ğ., Al-Mausūʿa al-ğināʾīya, Bd. 5. Beirut 1942.

Alyeh, S., Criminal Law and Procedure. In: El-Gemayel, A.E. ed., The Lebanese Legal System vol. 1, Washington 1985, S. 391–411.

Amin, S. H., Middle East Legal Systems, Glasgow 1985, XV+434 S.

Baer, G., Tanzimat in Egypt – The Penal Code. In: BSOAS 26(1963), S.29–49.

Daftary, A. A. K., Geschichte und System des iranischen Strafrechts. Bonn 1935, XVI+260 S.

Forstner, M., Der Allgemeine Teil des ägyptischen Strafrechts. Baden-Baden 1986, 256 S.

Gökcen, A., Tanzimat Dönemi Osmanlı Ceza Kanunları ve bu Kanunlardaki Ceza Müeyyideleri, Istanbul 1989, XV+174 S.

Keçelioğlu, E., Der Einfluss des deutschen Strafgesetzbuches auf das neue türkische Strafgesetzbuch. Hamburg 2009, XIV+197 S.

Köndgen, O., Das islamisierte Strafrecht des Sudan. Von seiner Einführung 1983 bis Juli 1992. Hamburg 1992, 145 S.

Mahmood, T., Criminal Law Reform in Muslim Countries: Glimpses of Traditional and Modern Legislation. In: Criminal Law in Islam and the Muslim World, Mahmood, T., ed., Delhi 1996, S. 311–339.

Mostafa, M. M., Principes des Droit Pénal des Pays Arabes, Paris 1973, 190 S.

Mustafa, Z., The Common Law in the Sudan, Oxford 1971, XV+272 S.

Nakib, A./El-Aougi, M., Droit Pénal et Procédure Pénale, in: Le Droit Libanais II. Sous la direction de Catala, P. et Gervais, A., Paris 1963, S. 89–131.

Peters, R., Crime and Punishment in Islamic Law – Theory and Practice from the Sixteenth to the Twenty-First Century. Cambridge 2005, X+219 S.

Peters, R., Islamic and Secular Criminal Law in Nineteenth Century Egypt: The Role and Function of the Qadi. In: Islamic Law and Society IV(1997), 70–90.

Peters, R., The Codification of Criminal Law in Nineteenth Century Egypt: Tradition or Modernization? In: Abun-Nasr, J.M., Spellenberg, U., Wanitzek, U. eds., Law, Society and National Identity in Africa, Hamburg 1990, S. 211–225.

Sfeir, G. N., Modernization of the Law in Arab States. San Francisco / London / Bethesda 1998, VII+275 S.

Tellenbach, S., Zum Straf- und Strafprozeßrecht in der Republik Türkei 70 Jahre nach der Gründung. In: H. Scholler/S.Tellenbach, Westliches Recht in der Republik Türkei 70 Jahre nach der Gründung, Baden-Baden 1996, S. 145–170.

Tellenbach, S., Rechtsvergleichende Zusammenfassung. In: Tellenbach, S. (Hrsg.), Die Rolle der Ehre im Strafrecht, Freiburg / Berlin 2007, S. 723–807.

Tyan, E./Baz, J., Le Droit Moderne au Liban et en Syrie. In: Handbuch der Orientalistik, Abt. 1 der Nahe und Mittlere Osten, Ergänzungsband III, Spuler, B. (Hrsg.), Leiden 1964, S. 344–35.
Üçok, C./Mumcu, A./Bozkurt, G., Türk Hukuk Tarihi, 13. Aufl. Ankara 2008, XVIII+423 S.

Integration islamischer Rechtsinstitute im Inland? – das Beispiel Mudarabavertrag

Dr. Martin Heckel, Leipzig

I. Einleitung

1. Islamisches Recht im Kollisionsrecht (IPR-Ebene)

Der Rechtsverkehr des Inlands kommt häufiger mit Figuren des islamischen Rechts in Berührung. Oft sind sie im Familien- und Erbrecht beheimatet, wie etwa die Brautgabe (früher auch Morgengabe) (arabisch mahr) des islamischen Rechts. Sie spielt in der Praxis eine wichtige Rolle. Da islamisches Recht im Inland nicht gilt, darf der inländische Rechtsanwender es nur dann zur Anwendung kommen lassen, wenn der inländische Gesetzgeber das aufgrund eines Verweisungsbefehls anordnet. Voraussetzung ist daher in jedem Falle ein Rechtsfall mit Auslandsbezug. Ist solcher Auslandsbezug (etwa aufgrund ausländischer Staatsangehörigkeit) festgestellt, kommen die Vorschriften des Internationalen Privatrechts (IPR) zum Zuge, vgl. Art. 3a des Einführungsgesetzes zum Bürgerlichen Gesetzbuch (EGBGB). Unbeschadet vorrangiger völkerrechtlicher oder europäischer Regelung ist beispielsweise für die Scheidung Art. 17 EGBGB in Verbindung mit Art. 14 EGBGB heranzuziehen, für die Beurteilung eines Erbfalls mit Auslandsbezug dagegen Art. 25, 26 EGBGB[1].

Verweist die Kollisionsnorm auf das Recht eines ausländischen Staates und wird die Verweisung vom dortigen Recht angenommen, kann islamisches Recht Platz greifen. Entweder wird das islamische Recht im Gewande des berufenen staatlichen Rechts, als islamisch inspiriertes staatliches Recht, also gleichsam mittelbar angewandt. Oder der Rückgriff auf das islamische Recht erfolgt unmittelbar, etwa dann, wenn das fremde staatliche Recht Öffnungsklauseln zum islamischen Recht hin enthält. Das sind die beiden Fallkonstellationen, in denen jeweils islamisches Recht im Inland angewandt werden kann, gewiss unter der Voraussetzung, dass der inländische Ordre public (Art. 6 EGBGB) solcher Anwendung nicht entgegensteht. Um diesen Bereich, der in Praxis und Literatur schon eingehend Beachtung gefunden hat[2], soll es in diesem Beitrag nicht gehen.

---

1 Dazu *Hohloch/Heckel*, Internationales Erbrecht. In: Hausmann/Hohloch (Hrsg.), Handbuch des Erbrechts, 2. Aufl. Berlin 2010, Randnummer 12 ff.

2 Vgl. für das Erbrecht *Hohloch/Heckel*, Rn. 67 mit weiteren Nachweisen; *Scholz*, Islamisch geprägtes Erbrecht und deutscher Ordre public. In: Ebert (Hrsg.), Beiträge zum

2. Islamisches Recht im materiellen Recht (Ebene des Sachrechts)

Vielmehr soll im Mittelpunkt stehen, wie im Rechtsverkehr des Inlands islamische Rechtsfiguren Platz finden können, genauer noch, wie islamische Rechtsfiguren in den Formen des deutschen Rechts umgesetzt werden können. Dieses Problem ist nicht neu, findet aber durchaus nicht die ihm gebührende Beachtung. Es stellte sich beispielsweise im bekannten Brautgabefall des Bundesgerichtshofs (BGH)[3]. Hier ging es um eine Brautgabevereinbarung, die trotz des im Falle gegebenen Auslandsbezugs unter allen bei der Qualifikation der Brautgabevereinbarung in Betracht kommenden Kollisionsnormen des deutschen IPR (Eheschließungsvoraussetzungen, Ehegüterrecht, Unterhaltsrecht, Erbrecht, vertragliches Schuldrecht)[4] deutschem Recht unterlag[5]. Fraglich war dann, ob die Vereinbarung, die in voller Übereinstimmung mit den Normen des islamischen Rechts getroffen worden war[6], vor dem Hintergrund des materiell anwendbaren deutschen Rechts wirksam, vor allem formwirksam war. Mit anderen Worten lag dem Fall eine in das Inland transferierte Rechtsfigur fremder Provenienz zugrunde, die nun an den hier geltenden Maßstäben gemessen werden musste. Dabei war vor allem auch der Parteiwillen zu berücksichtigen[7].

Solche Fälle dürften sich häufen. Denn wenn im Inland immer mehr Menschen die deutsche Staatsangehörigkeit erwerben ohne zugleich auf die „Traditionen" ihrer Herkunftsländer zu verzichten, wird das Problem der Handhabung fremder Rechtsgebilde lediglich verschoben, nämlich von der Ebene des IPR (Qualifikation) auf die des materiellen Rechts. Diese Umsetzung fremden Rechts in den Formen der deutschen Rechtsordnung hat schon jetzt praktische Bedeutung im Bereich des Wirtschaftsrechts. Das deutsche Recht kennt in weitem Umfang die Vertragsfreiheit mit ihren beiden Kategorien Abschluss- und Inhaltsfreiheit. Damit ist es grundsätzlich offen, fremde Rechtsgebilde aufzugreifen. Fraglich ist aber, ob deutsches Vertragsrecht auch angemessen ist, um bestimmte Figuren des islamischen Rechts dort einzuordnen. Das gilt insbesondere für die Kernelemente der islamischen Finanzwirtschaft (Islamic Finance),

---

Islamischen Recht VI. Frankfurt am Main 2007, S. 9 ff.; umfassend *Pattar*, Islamisch inspiriertes Erbrecht und deutscher Ordre public. Berlin 2007.

3 BGH, Urt. v. 28.1.1987, NJW 1987, 2161. Zur Entscheidung ausführlich *Heßler*, Islamisch-rechtliche Morgengabe: vereinbarter Vermögensausgleich im deutschen Scheidungsfolgenrecht. In: Praxis des internationalen Privat- und Verfahrensrechts, Bielefeld 8 (1988), S. 95 ff.

4 Vgl. zur bekannten Qualifikationsproblematik jüngst *Wurmnest*, Die Mär von der mahr – zur Qualifikation von Ansprüchen aus Brautgabevereinbarungen. In: Rabels Zeitschrift für ausländisches und internationales Privatrecht, Tübingen 71 (2007), S. 527 ff.

5 BGH, NJW 1987, 2161, 2162.

6 Zu diesen Normen vgl. im einzelnen *Ebert*, Die Qadrî-Pâshâ-Kodifikation – Islamisches Personalstatut nach der hanafitischen Rechtsschule. Frankfurt am Main 2010, S. 39 ff.

7 BGH, NJW 1987, 2161, 2163 f.

also die Verträge Muḍāraba (im folgenden Mudaraba), Murābaḥa, Mušāraka usf.[8] Dieser Frage will der Beitrag am Beispiel des Mudarabavertrages nachgehen. Dabei ist er beschränkt auf rechtstheoretische Durchdringung dieses Vertragsgebildes und seine nachfolgende Einordnung in die deutsche Rechtsordnung. Die praktische Seite, die in Kautelarjurisprudenz und Gutachtenwesen[9] sichtbar wird, bleibt hier zumeist ausgespart, da sie für die eher technische Frage der Integration weniger Bedeutung hat.

Ebenfalls ausgeklammert bleiben Vorschläge islamischer Gelehrter in Ansehung des Rechts, insonderheit hinsichtlich der Anwendung des islamischen Rechts in einem nichtislamischen Umfeld. Dabei geht es nicht um einen „Euro-Islam" mit Primat des modernen Säkularstaates[10], sondern im Gegenteil um die Entwicklung eines islamischen Rechts für dauerhaft im Westen lebende Muslime. Grob gesagt wird langfristig eine islamkonforme Änderung unserer säkularen Gesetze angestrebt[11]. Das kann im Hinblick auf den Vorrang der objektiven Werteordnung des Grundgesetzes hier selbstverständlich kein Ansatz sein. Es geht ja gerade um Einordnung islamischer Rechtsfiguren in das deutsche Recht, nicht umgekehrt um Integration deutscher Rechtsgebilde in das islamische Recht.

II. Beispiel: Der Mudarabavertrag des islamischen Rechts

1. Grundlagen

Beim Mudarabavertrag des islamischen Rechts schließen ein Kapitalgeber und ein Gerent eine Vereinbarung darüber, dass der Gerent mit dem Kapital des Kapitalgebers Handel treiben solle. Entsteht am Ende des Handeltreibens ein Gewinn, ist dieser nach einem zuvor vereinbarten Schlüssel zu verteilen. Beispielsweise erhält der Kapitalgeber (neben dem Ausgangskapital) ⅔ des Gewinns, der Gerent ⅓. Erwirtschaftet der Gerent dagegen keinen Gewinn, muss er lediglich das Ausgangskapital zurückzahlen. Für eine Gwinnverteilung bleibt kein Raum. Einen Kapitalverlust trägt der Kapitalgeber grundsätzlich allein. Der Gerent muss dann damit leben, dass er seine Arbeitskraft vergebens aufgewandt hat. Ziel des Mudarabavertrags ist die möglichst effiziente Ressourcenalloka-

8 Vgl. *Gassner/Wackerbeck*, Islamic Finance. Köln 2007, S. 51 ff.

9 Vgl. z.B. *Gumʿa Muḥammad*, Mausūʿāt fatāwā al-muʿāmalāt al-mālīya, Band 2 Mudaraba. Kairo 2009.

10 Dazu vor allem *Tibi*, Euro-Islam. Darmstadt 2009; ähnlich schon *ders.*, Im Schatten Allahs. 2. Aufl. München 1999, S. 298 ff.

11 Vgl. *Ghadban*, Fiqh al-aqalliyyāt and its Place in Islamic Law. In: Orient, Berlin 51 (2010), S. 56, 61 ff.; s. auch *ders.*, Ein Dozent des unfreien Denkens. In: Frankfurter Allgemeine Zeitung v. 9.9.2009, S. N5.

tion, also die auf Erzielung eines Mehrwertes gerichtete Verbindung von Kapital (Kapitalgeber) und Arbeit (Gerent).

Der Mudarabavertrag, der selbst Typenvertrag des islamischen Rechts ist, wird von anderen typischen Verträgen dieses Rechts mitgeprägt[12]. In erster Linie gilt das für die Treuhand. Denn zu Anfang ist der Gerent praktisch Verwahrer des ihm zu treuen Händen übergebenen Vermögens des Kapitalgebers. Darüber hinaus enthält die Mudaraba Elemente des Auftrags. Der Gerent soll ja Handel treiben mit dem Kapital und es nicht – wie ein Verwahrer – bloß verwahren. Schließlich ist die Mudaraba Gesellschaft, da Kapitalgeber und Gerent Mitgesellschafter am erwirtschafteten Gewinn werden. Aus diesem Grund wird die Mudaraba von den modernen Kodifikationen des islamischen Rechts als Sonderform einer Gesellschaft eingeordnet[13].

Wichtig ist dabei, dass der Gerent nicht Eigentümer des ihm anvertrauten Vermögens wird. Ihm wird lediglich Verfügungsbefugnis eingeräumt. Das unterscheidet die Mudaraba von der stillen Gesellschaft des deutschen Rechts gemäß § 230 Abs. 1 Handelsgesetzbuch (HGB). In den Worten des klassischen Juristen al-Kāsānī (gest. 1191) ist der Kapitalgeber Inhaber der Substanz (milk ar-raqaba), der Gerent tritt dagegen als Inhaber des Verfügungsrechts auf (milk at-taṣarruf)[14]. In gewisser Weise haben wir es also mit zwei Eigentümern zu tun, eine Konstellation, die in ähnlicher Weise etwa auch im deutschen oder englischen Recht zu beobachten ist. Man vergleiche die Position des Vormerkungsberechtigten gemäß § 883 Abs. 2 Bürgerliches Gesetzbuch (BGB) oder die des Eigentümers in equity.

2. Vertragsgrundlagen und Bedingungen

Der Mudarabavertrag war schon in vorislamischer Zeit bekannt und kann damit auf eine sehr lange Geschichte zurückblicken. Vor diesem Hintergrund nimmt es nicht wunder, dass Vertragsgrundlagen (arkān) und die für sie geltenden Bedin-

---

12 Vgl. *al-Kāsānī*, Badā'iʿ aṣ-ṣanā'iʿ fī tartīb aš-šarā'iʿ. Ausgabe Beirut 1997, Band 8, S. 26 f.; *aš-Šarqāwī*, at-takyīf aš-šarʿī li-šarikāt al-muḍāraba al-islamīya. Kairo 1991, S. 65 ff.

13 Vgl. Art. 660 ff. des irakischen Zivilgesetzbuches (irakZGB – Gesetz Nr. 40 v. 8.9.1951 – abrufbar über die UN-Seite www.iraq-ild.org, zuletzt abgerufen am 22.10.2010). Die Art. 660 ff. wurden aufgehoben durch Gesetz Nr. 36/1983 über die Gesellschaften (ebenfalls abrufbar über die UN-Seite). Abdruck der alten Vorschriften bei *Šaraf ad-Dīn*, ʿaqd al-muḍāraba baina aš-šarīʿa wa al-qanūn. Kairo 1974, S. 156 ff. und bei *ʿArafa*, Uṣūl al-muḍāraba al-islāmīya wa madā inṭibāqihā ʿalā šarikāt tauẓīf al-amwāl. Kairo 1989, S. 377 ff. Sie ähnelten den Art. 1404 ff. der Mejelle (englische Übersetzung in The Mejelle. Kuala Lumpur 2001, S. 233 ff.). Für die Vereinigten Arabischen Emirate s. Art. 693 ff. des Gesetzes Nr. 5/1985 über zivile Rechtsgeschäfte, das in diesem Punkt ebenfalls Ähnlichkeiten mit der Mejelle aufweist (Gesetzestext abrufbar über die Seite des Golfkooperationsrates www.gcc-legal.org, zuletzt abgerufen am 17.8.2010).

14 *Al-Kāsānī*, S. 56.

gungen (šurūṭ) eine detallierte Regelung gefunden haben. Vertragsgrundlage ist bei den Hanafiten nur die Form (ṣīġa), also Angebot und Annahme. Bei den anderen Schulen zählen darüber hinaus noch Vertragspartner, Kapital und Gewinnabsprache[15]. Diese Differenzierung ist hat indessen kaum Bedeutung[16]. Angebot und Annahme nehmen in ihrem Wortlaut in der Tat auch stets Bezug auf das, was bei den anderen Schulen als weitere Grundlagen angesehen wird. So lautet die Standardformulierung bei al-Kāsānī etwa: „Nimm' dieses Vermögen als Mudaraba, auf dass dasjenige, was [sei], nämlich ein Gewinn, zwischen uns [sei] zur Hälfte, Drittel, Viertel usf."[17] Hier nimmt das Angebot auf jedes einzelne Element des Mudarabavertrags ausdrücklich Bezug. Insoweit, das heißt in Ansehung der einzelnen Vertragselemente, müssen bestimmte Bedingungen erfüllt sein[18]. Andernfalls ist der Vertrag nicht voll wirksam (ṣaḥīḥ), sondern entfaltet als fehlerhafter (fāsid) Vertrag nur mindere Rechtswirkungen.

3. Einzelne Bedingungen

Im Einzelnen sind folgende Bedingungen zu beachten. Für die Vertragspartner gilt im Wesentlichen Auftragsrecht und noch allgemeiner das islamische Personenrecht. Insbesondere müssen sie geschäftsfähig sein. Für das Kapital sind zahlreiche Voraussetzungen aufgestellt[19]. Das Kapital muss aus Geldstücken bestehen, klassisch aus Golddrachme und Silberdirham. Zudem muss es eine genau bezeichnete konkrete Sache (lateinisch res certa, arabisch ʿain) sein. Keinesfalls darf es sich um eine Schuld (dain) handeln. Bedeutung hat das vor allem, wenn zuvor ein Darlehen gegeben wurde und der Gerent dieses nicht zurückzahlen kann. Dann können die Parteien des Mudarabavertrages geneigt sein, dieses Kapital in Mudarabakapital „umzuwandeln". Freilich würde dann (anders als beim Darlehen) eine Gewinnbeteiligung des Kapitalgebers die Folge sein, und zwar in direkter Konsequenz des gewährten Zahlungsaufschubs. Von vielen wird das als Verstoß gegen das Gebot der Gleichheit von Leistung und Gegenleistung angesehen, also als ein Widerspruch zum Riba-Verbot[20]. Ferner muss das Kapital bestimmt und dem Gerenten auch tatsächlich übergeben worden sein. Beide Erfordernisse lassen einen sachenrechtlichen Bestimmtheitsgrundsatz erkennen. Dergleichen muss auch der Gewinn bestimmt sein, dabei darf er nur allgemein festgelegt werden (⅓ zu ⅔, ¼ zu ¾ usf.). Die Ausbedingung eines

15 Vgl. *aš-Šarqāwī*, S. 47.

16 Auch *aš-Šarqāwī*, S. 48 folgt (aus praktischen Gründen) den Hanafiten.

17 Vgl. *al-Kāsānī*, S. 5 f.

18 Deutlich die Terminologie bei *al-Kāsānī*, S. 9: „Bedingungen der Vertragsgrundlage" (šarāʾiṭ ar-rukn), und S. 5: „Vertragsgrundlage" (rukn al-ʿaqd), „Angebot und Annahme" (al-īǧāb wa-l-qabūl).

19 Vgl. *aš-Šarqāwī*, S. 153 ff.

20 Vgl. *aš-Šarqāwī*, S. 167.

exakten Betrages für eine Seite könnte die Gewinnverteilung vereiteln[21]. Wird eine dieser Bedingungen nicht eingehalten, ist der Vertrag fehlerhaft (fāsid). Er untersteht dann den Rechtsfolgen des Dienstvertrags (der Personenmiete)[22].

4. Fehlerhafte Zusatzbedingungen

Eine wichtige Problematik bilden fehlerhafte Zusatzbedingungen[23]. Das sind Bedigungen, die über die vorstehend beschriebenen Bedingungen hinausgehen, die also nicht erforderlich sind, um volle Wirksamkeit des Vertrages zu erzielen. Im Gegenteil können fehlerhafte Zusatzbedingungen die an sich erreichte volle Wirksamkeit beeinträchtigen, eben dann wenn sie fehlerhaft sind. In diesem Punkt ist vieles streitig. Für die Mudaraba besteht indessen weitgehende Einigkeit darüber, dass Bedingungen fehlerhaft sind, wenn sie erstens den Vertragszweck vereiteln[24], zweitens mit den Vertragsinteressen in Widerspruch stehen oder wenn sie drittens zur Unbestimmtheit des Gewinns führen. Fraglich ist allerdings, ob die Einbeziehung einer solchen fehlerhaften Zusatzbedingung in den Vertrag nur die Nichtigkeit der Bedingung oder aber die Fehlerhaftigkeit des gesamten Vertrages zur Folge hat[25]. Die Problematik taucht auf, wenn der Gerent nicht frei in seinen Verfügungen ist (Muḍāraba muṭlaqa), sondern bestimmten Weisungen des Kapitalgebers unterworfen ist (Muḍāraba muqayyada).

5. Verfügungen des Gerenten und Gewinnverteilung

Breiten Raum nehmen die Verfügungen des Gerenten ein. An Weisungen des Kapitalgebers ist er grundsätzlich gebunden. Aber auch bei der „freien" Mudaraba (Muḍāraba muṭlaqa) darf der Gerent nicht alles. Insbesondere ist ihm der Abschluss von Geschäften untersagt, die den Kapitalrahmen der Mudaraba überschreiten. Solche Geschäfte darf er nur mit ausdrücklicher Genehmigung des Kapitalgebers abschließen[26]. Spätestens am Ende des Handeltreibens ist der Gewinn zu verteilen. An erster Stelle muss freilich das Kapital zurückgezahlt werden. Dann kann der Gerent Anspruch auf Ersatz bestimmter Aufwendungen

---

21 Vgl. *al-Kāsānī*, S. 24 (mit Beispielen).

22 Vgl. *Šaraf ad-Dīn*, S. 137.

23 Vgl. *aš-Šarqāwī*, S. 108 ff. mit Verweis auf *Ibn Qudāma*, Kitāb al-Muġnī. Die von *aš-Šarqāwī* zitierte Ausgabe lag mir nicht vor. Die angeführte Passage findet sich aber auch in der mir zugänglichen Ausgabe Beirut o.J., Band 5, S. 186 ff.

24 Beispielsweise wird dem Gerenten untersagt, zu kaufen und zu verkaufen, also Handel zu treiben, s. *Ibn Qudāma*, S. 186; ein prägnantes Beispiel aus dem Kaufrecht gibt *Schacht*, An Introduction to Islamic Law, Oxford 1964, S. 152 (Vereinbarung im Kaufvertrag, derzufolge der Käufer den gekauften Sklaven freilassen solle).

25 Dazu *aš-Šarqāwī*, S. 114 ff.

26 Vgl. *aš-Šarqāwī*, S. 217 ff.

haben. Zuletzt wird der Gewinn verteilt. Der Gewinnverteilung kommt in der Praxis große Bedeutung zu[27]. In diesem Punkt zeigen sich gewisse Änderungen gegenüber der klassischen Praxis. Insbesondere werden Gewinnverteilung und Fortbestand der Mudaraba in weitem Umfang für möglich und zulässig gehalten.

6. Aufwendungsersatz

Sehr kontrovers wird diskutiert, ob dem Gerenten neben seiner Gewinnbeteiligung ein Anspruch auf Aufwendungsersatz (nafaqa) zusteht. Hier kann man sich als allgemeine Richtschnur merken, dass der Gerent regelmäßig nur die Aufwendungen ersetzt verlangen kann, die ihm aufgrund seiner Reisetätigkeit entstanden waren[28].

III. Integration im Inland

1. Integrationsebene

Unter Integration versteht man im soziologischen Sinne die Zueinanderordnung oder Einordnung[29]. Inland wird hier zunächst mit inländischer Rechtsordnung gleichgesetzt. Das ist die objektive Rechtsordnung, also die Summe der einzelnen Rechtsvorschriften. Genauer ist zu fragen, ob der Mudarabavertrag Teil des deutschen Privatrechts werden könnte. Im Vordergrund steht also die Ebene des staatlichen Rechts, konkret das Textkorpus aus BGB und HGB. Dabei dürfen zwei andere Ebenen nicht aus dem Blick geraten. Einerseits eignet sich das islamische Recht hervorragend für private Rechtsetzung, das heißt Kautelarjurisprudenz[30]. Denn es ist seiner Herkunft nach ja gerade nicht staatlich, sondern gehört zur Gruppe der religiösen Rechte[31]. Andererseits darf die europäische Ebene nicht aus dem Blick geraten. Hier sind ja derzeit (nach beinahe abgeschlossener Europäisierung des IPR und des internationalen Zivilver-

27 Vgl. Bank Negara Malaysia (Central Bank of Malaysia), Draft of Shariah Parameter Reference 3: Mudarabah Contract, S. 11 ff. (Punkte 48 ff.); abrufbar über die Seite des Malaysia International Islamic Finance Centre (www.mifc.com) (zuletzt abgerufen am 11.2.2011).

28 Vgl. *aš-Šarqāwī*, S. 285 ff. m.w.N.

29 Brockhaus Enzyklopädie. 21. Aufl. Leipzig 2005, s.v. Integration.

30 Dazu mit Blick auf Islamic Finance *Bälz*, Sharia Risk? – How Islamic Finance has transformed Islamic contract law. In: Islamic Legal Studies Program, Occasional Publications 9, Cambridge, MA (2008), S. 24 ff.

31 Vgl. *Zweigert/Kötz*, Einführung in die Rechtsvergleichung, 3. Aufl. Tübingen 1996, S. 296 ff.

fahrensrechts[32]) umfangreiche Vorarbeiten für ein europäisches Vertragsrecht im Gange[33], das in gewisser Weise auch die Rechtstraditionen der Mitgliedstaaten der Europäischen Gemeinschaft (EG) berücksichtigt. Wenn hier dennoch nur die staatliche deutsche Sicht zum Zuge kommt, hat das zwei Gründe. Erstens ist auch die Kautelarjurisprudenz nicht unabhängig von den Grundannahmen der Rechtsordnung, in dessen Rahmen sie operiert. Auch die Allgemeinen Geschäftsbedingungen der Banken müssen die Gesetze wahren, soweit diese zwingend sind. Vor diesem Hintergrund erscheint es in diesem Rahmen einfacher, sich unmittelbar der Autorität des staatlichen Gesetzes zu unterwerfen. Und zweitens werden in die europäischen Rechtswerke ohnehin die Regelungen der Mitgliedstaaten einfließen. Untereinander unterscheiden sich diese in ihren grundlegenden Wertungen viel weniger als im Gesamtvergleich zum islamischen Recht. Die europäische Perspektive würde so kaum weiteren Erkenntnisgewinn bringen.

2. Integrationsmethode

Für die Integration lässt sich die funktionelle Qualifikation aus dem IPR fruchtbar machen[34]. Dort ordnet sie dem deutschen Recht unbekannte Rechtsinstitute der funktional am besten entsprechenden Kollisionsnorm des deutschen Rechts zu. Dabei muss sie die Funktion berücksichtigen, die das ausländische Rechtsinstitut im ausländischen Recht hat. Das setzt eine sorgfältige Durchdringung des fremden Rechtsgebildes voraus. Besondere Bedeutung hat das in Ansehung der oben schon angesprochenen Brautgabe und ihrer Zuordnung zu einer deutschen

---

32 Vgl. etwa für das internationale Erbrecht den Vorschlag für eine Verordnung des Europäischen Parlaments und des Rates über die Zuständigkeit, das anzuwendende Recht, die Anerkennung und die Vollstreckung von Entscheidungen und öffentlichen Urkunden in Erbsachen sowie zur Einführung eines Europäischen Nachlasszeugnisses v. 14.10.2009 (Kommissionsdokument [2009] 154 endgültig); zum Europäisierungsprozess im Erbrecht vgl. *Heckel*, Das Fiskuserbrecht im Internationalen Privatrecht. Tübingen 2006, S. 205 ff.; zu Rückwirkungen des europäischen Verfahrensrechts auf das nationale Recht vgl. *Heckel*, Die fiktive Inlandszustellung auf dem Rückzug. In: Praxis des internationalen Privat- und Verfahrensrechts, Bielefeld 28 (2008), S. 218 ff.

33 Dazu vgl. *von Bar (Hrsg.)*, Principles, Definitions and Model Rules of European Private Law – Draft Common Frame of Reference (DCFR). München 2009; Beschluss der Kommission vom 26.4.2010 zur Einsetzung einer Expertengruppe für einen gemeinsamen Referenzrahmen im Bereich des europäischen Vertragsrechts, Abl. L 105 v. 27.4.2010, S. 109; Grünbuch der Kommission „Optionen für die Einführung eines Europäischen Vertragsrechts für Verbraucher und Unternehmen“ v. 1.7.2010, Kommissionsdokument (2010) 348 endgültig.

34 Zu ihr vgl. BGH, Urt. v. 19.12.1958, BGHZ 29, 137 (139) = NJW 1959, 717; aus dem umfangreichen Schrifttum vgl. aus der Lehrbuchliteratur etwa *Kropholler*, Internationales Privatrecht. 6. Aufl. Tübingen 2006, S. 126 ff. und *Kegel/Schurig*, Internationales Privatrecht. 9. Aufl. München 2004, S. 346 ff.

Kollisionsnorm. Dieselbe Methode kann im Rahmen der Rechtsvergleichung auf der Ebene des Sachrechts zum Zuge kommen[35]. Auch hier stellt sich die Frage, ob ein bestimmtes Rechtsinstitut ausländischer Provenienz funktional die gleiche Aufgabe erfüllt wie ein einheimisches und damit diesem zugeordnet werden kann. Verhält es sich tatsächlich so, bedarf es an sich keiner Integration. Fremdes und eigenes Recht entsprechen sich ja. Man mag das – trotz mancher Unterschiede im Detail – etwa für den Kaufvertrag als Grundlage des Murābaḥageschäfts bejahen[36]. In beiden Rechten hat der Kaufvertrag die Funktion Güter gegen Geld zu tauschen.

Auch für den Mudarabavertrag lassen sich Gebilde im deutschen Recht finden, die Arbeit und Kapital auf möglichst effiziente Weise zusammenbringen wollen, etwa stille Gesellschaft, Kommanditgesellschaft und Darlehen. Man mag sie daher als der Mudaraba funktional entsprechend begreifen. Allerdings gilt das nur in dieser Allgemeinheit, im Detail zeigen sich beträchtliche Unterschiede. Die stille Gesellschaft entspricht der Mudaraba nicht, weil der Gerent bei der Mudaraba bloßer Treuhänder, nicht aber Eigentümer des vom Kapitalgeber zur Verfügung gestellten Vermögens wird, wie es ja bei der stillen Gesellschaft gemäß § 230 Abs. 1 HGB regelmäßig der Fall ist[37]. Die Kommanditgesellschaft (KG) „passt“ ebenfalls nicht. Bei der KG werden Komplementär und Kommanditist Gesellschafter des eingebrachten Vermögens (vgl. §§ 161 Abs. 2, 108 Abs. 3 HGB in Verbindung mit § 718 Abs. 1 BGB), bei der Mudaraba besteht eine Gesellschaft dagegen nur am Gewinn des eingebrachten Vermögens. Dem Kommissionsgeschäft (§§ 383 ff. HGB) entspricht die Mudaraba zumindest deswegen nicht, weil dieses keine Gewinnbeteiligung des Kommissionärs vorsieht. Zum ebenfalls berührten unentgeltlichen Auftrag (§ 662 BGB) passt nicht, dass der Gerent eine Gewinnbeteiligung hat. Gegen entgeltliche Geschäftsführung spricht das Fehlen einer vereinbarten Vergütung; stattdessen gibt es lediglich eine Aussicht auf Gewinnbeteiligung. Einer Zuordnung zum Verwahrungsvertrag steht entgegen, dass der Gerent über das verwaltete Vermögen verfügen darf. Gegen ein Darlehen spricht, dass der Gerent nicht Eigentümer des ihm übergebenen Vermögens wird. Einzig der Treuhandgedanke kann – in Gestalt der auf § 185 BGB gestützten Ermächtigungstreuhand – fruchtbar gemacht werden[38]. Freilich ist die Treuhand gesetzlich nicht vertypt. Eine klare Zuordnung scheitert daher auch hier.

---

35 Vgl. *Zweigert/Kötz*, S. 33 ff.

36 Vgl. *Gassner/Wackerbeck*, S. 52 ff.

37 Vgl. *Hopt*, in: Baumbach/Hopt, HGB, 34. Aufl. München 2010, § 230, Rn. 2, 21; *Koller*, in: Koller/Roth/Morck, HGB, 6. Aufl. München 2007, § 230, Rn. 10, 16; *Schmidt*, in: Münchener Kommentar zum HGB, 2. Aufl. München 2007, Rn. 9, 79.

38 Zur Treuhand vgl. *Schmidt*, Gesellschaftsrecht. 4. Aufl. 2002, § 61 III 1b; *Siebert*, Das rechtsgeschäftliche Treuhandverhältnis. Marburg 1933, S. 253 ff., 294 ff.; *Coing*, Die Treuhand kraft privaten Rechtsgeschäfts. München 1973, S. 96.

Fehlt es trotz ganz allgemeiner Funktionsgleichheit mit manchen Instituten an einer klaren Zuordnungsmöglichkeit, kann die Mudaraba nur integriert werden. Konkret heißt das, dass jedes einzelne Tatbestandsmerkmal des Mudarabavertrages in seiner Funktion erfasst und einer entsprechenden Regel des deutschen Rechts zugeordnet werden muss. Dazu ein Beispiel: Verletzt der Gerent eine ihm auferlegte Weisung des Kapitalgebers und geht daraufhin das Kapital unter, ist er zum Kapitalersatz verpflichtet[39]. Das islamische Recht stützt diese Verpflichtung auf mehrere Gründe, nämlich Übertretung, Usurpation und Zuwiderhandlung. Funktional dienen alle drei dem Kapitalersatz. Vom Standpunkt des deutschen Rechts liegt eine Pflichtverletzung vor, so dass § 280 BGB einschlägig ist[40]. § 280 BGB hat damit funktional die Aufgabe, das untergegangene Kapital zu ersetzen. Eine Regelung des Mudarabavertrags im deutschen Recht muss diese Einordnung durch eine entsprechende Verweisung aus dem Recht der Mudaraba auf das allgemeine Schuldrecht berücksichtigen und darf nicht blind die drei Kapitalersatzgründe des islamischen Rechts übernehmen.

3. Integrationsgrenze

Die Grenze der Integration bildet der Ordre public. Regelungen ausländischer Herkunft, die mit inländischen Rechtsprinzipien unvereinbar sind, können im Inland nicht integriert werden. Für den Bereich der Mudaraba sind hier indessen keine Schwierigkeiten zu erwarten. Sie ist im Ergebnis mit dem inländischen Ordre public vereinbar. Insbesondere differenziert sie hinsichtlich der Vertragspartner nicht nach Religionszugehörigkeit. Eine Mudaraba kann so zwischen Angehörigen verschiedener Religionen begründet werden[41]. Stillschweigend mögen damit zwar Menschen, die nicht (an einen Gott) glauben, ausgeschlossen sein. Eine solche Auslegung der in dieser Frage nicht ergiebigen Ausgangstexte wäre indessen unvereinbar mit der von Art. 4 Grundgesetz erfassten „negativen" Religionsfreiheit, stünde also im Widerspruch zum Ordre public. Gegen den Ordre public würde auch eine Unterscheidung nach Geschlechtern verstoßen, etwa eine Regelung, derzufolge ein Mudarabavertrag nur zwischen Männern wirksam begründet werden kann. In den Texten tauchen Frauen als handelnde Personen in der Tat auch nicht auf (es gibt keine „Gerentin"). Eine daraus möglicherweise ableitbare Beschränkung auf das maskuline Geschlecht wäre kaum mudarabaspezifisch zu begründen, sondern letztlich bloßer Reflex des islami-

39 Vgl. *aš-Šarqāwī*, S. 247 ff., u.a. mit Verweis auf *al-Kāsānī*; die von *aš-Šarqāwī* benutzte Ausgabe entspricht den S. 27 und 51 der hier eingesehenen.

40 Zudem mag auch § 823 Abs. 2 BGB in Verbindung mit § 266 Strafgesetzbuch eingreifen.

41 So im Grundsatz bereits *al-Kāsānī*, S. 9 mit weiteren Differenzierungen (ahl al-kitāb, al-ḥarbī al-musta'min).

schen Familienrechts[42]. Im Inland wäre das wegen Geltung von Art. 3 Grundgesetz indessen unbeachtlich.

4. Integrationsbedarf

Zuletzt muss die Frage beantwortet werden, warum man eine Rechtsfigur fremder Provenienz in die im Wesentlichen gut funktionierende deutsche Rechtsordnung integrieren soll, zumal diese Ordnung ja über der Mudaraba zumindest vergleichbare Institute verfügt. Mehrere Aspekte müssen insoweit beachtet werden. Zunächst gibt es unter inländischen Finanzdienstleistern großes Interesse, alternative Finanzprodukte anzubieten, das heißt Produkte, die eher gewisse ethische Standards einzuhalten scheinen. Hier bildet die islamische Finanzwirtschaft einen Interessenschwerpunkt[43]. Weitgehend ungeklärt ist freilich, wie genau dieses Angebot im Einzelnen aussehen soll.

Auf der Ebene des internationalen Wirtschaftsverkehrs handelt es sich zumeist um dem englischen Recht unterliegende Verträge, in die die Grundprinzipien des islamischen Rechts inkorporiert werden[44]. Diese Konstruktion hat in der Vergangenheit zu manchem Streit geführt. In der Tat ist das Abstellen auf zwei Rechtsordnungen stets mit Abgrenzungsschwierigkeiten und Kosten (vor allem im Streitfalle) verbunden. Zudem bleibt unklar, wer entscheiden soll, ob eine bestimmte Vertragsklausel tatsächlich islamrechtliche Grundsätze, wie immer die auch beschaffen sein mögen, wahrt. Für das englische Recht scheint aber nun immerhin entschieden zu sein, dass englische Gerichte eine solche Vertragsgestaltung allein auf ihre Vereinbarkeit mit englischem Recht hin überprüfen, eine islamrechtliche Beurteilung aber der islamischen Finanzwirtschaft selbst überlassen[45]. Zur Begründung wird zutreffend gesehen, dass die in Art. 3 des Römischen EWG-Übereinkommens über das auf vertragliche Schuldverhältnisse anzuwendende Recht[46] vorgesehene Rechtswahl allein die Wahl

42 Vgl. zur ehelichen Gewalt des Mannes über seine Ehefrau *Ebert*, S. 77 ff.

43 Vgl. *Ebert/Thießen*, Das islamkonforme Finanzgeschäft – Aspekte von Islamic Finance für den deutschen Privatkundenmarkt. Stuttgart 2010.

44 Dazu wiederum *Bälz*, Sharia Risk? – How Islamic Finance has transformed Islamic contract law. In: Islamic Legal Studies Program, Occasional Publications 9, Cambridge, MA (2008), S. 7, 24 ff.; vgl. auch *Vogel/Hayes*, Islamic Law and Finance. Den Haag 1998, S. 50 ff.

45 Vgl. Shamil Bank of Bahrain v. Beximco Pharmaceuticals and Others [2004] EWCA Civ 19; [2004] 1 WLR 1784; s. auch die Anmerkung von *Bälz*, Das islamische Recht als Vertragsstatut?. In: Praxis des Internationalen Privat- und Verfahrensrechts, Bielefeld 25 (2005), S. 44 ff.

46 Bundesgesetzblatt 1986 II, S. 810.

staatlichen Rechts zulässt[47]. Zudem sei die Bezugnahme auf Grundprinzipien zu vage, um diese in den Vertrag zu inkorporieren.

Die auf internationaler Ebene zu beobachtende Dichotomie von staatlichem (englischen) Recht mit Aufsicht englischer Gerichte und daneben fließendem islamischen Recht, dessen konkrete Beachtung islamischen Finanzinstitutionen selbst obliegt, ist gewiss ein interessantes Phänomen. Für das Inland bietet sich indessen die Integration islamischer Rechtsfiguren langfristig, das heißt innerhalb von zehn bis fünfzehn Jahren, als ernsthafte Alternative an. Denn sie setzt zunächst eine tiefe Durchdringung des (begrenzten) islamischen Rechtsstoffes voraus. Das sollte öffentlich geschehen, also im Rahmen gängiger wissenschaftlicher und praktischer Foren (Publikationen, Konferenzen). Das würde erheblich mehr zu einer Einfühlung in das islamische Recht beitragen, jedenfalls mehr als ein bloßes Sichverlassen auf die Expertise islamischer Finanzdienstleister bewirken könnte. Die nachfolgende Einordnung des bereinigten und behutsam modernisierten islamischen Rechtsstoffes in die deutsche Rechtsordnung würde dazu führen, dass bestimmte Rechtsinstitute islamischen Ursprungs, nämlich jene, die mit dem Ordre public vereinbar sind, ohne Weiteres als Bestandteil deutschen Rechts angewandt werden könnten, im Streitfalle auch von deutschen Gerichten. Das würde erheblich zur Rechtssicherheit in diesem Bereich beitragen und zugleich Kosten minimieren.

Damit wäre auch Sparern gedient, die nach neuen Anlagemöglichkeiten suchen. Diesen Anlegern (nicht notwendig mit muslimischen Wurzeln) kann man kaum zumuten, die Einhaltung islamischer Vorgaben von wie auch immer legitimierten Experten des islamischen Rechts beurkunden zu lassen. Ungeachtet der Tatsache, dass das mit weiteren Kosten verbunden wäre, wären die Entscheidungen dieser Experten für den Normalbürger kaum nachvollziehbar. Dazu braucht man sich nur vor Augen zu führen, dass schon die Kenntnis und Einhaltung einfacher Vorschriften für viele Menschen schwer genug ist. Der Rückgriff auf Experten dürfte aber auch gar nicht mehr nötig sein, wenn diese in gewisser Weise in den Prozess der Durchdringung mit einbezogen worden sind. Darauf könnte im Übrigen der inländische Finanzdienstleister beim Marketing hinweisen. Welche Punkte bei der Integration zu klären sind, soll nun mit Blick auf den Mudarabavertrag erörtert werden.

47 Vgl. *Kropholler*, S. 464 f. m.w.N.; beachte jetzt Art. 3 mit Erwägungsgrund 13 der Verordnung (EG) Nr. 593/2008 des Europäischen Parlaments und des Rates über das auf vertragliche Schuldverhältnisse anzuwendende Recht („Rom I") v. 17.6.2008, ABl. EU 2008 Nr. L 177, S. 6.

IV. Klärungsbedürftige Punkte

1. Islamisches Vertragsrecht

a) Vertragsgrundlagen und Bedingungen

Der Mudarabavertrag untersteht dem eigentümlichen islamischen Vertragsrecht. Darin steht er anderen Typenverträgen des islamischen Rechts gleich. Das islamische Vertragsrecht zeichnet sich durch eine Zweiteilung in Vertragsgrundlagen (arkān) und den für sie geltenden Bedingungen (šurūṭ) aus. Nur wenn Vertragsgrundlagen und Bedingungen vollständig beachtet sind, treten sämtliche für den Typenvertrag vorgesehenen Rechtsfolgen ein. Der Vertrag ist dann voll wirksam (ṣaḥīḥ). Fehlt eine Bedingung, ist der Vertrag fehlerhaft (fāsid), fehlt eine Vertragsgrundlage, ist der Vertrag nicht existent, nichtig (bāṭil)[48]. Die Frage indessen, was wirklich Vertragsgrundlage und was bloße Bedingung ist, ist naturgemäß schwer zu entscheiden. Das ist schon ausgeführt worden. Es verwundert daher nicht, dass auch in Ansehung der Rechtsfolgen „fehlerhaft" und „nichtig" manche Unsicherheit besteht[49].

Nichtsdestotrotz sollte man sich dieser grundlegenden Zweiteilung bewusst sein. Denn diese starke Formalisierung des Vertragsrechts ist typisch für viele alte Rechte. Sie zeigt sich auch im römischen Recht[50], das ebenfalls einen starken Rechtsformalismus kennt[51]. Grundlage der Formalisierung ist gewiss der quasi-sakrale Charakter des Rechts, in Ansehung des islamischen Rechts kann man sogar vom sakralen Charakter schlechthin sprechen. Vor diesem Hintergrund kann man von denen, die sich dem Recht unterstellen wollen, eine gewisse Ernsthaftigkeit, Seriosität verlangen[52]. Dem dient funktional die Formstrenge, die sich überdies auch beim Vertragsabschluss findet. Auch die modernen Kodifikationen des islamischen Rechts halten im Grundsatz an der Zweiteilung fest. Zumindest stellen sie Bedingungen auf, bei deren Fehlen der Vertrag entweder fehlerhaft (fāsid) (Art. 1412 Mejelle) oder sogar nichtig (bāṭil) ist (Art. 667 irakZGB alter Fassung und Art. 837 des jemenitischen Gesetzes über gesetzliche Rechtsgeschäfte[53]; dazu passt freilich nicht, dass dem Vertrag dennoch Wirkungen beigegeben werden, er mit anderen Worten nur fehlerhaft sein kann).

---

48 Vgl. *Santillana*, Istituzioni di diritto musulmano malichita, Band II. Rom 1938, S. 37 f.

49 Vgl. *Schacht*, S. 121; auch *Santillana*, S. 38.

50 Vgl. die Stipulation in den Institutionen des *Gaius*, Inst. 3.15pr. de verborum obligatione, und *Liebs*, Römisches Recht. 4. Aufl. Göttingen 1993, S. 233 ff.

51 Vgl. *Kaser/Knütel*, Römisches Privatrecht, 19. Aufl. 2008, § 6, Rn. 1.

52 Zu Seriösitätsanzeichen rechtsvergleichend *Zweigert/Kötz*, S. 382 ff.; speziell zum islamischen Recht vgl. *Rohe*, Das islamische Recht. München 2009, S. 107.

53 Textabdruck bei *ʿArafa*, S. 380 ff.

Demgegenüber zeichnet sich das deutsche Recht durch weitgehende Freiheit bei Abschluss und Inhalt eines Vertrags aus (Privatautonomie). Das ist nicht zuletzt eine Konsequenz der Moraltheologie und ihrem Gebot, gegebene Versprechen zu halten[54]. Daher haben die Typenverträge des deutschen Rechts nur mehr Bedeutung für den Streitfall, also dann, wenn eine Parteivereinbarung über einen streitigen Punkt fehlt. Keinesfalls muss man sich „sklavisch" sämtlichen „Bedingungen" eines Typenvertrages unterstellen, um überhaupt eine rechtsverbindliche Vereinbarung zu Stande zu bringen.

b) Rechtsfolge „fehlerhaft" (fāsid)

Vor diesem Hintergrund ist die Rechtsfolge „fehlerhaft" (fāsid) dem deutschen Recht unbekannt. Der Vertrag ist entweder wirksam oder nichtig. Auch die fehlerhafte Gesellschaft macht davon keine Ausnahme. Sie ist in Wahrheit ein nichtiger Vertrag, der aber faktisch durchgeführt wurde[55]. Die Kategorie „fehlerhaft" braucht das islamische Recht, weil es neben den Vertragsgrundlagen noch weitere Bedingungen stellt, um eine vor dem Recht beständige Vereinbarung entstehen lassen zu können. Stellt man keine weiteren Bedingungen, ist für sie auch keine Fehlerfolge erforderlich.

Eine Hauptaufgabe bei der Integration islamischer Rechtsinstitute wie der Mudaraba besteht dann darin, die für sie aufgestellten Bedingungen des islamischen Rechts im deutschen Recht wahlweise den wesentlichen Vertragsbestimmungen, den zwingenden Bestimmungen oder den abdingbaren Regelungen zuzuordnen. Die Absprache über eine Gewinnteilung wird man zu den wesentlichen Vertragsbestimmungen zählen dürfen. Denn sie ist in der Tat Kern der Mudaraba. Dagegen sollte das Fehlen einer exakten Teilungsanordnung (⅓ zu ⅔, ¼ zu ¾ usf.), was im islamischen Recht zur Fehlerhaftigkeit der Mudaraba führt[56], nicht Nichtigkeit wegen Verstoßes gegen eine zwingende Vorschrift zur Folge haben. Eher wird man hier eine gesetzliche Modellregelung eingreifen lassen, etwa hälftige Gewinnteilung. In der Tat ist die genaue Teilung des Gewinns ja in das Belieben der Parteien gestellt. Bei den fehlerhaften Zusatzbestimmungen ist an das Leistungsstörungsrecht (Unmöglichkeit bei Vereitelung des Vertragszwecks?)[57] zu denken.

Die Rechtsfolge „fehlerhaft" wird also bei der Integration aufgelöst und auf die funktional am ehesten entsprechenden Kategorien des deutschen Rechts verteilt. Häufig wird das eine normative Entscheidung sein. Mit dieser Aufteilung geht einher, dass die für die „fehlerhafte" Mudaraba im islamischen Recht

---

54 Vgl. insb. *Wieacker*, Privatrechtsgeschichte der Neuzeit. Göttingen 1952, S. 171 mit Verweis auf *Hugo Grotius*; s. auch *Liebs*, S. 257 ff. und *Kaser/Knütel*, § 38, Rn. 18.

55 Vgl. *Medicus/Petersen*, Bürgerliches Recht. 22. Aufl. Köln 2009, Rn. 193.

56 Vgl. *aš-Šarqāwī*, S. 265; *Šaraf ad-Dīn*, S. 82 f.

57 Vgl. *Medicus/Petersen*, Rn. 159.

vorgesehene Rechtsfolge, die Maßgeblichkeit des Dienstvertragsrechts, gegenstandslos wird. Damit ist allerdings nicht gesagt, dass die mit dieser Ausgangsentscheidung des islamischen Rechts verbundenen Rechtsfolgen nicht an anderer Stelle Berücksichtigung finden können. Das bedarf indessen sorgsamer Prüfung.

c) Leistungsstörungsrecht

Ein weiterer Punkt, der der Klärung bedarf, betrifft das Leistungsstörungsrecht. Das islamische Recht kennt kein allgemeines Leistungsstörungsrecht. Das mag damit zusammenhängen, dass der Begriff des Schuldverhältnisses, also der Ort der Leistungsstörung, nicht voll entwickelt ist. Schuld (dain) wird schon begrifflich persönlich zugeordnet, nämlich mithilfe der Präpositionen für (li) und gegen (ʿalā). Diese Schuld steht dann in der Obhut (fī-ḏ-ḏimma) des Schuldners[58]. In diesem Punkt unterscheidet sich das islamische Recht fundamental vom römischen, das ein Schuldverhältnis als rechtliches Band (iuris vinculum)[59] zwischen zwei Personen anerkennt. In tatsächlicher Hinsicht gibt es natürlich Leistungsstörungen. Im Bereich der Mudaraba sind sie jeweils gesondert bezeichnet, etwa als Übertretung oder Usurpation (des Gerenten). Beides sind Kategorien aus dem islamischen Deliktsrecht. Mit anderen Worten ragt das historisch ältere Deliktsrecht in das jüngere Vertragsrecht hinein. Eine allgemeine Kategorie „Pflichtverletzung" fehlt dagegen. Damit wird die Frage aufgeworfen, was alles den Regelungen des deutschen Leistungsstörungsrechts zugeordnet werden kann und was nicht. Praktisch bedeutsam werden kann das insbesondere beim Kapitalverlust. Die Zuordnung muss sich dabei von der Funktion der jeweils betroffenen Normen leiten lassen.

2. Rechtsnatur des Mudarabavertrages

a) Konsensual- oder Realvertrag?

Ein weiterer klärungsbedürftiger Punkt betrifft die Rechtsnatur des Mudarabavertrages. Der Vertrag ist nach islamrechtlicher Konzeption als Konsensualvertrag ausgestaltet. Die tatsächliche Übergabe des Mudarabakapitals ist nicht erforderlich, um eine vertragliche Bindung entstehen zu lassen. Vielmehr führt die Nichtübergabe des Kapitals lediglich zur Fehlerhaftigkeit der Mudaraba[60]. Lässt man die Kategorie „Fehlerhaftigkeit" beseite, bleiben zwei Möglichkeiten. Entweder man sieht eine voll wirksame Mudaraba schon dann als gegeben an, wenn der Vertrag geschlossen, das Kapital aber noch nicht übergegeben worden ist. Oder man sieht Kapitalübergabe als Vorausset-

---

58 Vgl. *Santillana*, S. 1 ff.

59 Vgl. *Gaius*, Inst. 3.13 de obligationibus.

60 Vgl. *Šaraf ad-Dīn*, S. 136.

zung eines voll wirksamen Mudarabavertrages an. Im ersten Fall ist man günstiger, im zweiten strenger als das islamische Recht. Zudem würde die Mudaraba zum Realvertrag, folgte man der zweiten Möglichkeit. Die erste Variante ist näher am islamischen Recht. Sie ist zudem Ausdruck einer Begünstigung des Rechtsgeschäfts (favor negotii).

b) Nicht bindender Vertrag

Das islamische Recht betrachtet die Mudaraba als sogenannten nicht bindenden Vertrag. Jede Partei kann sich jederzeit vom Vertrag lösen. Eine Angabe von Gründen ist nicht erforderlich[61]. Grund dafür ist gewiss das den Mudarabavertrag prägende Treuhandelement, denn auch andere (unentgeltliche) „Treueverträge" wie Auftrag oder Verwahrung sind nicht bindend. Dem einseitigen Abstandnehmen dürfte somit im Regelfall ein Treubruch zugrunde liegen. Dann hat die Abstandnahme funktional Kompensationscharakter. Die „lockere" Lösungsmöglichkeit dürfte aber auch Kehrseite der strengen Abschlussmodalitäten mit ihren zahlreichen Bedingungen sein. Lockert man die Abschlussmodalitäten, indem man die Kategorie „Fehlerhaftigkeit" beiseite lässt und so (aller Wahrscheinlichkeit nach) zu mehr (voll) wirksamen Verträgen kommt, führt kein Weg daran vorbei, die Bindung an diesen Vertrag an anderer Stelle zu stärken. Das jederzeitige Abstandnehmen muss folglich an Bedingungen geknüpft werden. Praktisch kann das bedeuten, dass eine Kündigung zur Unzeit nicht statthaft ist. Denn diese Regelung hat bei vergleichbaren Treuhandverhältnissen (allen voran Auftrag, vgl. § 671 Abs. 1 BGB) gerade die Funktion, eine allzu „lockere" Abstandnahme zu verhindern.

3. Dingliche Fragen

a) Kapitalarten

In Ansehung des Kapitals stellt sich die Frage, ob es nur bewegliche Sachen umfassen darf oder darüber hinausgehend auch aus Forderungen oder Rechten bestehen kann. Im Ausgangspunkt konnten nur bewegliche Sachen Mudarabakapital sein, genau genommen sogar nur Gold- und Silbermünzen. Heute ist Papiergeld an ihre Stelle getreten[62]. Ausgeschlossen waren Handelswaren wegen des ihnen anhaftenden Risikos von Wertschwankungen. An Letzterem hält man heute jedenfalls dann nicht mehr fest, wenn die eingebrachten Handelswaren zuvor einer Bewertung unterlegen haben[63]. Forderungen und

61 Vgl. *aš-Šarqāwī*, S. 25.

62 Vgl. *ʿArafa*, S. 110 unter Verweis auf Sure 22, 78, wo es (in der Übersetzung von *Paret*) heißt: „Und er hat euch in der Religion nichts auferlegt, was (euch) bedrückt."

63 Vgl. Bank Negara Malaysia, Draft of Shariah Parameter Reference 3: Mudarabah Contract, S. 6 (Punkt 24).

Rechte bleiben schwierig, denn ihnen fehlt die Körperlichkeit. So kann nach klassischer Auffassung die Forderung des Kapitalgebers gegen einen Dritten allenfalls dann Mudarabakapital sein, wenn der Gerent sie beim Dritten realisiert hat, wenn aus der abstrakten Schuld (dain) infolge Übergabe eine konkrete Sache (res certa, ʿain) geworden ist[64]. Sicher ist, dass Verbindlichkeiten des Gerenten nicht in Mudarabakapital umgewandelt werden dürfen. In diesem Punkt zeigt sich die Neigung des islamischen Rechts, vor dem Recht beständige Positionen nur für Konkretes anzuerkennen. Abstrakte „Ideen“ können so allenfalls ausnahmsweise dem Recht unterstehen. Bei einer Integration in das deutsche Recht, das ja in weitem Umfang nichtkörperliche Gegenstände und Rechte als Rechtsobjekte ansieht (etwa im Urheberrecht), ist diesem Punkt erhöhte Aufmerksamkeit zu widmen.

b) Dingliche Surrogation

Regelungsbedürftig ist ferner die Frage, welche Rechte an den Sachen bestehen, die der Gerent während des Handeltreibens erwirbt. Das ursprüngliche Mudarabakapital war ihm zu treuen Händen überlassen worden. Eigentümer blieb der Kapitalgeber. Es liegt nahe, die Rechtsverhältnisse an den vom Gerenten erworbenen Sachen ebenso zu beurteilen. Das entspricht den Vorgaben des islamischen Rechts. Zwar schließt der Gerent im Rahmen des Handeltreibens die Verträge im eigenen Namen mit Wirkung für sich ab[65]. Dinglich wirken diese Verträge allerdings für den Kapitalgeber, er erwirbt Eigentum an den erworbenen Sachen[66]. Im deutschen Recht lässt sich diese Rechtsfolge entweder unter Rückgriff auf die Figur der dinglichen Surrogation realisieren, die ja aus anderen Bereichen (vor allem aus Familien- und Erbrecht) aber auch aus dem Gesellschaftsrecht (§ 718 Abs. 2 BGB) wohl bekannt ist. Oder man regelt entsprechend § 718 Abs. 1 BGB.

c) Rechtsverhältnisse am Gewinn

Schwierige Fragen stellen sich in Ansehung des erwirtschafteten Gewinns. Nach Auffassung des islamischen Rechts sind Kapitalgeber und Gerent insoweit Mitgesellschafter. Das scheint als echte dingliche Berechtigung gemeint zu sein, nicht bloß als schuldrechtlicher Anspruch[67]. Damit bestehen am „Geld“, das der

64 Vgl. *aš-Šarqāwī*, S. 168 ff. (str.).

65 Vgl. *al-Kāsānī*, S. 34.

66 Vgl. *al-Kāsānī*, S. 80 (zum Auftrag, der insoweit aber der Mudaraba entspricht); vgl. auch *Schacht*, S. 120 (ebenfalls zur dinglichen Wirkung des Auftrags).

67 Vgl. Wortlaut bei *al-Kāsānī*, S. 27: fa-iḏā ẓahara fī-l-māl ribḥun ṣāra (gemeint ist der Gerent) šarīkan fīhi bi-qadri ḥiṣṣatihi min ar-ribḥ li-annahu malaka ǧuzʾan min al-māl al-mašrūṭ bi-ʿamalihi; s. auch *Schacht*, S. 138: Joint ownership [..] arises [..] from the acquisition of proceeds by a partnership.

Gerent am Ende des Handeltreibens hat, unterschiedliche Rechtszuständigkeiten. Soweit das Ursprungskapital betroffen ist, ist der Kapitalgeber Alleineigentümer. Er kann Herausgabe verlangen. Freilich ist fraglich, worauf sich dieser Anspruch genau bezieht. Denn das Ursprungskapital wird ja infolge Handeltreibens nicht mehr in der Urfassung vorhanden sein. Am Gewinn scheint dagegen schuldrechtlich eine Art Gemeinschaft und sachenrechtlich Miteigentum zu bestehen. Vom Standpunkt des deutschen Rechts gesehen sind damit die funktional entsprechenden §§ 741 ff. BGB bzw. §§ 1008 ff. BGB einschlägig. Das ist eine sehr unübersichtliche Lage, die in Einzelzwangsvollstreckung bzw. Insolvenz Probleme bereiten kann. Gegen die Gläubiger des Kapitalgebers müsste dem Geranten aber in Höhe seines Gewinnanteils Drittwiderspruchsklage (§ 771 Zivilprozessordnung) bzw. Aussonderungsrecht (§ 47 Insolvenzordnung) zustehen. Umgekehrt sollte der Gewinnanteil des Geranten der Pfändung seiner Gläubiger unterliegen bzw. in die Insolvenzmasse fallen. Für den Kapitalgeber gilt Entsprechendes hinsichtlich seines Gewinnanteils, verbunden mit dem Zusatz, dass sich die Rechte seiner Gläubiger zudem auf das Ursprungskapital erstrecken. Insgesamt verdienen die Rechtsverhältnisse am Gewinn besonders sorgsame Behandlung. Nicht ausgeschlossen erscheint, dass am Ende doch der Gedanke der Gesamthand fruchtbar gemacht werden muss oder dass sogar gänzlich von einer dinglichen Betrachtungsweise abzugehen ist. Dann wären die Rechtsverhältnisse am Gewinn allein schuldrechtlich zu begreifen.

d) Dingliche Wirkung vertragswidriger Verfügungen?

aa) Islamisches Recht

Fraglich ist, ob vertragswidrige Verfügungen des Geranten für und gegen Dritte Wirkung entfalten. Beispielsweise verkauft der Gerent eine Sache aus dem Mudarabakapital deutlich unter Wert, was ihm nach überwiegender Auffassung auch in einer „freien" Mudaraba nicht gestattet ist. Ist der Verkauf wirksam oder nicht? Anders gewendet (dem islamischen Recht sind Trennungs- und Abstraktionsprinzip fremd) erwirbt der Dritte im ersten Fall Eigentum, im zweiten dagegen nicht. Das islamische Recht ist in diesem Punkt nicht eindeutig. Beide Auffassungen werden vertreten[68]. Die erste schützt den Dritten und gibt dem Kapitalgeber gegen den Geranten lediglich einen Anspruch auf Ausgleich zwischen Verkaufspreis und tatsächlichem Wert. Die zweite Auffassung schützt

68 Vgl. *Šaraf ad-Dīn*, S. 103.

zulasten des Dritten den Kapitalgeber. Seine Rechtsgüter bleiben – so wie sie sind – erhalten (Schutz des Integritätsinteresses)[69].

bb) Deutsches Recht

Vom Standpunkt des deutschen Rechts müsste die Problematik wie folgt zu lösen sein. Der Gerent ist Beauftragter des Kapitalgebers. In dieser Eigenschaft ist er vom Kapitalgeber bewusst ermächtigt worden, über dessen Vermögen zu verfügen. Der Gerent ist nicht Nichtberechtigter. Lediglich im Innenverhältnis zum Kapitalgeber hat er bestimmte Weisungen zu beachten. Diese haben aber auf die dem Gerenten vom Kapitalgeber eingeräumte Rechtsmacht, über einen zum Mudarabakapital gehörenden Gegenstand zu verfügen, keinen Einfluss. Macht der Gerent von dieser Macht Gebrauch, geht das Eigentum am Gegenstand, über den verfügt wird, vom Kapitalgeber auf den Dritten über. Der Kapitalgeber ist auf Ansprüche gegen seinen Gerenten beschränkt. Der Vertrag entfaltet somit grundsätzlich keine dingliche Drittwirkung. Im Falle kollusiven Zusammenwirkens von Gerent und Drittem mag Abweichendes gelten.

4. Sicherheiten

a) Sicherungsbedürfnis

Das Sicherungsbedürfnis liegt auf der Hand. Der Kapitalgeber gibt sein Kapital in die Hände eines anderen, damit dieser mit dem Kapital Handel treibe. Diesen anderen, den Gerenten, hat sich der Kapitalgeber gewiss gut ausgesucht. Sicher sein kann er sich freilich nicht, dass er zumindest sein Kapital zurückerhält. Dabei braucht ein Verschulden des Gerenten noch nicht einmal mit im Spiel zu sein. Es genügt, wenn allein aufgrund der Widrigkeiten des Handels das Kapital aufgezehrt wird. Der Kapitalgeber tut also gut daran, sein Kapital soweit wie möglich zu schützen.

b) Verbot des Sichverschuldens

Dieses Bedürfnis nach Kapitalschutz soll in erster Linie das Verbot des Sichverschuldens erfüllen. Der Gerent darf ohne ausdrückliche Ermächtigung seitens des Kapitalgebers keine Verpflichtungen eingehen, die über den Kapitalrahmen der Mudaraba hinausgehen. Handelt er dem zuwider, kann er allenfalls sich selbst verpflichten. Auch dinglich kann der Vertrag nur für und gegen den Gerenten wirken. Damit erlangt man eine gewisse Anbindung des Gerenten an

69 Beim Kauf zu einem höheren als angemessenen Preis (was ebenfalls nicht gestattet ist) wirkt der abgeschlossene Kaufvertrag für und gegen den Gerenten. Er selbst erwirbt also den gekauften Gegenstand zu Eigentum, s. *aš-Šarqāwī*, S. 192.

das Kapital der Mudaraba[70]. Aber selbst wenn der Kapitalgeber dem Gerenten das Sichverschulden gestattet, wirkt das nach Ansicht der Hanafiten nicht für und gegen die Mudaraba. Vielmehr erwerben Kapitalgeber und Gerent die gekaufte Sache außerhalb der Mudaraba als Mitgesellschafter. Sie bilden eine sog. Kreditgemeinschaft (šarikat al-wuǧūh). Das bedeutet, dass der Gerent für die Kaufpreiszahlung anteilsmäßig haftet und bei einem Verkauf Mitgesellschafter am Gewinn wird[71]. Bei der Mudaraba muss dagegen letztlich der Kapitalgeber allein den Kaufpreis aufbringen. Nach den anderen Schulen wird das Mudarabakapital um den Betrag des Sichverschuldens erhöht[72]. Das bedeutet, dass der Gerent seine Gewinnbeteiligung erst geltend machen kann, wenn ursprüngliches Mudarabakapital plus Betrag des Sichverschuldens zurückgezahlt worden sind. Der Gerent muss sich also ein Sichverschulden genau überlegen. Sowohl Mitbeteiligung an der Kreditgemeinschaft als auch Erhöhung des Mudarabakapitals mag man somit eine gewisse Warnfunktion beimessen. Bei einer Integration in das deutsche Recht ist diesen Gesichtspunkten angemessen Rechnung zu tragen. Insbesondere muss entschieden werden, ob man dieses Maß an Sicherheit für ausreichend hält oder nicht.

c) Anspruch auf Kapitalrückzahlung

Kommt man zu dem Ergebnis, dass das Verbot des Sichverschuldens das Kapital nicht hinreichend schützt, stellt sich die Frage nach weiteren Sicherungen. Offen ist, ob der Rückzahlungsanspruch des Kapitalgebers gegen den Gerenten gesichert werden kann. Das ist zumindest sehr zweifelhaft. Die Mudaraba ist durch ein starkes Treuelement gekennzeichnet. Dazu passt die Sicherung des Anspruchs auf Kapitalrückzahlung nicht. Sie wäre geradezu Ausdruck von Misstrauen. Auch soll der Gerent für einen zufälligen Kapitaluntergang nicht haften, jedenfalls dann nicht, wenn er selbst keine Vertragsverletzung begangen hat[73]. Die Sicherung des Rückzahlungsanspruchs stünde dieser Grundentscheidung diametral entgegen. Streng genommen kann man vor diesem Hintergrund schon bestreiten, dass es überhaupt einen unbedingten Rückzahlungsanspruch des Kapitalgebers gibt.

Allerdings haben in diesem Punkt Umgehungsgeschäfte (ḥiyal) eine gewisse Bedeutung. Das wichtigste geht wie folgt[74]: Der Kapitalgeber darleiht dem Gerenten einen bestimmten Kapitalbetrag. Mit diesem Kapitalbetrag bildet der Gerent (!) eine Mudaraba, deren „Gerent“ der Kapitalgeber ist. Sodann wird das Kapital an den Gerenten zurückgegeben, damit dieser tatsächlich Handel treibe.

70 Vgl. *aš-Šarqāwī*, S. 217 ff.
71 Vgl. Art. 657, 658 irakZGB alte Fassung.
72 Vgl. *aš-Šarqāwī*, S. 221 f.
73 Vgl. *Schacht*, S. 148.
74 Vgl. *al-Kāsānī*, S. 27; *aš-Šarqāwī*, S. 82 f.

Der Gerent kann bei einem Gewinn diesen mit dem Kapitalgeber teilen – zwischen ihnen besteht ja ein Mudarabavertrag. Bei einem Verlust realisiert sich dagegen die Rückzahlungsverpflichtung aus dem abgeschlossenen Darlehen. Der Darlehensnehmer (der Gerent) ist ja stets zur Rückzahlung des Darlehens verpflichtet, auch wenn das finanzierte Geschäft keinen Gewinn abgeworfen hat. Der Kapitalgeber hat in diesem Fall zumindest einen unbedingten Anspruch auf Kapitalrückzahlung. Eine eigentliche „Sicherheit" im persönlichen oder dinglichen Sinne ist das freilich nicht.

Die Praxis widmet der Verpflichtung des Gerenten zur Kapitalrückzahlung breiten Raum[75]. Im Ausgangspunkt hält sie an der Nichthaftung fest. Freilich kennt sie zahlreiche Tatbestände, in denen sie eine Haftung und in deren Folge Rückzahlungsverpflichtung vorsieht. Das Vertragsformular der Bank Negara Malaysia nennt negligence, dishonesty, misconduct und breach of terms of the contract. Legt man die der englischen Terminologie entsprechenden Kategorien des englischen Rechts an, so gelangt man zu einer Mischung von Contract Law und Tort Law. Zwischen beiden wird keine Grenze gezogen. Unklar ist damit der genaue Anwendungsbereich der einzelnen Tatbestände. Ohnehin ist auch das bloße Festhalten von Haftungstatbeständen keine Sicherheit.

d) Anspruch auf Schadenersatz

Scheidet eine Sicherung des Rückzahlungsanspruchs also regelmäßig aus, ist damit noch nicht gesagt, dass der Kapitalgeber mögliche andere Ansprüche gegen den Gerenten sichern lassen kann. Insbesondere gilt das für Schadenersatzansprüche, etwa wegen Übertretung oder Nachlässigkeit des Gerenten. Hier sehen moderne Gesetze wie das jemenitische Gesetz über gesetzliche Rechtsgeschäfte in der Tat vor, dass der Gerent in seinem Haftungsumfang Sicherheit stellen kann, und zwar eine persönliche Sicherheit. Art. 821 dieses Gesetzes formuliert ausdrücklich, dass es dem Kapitalgeber gestattet ist, sich zulasten des Gerenten die Stellung eines Ausgleichspflichtigen für infolge Übertretung des Gerenten entstandene Schäden auszubedingen. Ebenso sieht Punkt 78 des Vertragsformulars der Bank Negara Malaysia vor, dass der Kapitalgeber vom Gerenten Sicherheit (collateral) annehmen darf; diese Sicherheit darf freilich nur im Falle von negligence, misconduct oder violation of term of contract verwertet werden.

e) Versicherung der Ausfallrisiken?

Vor dem Hintergrund mangelnder Sicherung zumindest des Kapitalrückzahlungsanspruchs ist fraglich, ob dieses Ausfallrisiko versicherbar ist. Diese Frage,

---

75 Vgl. Bank Negara Malaysia, Draft of Shariah Parameter Reference 3: Mudarabah Contract, S. 18 (Punkt 74).

die in klassischen wie modernen Werken zur Mudaraba nicht aufgeworfen wird, drängt sich geradezu auf. Sie ist einzubetten in die allgemeine Diskussion über die Zulässigkeit von Versicherungen im islamischen Recht[76]. Vom Standpunkt des deutschen Rechts sollte eine Versicherung möglich sein.

5. Verbriefung von Mudarabaanteilen?

Islamische Finanzinstitutionen verbriefen die Beteiligung des Kapitalgebers an einer Mudaraba[77]. Hier sollte freilich genau differenziert werden. Die bloße Beteiligung an sich braucht nicht verbrieft zu werden. Dagegen kann die mögliche Gewinnbeteiligung als Recht durchaus verbrieft und handelbar sein.

6. Prozess

Die Übernahme des islamischen Prozessrechts ist im Grundsatz sicher nicht angezeigt. Es gilt das Recht des Gerichtsstandes (die lex fori). Allerdings gibt es Prozessregeln, die auf die materielle Rechtslage einwirken. Leugnet der Gerent im Prozess die Mudaraba (aus welchen Motiven auch immer), so wird er vom Treuhänder (āmin) zum Kompensationspflichtigen (ḍāmin), weil darin eine konkludente Vertragsauflösung zu sehen ist[78]. Darauf ist also bei einer Integration genauestens zu achten.

7. Rechnungslegung, Steuern

Klärungsbedürftig sind schließlich Rechnungslegung und Besteuerung der Mudaraba. Hier sollte gewisser Freiraum bestehen, da zumindest das klassische islamische Recht diesen Bereich nicht modernen Bedürfnissen entsprechend geregelt hat. Zu beachten ist freilich, dass ein Mudarabagewinn der Almosensteuer (zakāt) des islamischen Rechts unterliegen kann[79].

V. Institutioneller Rahmen

1. Integration des islamischen Rechts

Die Integration gewisser Rechtsfiguren des islamischen Rechts in das deutsche Recht ist eine intellektuell sehr anspruchsvolle Aufgabe. Man mag sie verglei-

76 Dazu *Bälz*, Versicherungsvertragsrecht in den arabischen Staaten. Karlsruhe 1997.

77 Vgl. das Bearer Participation Certificate der First Islamic Modaraba (Trust) der Islamic Investment Company of the Gulf bei *ʿArafa*, S. 294 f.

78 Vgl. *Šaraf ad-Dīn*, S. 100.

79 Vgl. *Šaraf ad-Dīn*, S. 91.

chen mit der Rezeption des römischen Rechts und der nachfolgenden Ausbildung eines „Systems des heutigen römischen Rechts“ (Savigny)[80]. Diese Aufgabe wird sicher Jahre, wenn nicht gar Jahrzehnte beanspruchen. Die Praxis, der an schnellen Lösungen gelegen ist, wird diese Aufgabe nicht leisten können. Auch die Islamwissenschaft kann allenfalls eine Hilfsfunktion bei Sichtung, Aufbereitung und Übersetzung des zu berücksichtigenden Materials haben. Für die Integration selbst fehlt ihr Problembewusstsein und vor allem Methode. Das gilt auch für die Methode des Längsschnitts, die Heffening und Bergsträsser bereits vor langer Zeit vorgeschlagen haben[81]. Denn sie ist in erster Linie auf Durchdringung und historische Gliederung des islamischen Rechtsstoffs gerichtet, darüber hinaus fehlt ihr aber die Perspektive auf das heutige Recht. Aus diesem Grund sind auch viele von Islamwissenschaftlern verfasste Arbeiten zum islamischen Recht für den Juristen leider nur von eingeschränktem Nutzen. Die Integration liegt damit bei der Rechtswissenschaft, insbesondere bei der Zivilistik. Das setzt hervorragend ausgebildete deutsche Juristen voraus, die zudem mit den Grundlagen des Islam wie auch der arabischen Sprache vertraut sind. Das sind aktuell (zu) wenig, nicht zuletzt deshalb weil es an entsprechenden Lehrern mangelt. Dem sollte so schnell wie möglich abgeholfen werden.

2. Anwendung des integrierten islamischen Rechts

Die Anwendung des integrierten islamischen Rechts obliegt dann den staatlichen Gerichten, in aller Regel der ordentlichen Gerichtsbarkeit. Hierbei gelten keine Sonderregeln. Das integrierte Recht ist so auszulegen und anzuwenden wie anderes Recht auch. Im Einzelfall mag das dazu führen, dass im Rahmen teleologischer Auslegung einer integrierten Bestimmung auf die zugrunde liegende ethische Ausgangswertung Bezug zu nehmen ist. In aller Regel sollte das aber unproblematisch sein. Denn die Regelungen des islamischen Rechts und die ihnen zugrunde liegenden Wertungen können nur dann im Inland integriert werden, wenn sie den Ordre public wahren. Abzulehnen, wenn auch wohl nicht ganz zu verhindern, sind parallel tätige Schiedsgerichte. Denn hier besteht die Gefahr, dass sie eine von der geltenden Rechtsordnung weitgehend unabhängige, dieser freilich nicht unbedingt widersprechende Ordnung etablieren können.

---

80 Vgl. dazu *Wieacker*, S. 232 ff., insb. S. 238.

81 Vgl. *Bergsträsser*, Zur Methode der fiqh-Forschung. In: Fischer/Bräunlich (Hrsg.), Islamica, Leipzig 4 (1931), S. 283, 287 ff.

VI. Zusammenfassung und Ausblick

Der Beitrag widmete sich der Integration islamischer Rechtsfiguren in das deutsche Recht. Herausgegriffen wurde das Beispiel des Mudarabavertrages. Dieser klassische Vertrag hat keine Entsprechung im deutschen Recht. Daher kann er nur integriert werden. Dabei ist jedes Tatbestandsmerkmal dieses Vertrages einem funktional entsprechenden im deutschen Recht zuzuordnen. Bei Fehlen einer funktional entsprechenden Norm im deutschen Recht muss dieses fortgebildet werden. Insgesamt erscheint eine Integration im Grundsatz möglich. Zumindest sollte das für den Mudarabavertrag und andere Verträge aus dem Wirtschaftsrecht gelten. Das deutsche Recht dürfte also im Bereich des Vertragsrechts angemessen genug sein, fremde Rechtsgebilde wie die Mudaraba aufzunehmen. Andere Bereiche, vor allem Erb- und Familienrecht, sind wegen stärkeren Wirkens der „Tradition" sicher schwieriger. Das ist hier nicht anders als im Rahmen europäischer Rechtsvereinheitlichung. Hauptstreitpunkte werden gewiss Verstoßungsscheidung und koranische Erbfolge sein. Hier bestehen starke Spannungen zum inländischen Ordre public (Art. 6, 17 Abs. 2 EGBGB), so dass eine Integration vom heutigen Standpunkt aus gesehen äußerst unwahrscheinlich, vielleicht auch gar nicht wünschenswert erscheint. Ohnehin wird die Integration viel Zeit und wissenschaftlichen Austausch beanspruchen. Letzten Endes ist die Integration auswärtiger Rechtsinstitute aber eine Frage des politischen Willens. Hier sollte man bedenken, dass Rechtsintegration möglicherweise ähnlich friedenstiftende Wirkung wie Rechtsangleichung und Rechtsvereinheitlichung haben kann.

Rezeption durch Vertrag – der Einfluss der internationalen Vertragspraxis auf die Rechtsentwicklung in den Arabischen Golfstaaten

Dr. Kilian Bälz, LL.M., Berlin und Dubai[1]

I.

Geht es um Rechtstransfer, steht normalerweise die Übernahme von Gesetzen und Kodifikationen im Mittelpunkt. So auch bei dieser Tagung: Hilmar Krüger beschrieb die Übernahme des ägyptischen Zivilgesetzbuches (ZGB) in den arabischen Staaten; Silvia Tellenbach erörterte die Rezeption des europäischen Straftrechts im Osmanischen Reich und der Türkei; und Sabine Grapentin beobachtete die Entstehung der Rechtsordnung des Dubai International Financial Centre (DIFC), die auf dem Common Law aufbaut.

Dieser Sicht der Dinge liegt die Annahme zugrunde, dass Recht die Regeln sind, die der Staat setzt und durchsetzt. Recht ist – jedenfalls im Kern – das staatliche Recht. Diese Annahme ist nicht falsch und bei der Rezeption westlichen Rechts im Nahen und Mittleren Osten spielte (und spielt) der Staat eine zentrale Rolle. Sie ist aber in einem wesentlichen Punkt unvollständig. Das möchte ich im Folgenden anhand der Rezeption des englischen Rechts im Wege der internationalen Vertragspraxis in den arabischen Golfstaaten verfolgen.

Denn Rechtstransfer kann auch außerhalb und unabhängig von staatlicher Setzung erfolgen. Die Übernahme rechtlicher Regeln und Konzepte ist nicht beschränkt auf den Fall, dass ein Gesetzgeber sie in Kraft setzt. So wurde die Übernahme des ägyptischen ZGB vorbereitet und begleitet von einer panarabischen Rechtswissenschaft, die untrennbar mit dem Wirken des ägyptischen Juristen ʿAbd al-Razzāq Ahmad al-Sanhūrī verbunden ist.[2] Die Rechtsprechung der ägyptischen Obergerichte hat zudem eine Vorbildfunktion, die in die gesamte arabische Welt ausstrahlt und nicht auf Ägypten beschränkt ist. Auf beide Aspekte ist Hilmar Krüger eingegangen. Des Weiteren werden ausländische Rechtsvorstellungen und Institute aber auch im Wege der Vertragspraxis transferiert. Auf den Transfer und die Rezeption rechtlicher Regeln und Konzepte durch die Ausbreitung vertraglicher Praktiken möche ich mich im Folgenden

1 Die Beobachtungen in diesem Beitrag beruhen auf meiner Tätigkeit als transaktionsbegleitendem Anwalt. Die Vortragsform wurde beibehalten und nur durch vereinzelte Anmerkungen ergänzt.

2 Hierzu mit weiteren Nachweisen *Bälz*, Europäisches Privatrecht jenseits von Europa? Zum fünfzigjährigen Jubiläum des ägyptischen ZGB (1948), Zeitschrift für Europäisches Privatrecht (ZEuP) 2000, 51 ff.

konzentrieren. Dieses Thema hat bislang weitaus weniger Beachtung gefunden. Zu Unrecht, würde ich sagen.

In den arabischen Golfstaaten, so meine These, ist die Rezeption durch Vertrag der eigentliche Motor des Wandels im Bereich des Zivil- und Wirtschaftsrechts. Es war auch die Rezeption durch Vertrag, die den Boden bereitet hat für die Übernahme des Common Law im Zusammenhang mit der Errichtung der neuen finanziellen Freizonen des Dubai International Financial Centre und Qatar Financial Centre.[3]

II.

Hintergrund dieser Entwicklungen sind die sich wandelnden Anforderungen, die an die Rechtsordnungen der Arabischen Golfstaaten herangetragen werden. Mit Blick auf Intensität und Geschwindigkeit des wirtschaftlichen Wandels hinkt die Entwicklung des staatlichen Rechts – Gesetzgebung und die sie interpretierende Rechtsprechung – hinterher. Gesetz und Rechtsprechung schweigen zu wichtigen Fragen des Wirtschaftsverkehrs. Mit der Folge, dass Recht im Wesentlichen das ist, was im Vertrag steht. Vertragliche Praktiken treten an die Stelle der „klassischen" Rechtsentwicklung durch Gesetzgebung, Rechtsprechung und Rechtswissenschaft.

Bildeten vor 10 bis 15 Jahren noch Liefer- und Vertriebsverträge sowie Joint Ventures den Schwerpunkt der wirtschaftsrechtlichen Beratung, hat sich das heute grundlegend geändert: Es hat sich eine regionale Mergers und Acquisition (M&A) Branche entwickelt, mit Transaktionsvolumina auf internationalem Niveau, und es sind regionale Börsen entstanden, mit Börsengängen und Anleiheemissionen, die oft international platziert werden. Dadurch hat sich das Spektrum der Transaktionen verbreitert: Kapitalmarkt, fremdfinanzierte Übernahmen (Leveraged Buyouts), große privatfinanzierte Immobilien- und Infrastrukturprojekte.[4] Mit den entsprechenden Anforderungen an Vertragsgestaltung und Vertragsverhandlung.

Hinzu kommen neue Player: die Staats- und Private Equity-Fonds der arabischen Golfstaaten investieren weltweit. Sie kaufen Beteiligungen und Immobi-

---

3 *Sona Nambiar*, GCC Financial Centers: Who will wear the crown? Gulf Research Center, vom 05. Juni 2006, abrufbar (in englischer Sprache) über die akademische Artikel-Suche auf http://www.grc.ae/index.php (zuletzt besichtigt am 01.12.2010).

4 Siehe: *Sturm/Strasky/Adolf/Peschler*, EZB Occasional Papers 92, Juli 2008, erhältlich (in englischer Sprache) unter: http://www.ecb.int/pub/pdf/scpops/ecbocp92.pdf (zuletzt besichtigt am 09.12.2010); siehe ferner auch GCC M&A Barometer http://www.zawya.com/viewFullPdfStory.cfm/sidpdf_040510111455 (zuletzt besichtigt am 09.12.2010); The Gulf as a Global Financial Center, Chatham House Report, erhältlich unter http://www.chathamhouse.org.uk/files/11692_0608gulfreport.pdf (zuletzt besichtigt am 09.12.2010).

lien in Europa und den USA ebenso wie in Indien und Afrika.[5] Sie werden geleitet von internationalen Managern, die einen internationalen Standard der Transaktionsstrukturierung und -dokumentation erwarten. Waren arabische Investoren lange passive Anleger, die keinerlei unternehmerischen Einfluss erwarteten, streben sie nun nach einer aktiven Rolle und fordern aktive unternehmerische Mitspracherechte und Kontrolle ein.

Schliesslich gehen von den Golfstaaten globale Megatrends aus, insbesondere der des Islamic Finance. Neben Südostasien hat sich insbesondere Dubai als globales Zentrum für schariakonforme Bankgeschäfte etabliert. Die Entwicklung von islamischen Finanzierungsstandards für den globalen Markt stellen dabei auch Anforderungen an das Recht. Die Globalisierung des Islamic Banking erfordert, schariakonforme Geschäfte nach internationalen Standards zu dokumentieren.[6]

III.

Der Wandel der Anforderungen an das Privat- und Wirtschaftsrecht war begleitet von dem Entstehen einer internationalen Rechtsberatungsindustrie in Dubai und den anderen Finanzzentren der arabischen Golfstaaten. So gut wie alle internationalen Kanzleien haben inzwischen Büros in Dubai.[7] Viele sind darüber hinaus in Abu Dhabi, Qatar und Saudi-Arabien präsent. Die dortigen Büros sind längst nicht mehr auf die typische „Brückenkopffunktion" beschränkt, die internationale Mandanten beim Eintritt in den lokalen Markt beraten, sondern bieten vor Ort Beratung im englischen und amerikanischen Recht an. Die Kernkompetenz der englischen und amerikanischen Kanzleien in den Golfstaaten ist so das Common Law, nicht das lokale Recht. Dass die Strukturierung und Dokumentation von Transaktionen eine Dienstleistung ist, die exportfähig ist, haben gerade die englischen Kanzleien seit langem erkannt. London ist darüber hinaus seit langem ein Zentrum für Konfliktlösungsdienstleistungen, wobei zahlreiche der vor dem Londoner High Court verhandelten Fälle in Wirtschaftssachen keinen

---

5 Hierzu: *Raphaeli/Gerstens*, Sovereign Wealth Funds: Investment Vehicles for the Persian Gulf Countries, in: The Middle East Quarterly, Spring 2008 Volume XV, Number 2, S. 45–53, http://www.meforum.org/1863/sovereign-wealth-funds-investment-vehicles-for; Aufsehen erregte in Deutschland zuletzt der Einstieg des emiratischen Staatsfonds Aabar bei Daimler, Frankfurter Allgemeine Zeitung vom 23.03.2009, erhältlich unter http://www.faz.net/s/RubD16E1F55D21144C4AE3F9DDF52B6E1D9/Doc~E755916D9DE7C40FDB7F149A1D358689D~ATpl~Ecommon~Scontent.html (zuletzt besichtigt am 02.12.2010).

6 *Bälz*, Sharia Risk? How Islamic Finance has Transformed Islamic contract Law, ILSP Occasional Publications 9, Harvard Law School, Boston MA, 2008.

7 Siehe hierzu Karen *Donovan*, New York Times vom 29.02.2008: http://www.nytimes.com/2008/02/29/business/worldbusiness/29legal.html?_r=1 (zuletzt besichtigt am 01.12.2010).

Bezug zu England haben, sieht man einmal von der Wahl des Gerichtsstandes London ab. Der Trend, entsprechende Kapazitäten vor Ort in den Golfstaaten aufzubauen, folgt der kaufmännischen Logik, sich mit dem Beratungsangebot dem Kunden anzunähern. Die globale Finanzkrise hat dabei den Trend weg von den etablierten Finanzzentren hin zu den Emerging Markets verstärkt. Das machte (und macht) sich auch in den arabischen Golfstaaten bemerkbar.

Zudem zeichnet sich ein Wandel der lokalen Juristenausbildung ab, der durch die Gründung der ersten amerikanischen Law Schools in den Golfstaaten eingeleitet wurde. In Kairo, Sitz der ältesten modernen juristischen Fakultät der Welt, konkurrieren derzeit zwei Programme, die Juristen im amerikanischen Recht ausbilden.[8] Darüber hinaus bestehen in verschiedenen Golfstaaten Pläne, Ableger amerikanischer Law Schools zu errichten, die die dort bestehenden Professional Schools für Management und Verwaltung ergänzen. Das Ziel ist es, vor Ort Juristen im amerikanischen (und zu einem späteren Zeitpunkt möglicherweise auch englischen) Recht auszubilden. Dieses Projekt hat sicherlich einen langfristigeren Zeithorizont und befindet sich bislang noch in den Kinderschuhen. Aber es wird weiter dazu beitragen, das Common Law – wenn auch möglicherweise in seiner US-amerikanischen Spielart – in der Rechtskultur der Golfstaaten zu verankern.

Die internationale Rechtsberatungsindustrie, aber auch der zunehmende Einfluss der Juristenausbildung anglo-amerikanischen Stils, befördern ein neues Präjudiziensystem. „Precendents" sind dabei jedoch nicht bindende Gerichtsentscheidungen, sondern vertragliche Muster, die als Standards für bestimmte Transaktionen in den elektronischen Datenbanken der Law Firms und Investmentbanken vorgehalten werden. Das neue Präjudiziensystem hat dabei einen ganz wesentlichen Einfluss auf die Entwicklung vertraglicher Standards. Denn das Geschäft der internationalen Law Firm besteht genau darin, diese Muster weltweit zu „verkaufen". Und Ausgangspunkt einer jeden Überlegung ist bei einer Transaktion weniger das nationale Recht, als ein „Precendent", im Sinne einer Vorläufertransaktion. Treibende Kraft dieser Standardisierung ist die Globalisierung der Finanz- und Kapitalmärkte, die eine weltweite Vergleichbarkeit von Transaktionen (aus Sicht des Investors: Anlagemöglichkeiten) erfordert.

All diese Entwicklungen haben zur Folge, dass vertragliche Praktiken und Standards den Takt der Rechtsentwicklung bestimmen. Dabei geht es nicht lediglich um die Erkenntnis, dass der Vertrag Recht zwischen den Parteien schafft. Die vertraglichen Praktiken formen die Rechtsordnung auf der systemischen Ebene. Und es gibt einen „Trickle Down"-Effekt. Zwar werden weiter viele (gerade kleinere) Verträge in lokaler, kurzer Form dokumentiert, und der

---

8 Die Universität von Indianapolis unterhält seit 2008 ein Master of Laws (LL.M.)-Programm an den Universitäten Kairo und Alexandria. Die American University in Cairo bietet ein LL.M.-Programm in „International and Comparative Law" an, dessen Curriculum stark amerikanisch geprägt ist.

internationale Vertrag mit Komplettregelung, der eine eigene Rechtsordnung für eine bestimmte Transaktion schafft, ist weiter die Ausnahme. Doch finden sich auch in lokalen Verträgen oft stiltypische Elemente der internationalen Vertragspraxis, weil entsprechende Vertragsklauseln inkorporiert wurden.

IV.

Die Veränderungen, die diese Entwicklungen in den Privatrechtsordnungen der Golfstaaten bewirkt haben, wurden im Detail bislang kaum untersucht. Ich möchte im Folgenden eine Reihe von Bespielen nennen, die meines Erachtens belegen, dass die vorstehend genannten Veränderungen der wirtschaftlichen Gegebenheiten und der anwaltlichen Beratung einen weit reichenden Einfluss auf die Entwicklung des Privat- und Wirtschaftsrechts haben. Dabei handelt es sich nicht um die Ergebnisse einer systematischen Forschung, sondern um eine (nicht abschließende) Beobachtung aus der Praxis. Ich erörtere diese Entwicklungen unter drei Rubriken: 1. Form, 2. Regelungsgehalt und 3. Verfahren.

1.

Im Hinblick auf die *Form*[9] vertraglicher Vereinbarungen geht die Tendenz bei großen Transaktionen hin zu einer Komplettregelung, wie sie für die anglo-amerikanische Vertragspraxis typisch ist. Das entspricht einer allgemeinen Tendenz in Emerging Markets, wo die Rechtsentwicklung der wirtschaftlichen Dynamik hinterherhinkt und so eine detaillierte Regelung im Vertrag die Verlässlichkeit erzeugt, die ansonsten mangels gesetzlicher Regelung, zugänglicher Rechtsprechung und konsistenter Spruchpraxis fehlt. Die Entwicklung ist im Übrigen aus dem deutschen Recht bekannt. Auch im deutschen Recht wurden neue Vertragstypen zunächst durch die Kautelarpraxis rezipiert und bei M&A oder Kapitalmarkttransaktionen ist die Komplettregelung heute der Standard.

Die Verträge beginnen in aller Regel mit ausführlichen Katalogen von Definitionen und schließen mit detaillierten Schlussbestimmungen über Streitbeilegung, Interpretation, Sprache und Rechtswahl. Sie regeln nicht nur die eigentliche Transaktion, sondern auch mögliche Leistungsstörungen und die Rechtsbehelfe der Parteien. Der Vertrag schafft eine kleine Rechtsordnung, maßgeschneidert auf ein bestimmtes Geschäft. Insoweit ist der Einfluss der anglo-amerikanischen Vertragspraxis unverkennbar. Und weil oft schlicht mit Mustern aus der globalen Datenbank gearbeitet wird, findet sich häufig sogar ein Hinweis darauf, wonach ein Vertrag „*for good consideration*" abgeschlossen wurde. Dabei ist die Consideration-Lehre dem Recht der Vereinigten Arabischen Emirate

9 Verstanden hier nicht im Sinne von § 125 des Bürgerlichen Gesetzbuches, sondern als Erscheinungsform des Vertrages, also wie die vertragliche Abrede abgefasst ist, vom Layout bis hin zu den sprachlichen Formulierungen.

(VAE) fremd. Erforderlich für den Vertrag ist nach Art. 129 ZGB (i) der Konsens der Parteien, (ii) ein Vertragsgegenstand und (iii) ein erlaubter Vertragszweck. Ein vertragliches Versprechen ist nicht davon abhängig, dass das Gegenüber eine Gegenleistung gewährt oder verspricht.[10]

Zudem werden auch solche Verträge in eine anglo-amerikanische Form gebracht, die in der Region originär entstanden sind. So etwa islamische Darlehensverträge. Auch diese folgen inzwischen bei größeren Transaktionen in der Regel dem Muster der englischen Loan Market Association (LMA), der wohl wichtigsten Standardisierungsinstitution im internationalen Kreditrecht, die hierfür im Jahr 2008 extra einen *User Guide* herausgegeben hat, der auf die Besonderheiten shariakonformer Verträge eingeht.[11] Schariakonforme Verträge werden so in eine der Vertragspraxis des Common Law entlehnte vertragliche Form gebracht.

2.

Die Rezeption englischen Rechts macht nicht im Bereich der äußeren Vertragsgestaltung Halt. Sie hat auch einen Einfluss auf den *Regelungsgehalt von Vereinbarungen*. Das zeigt sich in ganz unterschiedlichen Bereichen. Drei greife ich hier auf: das Kreditsicherungsrecht, vorvertragliche Regelungen und Nachfolgefragen bei Familienunternehmen.

Internationale Banken erwarten als Sicherheit für einen Betriebsmittelkredit in vielen Fällen eine Floating Charge. Durch dieses, dem englischen Recht entstammende Sicherungsrecht erwirbt die Bank ein Pfandrecht an allen gegenwärtigen und künftigen Gegenständen des Betriebsvermögens.[12] Das Recht der VAE kennt ein entsprechendes Sicherungsrecht nicht. Das Pfandrecht setzt vielmehr nach dem Gesetz voraus, dass (i) die Gegenstände im Zeitpunkt der Verpfängung in Eigentum und Besitz des Verpfänders stehen und (ii) für die Dauer des Pfandrechts dem Pfandgläubiger der Besitz übertragen wird (1453 ZGB).[13] Dies stellt keine praktikable Lösung dar, weil die Bank regelmäßig kein Interesse daran haben wird, Maschinen oder Vorräte bei sich einzulagern, und der Darlehensnehmer diese benötigt, um seinen Betrieb aufrecht zu erhalten. Was tun? In der Praxis herausgebildet hat sich eine Struktur, wonach die Bank

10 Zum englischen Recht etwa *Shears/Stephenson*, James' Introduction of English Law, 13. Aufl. (1996), 229 ff.

11 *Bälz*, Scharia Risk (Anm. 6).

12 *Goode*, Commercial Law, 2. Aufl. (1995), 730 ff.

13 Diskutiert wird, ob ein handelsrechtliches Pfandrecht, das in das Handelsregister (oder das Register einer der Freizonen) eingetragen wird, ebenfalls den Besitz des Pfandgläubigers erfordert. Die *Praxis* geht dabei dahin, auch bei solchen eingetragenen Pfandrechten einen Besitzdiener zu bestellen – obgleich das die Frage aufwirft, wozu das Gesetz die Möglichkeit einer Registereintragung vorsieht.

das Management des Darlehensnehmers als ihren Besitzdiener bestellt – obgleich man durchaus die Frage aufwerfen kann, ob eine derartige Besitzdienerstruktur die vom Gesetzgeber beim Besitzpfand gewollte Publizität schafft. Hinzu kommt eine Verpflichtung des Darlehensnehmers, in Zukunft erworbene Gegenstände auch zu verpfänden. Im Ergebnis wird so eine Besicherung erzielt, die der durch eine Floating Charge ähnlich ist und sich über die Beschränkungen des emiratischen Rechts hinwegsetzt. Die Bankenpraxis orientiert sich so im Wesentlichen am englischen Recht – auch wenn die Bestimmungen des emiratischen ZGB ein besitzloses Pfandrecht, das sich auch auf in Zukunft erworbene Vermögensgegenstände erstreckt, gerade nicht vorsehen.

Ähnlich ist die Entwicklung bei vorvertraglichen Abreden. Nach dem ZGB der VAE sind Vereinbarungen entweder bindend oder nicht. Es gibt keine Zwischenstufe zwischen der rechtlichen Verbindlichkeit und der Unverbindlichkeit. Die internationale Vertragspraxis stellt dieses klare Entweder/Oder in Frage. Bei größeren internationalen Verträgen ist es verbreitet, vor Abschluss des eigentlichen Vertrages einen Letter of Intent („LoI") oder ein Memorandum of Understanding („MoU") zu unterzeichnen, das die wesentlichen Eckpunkte der Transaktion, den Fortgang der Verhandlungen und bestimmte weitere Pflichten der Parteien (etwa Vertraulichkeit) regelt. Nach englisch-rechtlicher Vorstellung handelt es sich dabei um eine Vereinbarung, die die Parteien in bestimmtem Umfang binden kann, gerade wenn eine Partei im Vertrauen auf die Vereinbarung gehandelt hat.[14] Entsprechende Vereinbarungen sind auch im Recht der VAE verbreitet, auch wenn vollkommen offen ist, was die Gerichte zu einem Vertrag sagen werden, dessen Bestimmungen die Parteien nur teilweise binden soll.

Diese Entwicklungen sind schließlich nicht beschränkt auf das vermögensrechtliche Zivilrecht. Sie dringen vielmehr auch in das Erb- und Familienrecht vor. Die meisten auch der großen arabischen Unternehmen sind Familienunternehmen. Dort stellt sich, wie bei allen Familienunternehmen, die Frage der Unternehmensnachfolge. Das islamische Erbrecht ist für diese Frage nicht geeignet. Dort ist die Testierfreiheit stark eingeschränkt. Und die Verteilung zwischen männlichen und weiblichen Nachkommen entspricht nicht immer den Anforderungen heutiger arabischer Unternehmerfamilien. Eine verbreitete Struktur ist hier die Einbringung des Unternehmens in eine Gesellschaft oder einen Trust in einer der internationalen Off Shore-Rechtsordnungen. Das ermöglicht eine Regelung der Nachfolgefrage zu Lebzeiten und außerhalb des islamischen Erbrechts. Hervorzuheben ist, dass diese Form der Erbfolgeregelung nicht den Großunternehmerfamilien vorbehalten ist. Eine Nutzung von Lebensversicherungsverträgen erlaubt es, auch bei kleineren Vermögen eine Nachfolgeregelung zu treffen, die von den Bestimmungen des islamischen Erbrechts abweicht.[15]

---

14 Vgl. etwa *Peel*, Treitel – The Law of Contact, 12. Aufl. (2007), 182 ff.

15 *Bälz*, Versicherungsvertragsrecht in den Arabischen Staaten (1997), 133 ff.

3.

Schließlich beeinflusst das englische Recht das *Verfahren*. Das gilt vor allem dort, wo sich die Parteien für einen alternativen Konfliktbeilegungsmechanismus entschieden haben, statt den staatlichen Gerichten zu vertrauen. Lassen Sie mich hier zwei Beispiele hervorheben:

Mit den internationalen Bauverträgen nach dem Muster der Fédération des Ingénieurs-Conseils (bekannter unter der Abkürzung FIDIC) kamen auch die Dispute Adjudication Boards in die Staaten des arabischen Golfs. Bei diesen handelt es sich um vertraglich eingerichtete Gremien, welche bereits während der Durchführung eines Projekts zur Vermeidung und Schlichtung von Streitigkeiten tätig sind und vorläufig für die Parteien verbindliche Entscheidungen treffen können. Ein Dispute Adjudication Board unterscheidet sich von einem Schiedsgericht dadurch, dass seine Mitglieder schon mit Projektbeginn zusammentreten, und nicht erst bei Aufkommen einer Streitigkeit angerufen werden. Dadurch sind seine Mitglieder in ganz anderem Umfang mit den Problemen des Projekts vertraut, als das etwa Schiedsrichter sind – und können auch früher und in beratender Funktion intervenieren.[16] Wie die Entscheidungen eines solchen Gremiums zu qualifizieren sind – Schiedsgutachter („Expert"), Schiedsrichter („Arbitrator") oder sui generis –, bleibt dabei oft unklar.

Des Weiteren prägen die internationalen Anwaltskanzleien das Verfahren vor den Schiedsgerichten: Wo ein amerikanischer Prozessvertreter auftritt, ist die Forderung nach der Offenlegung prozessrelevanter Unterlagen („Discovery") nicht weit. Insoweit ist die Entwicklung in den arabischen Golfstaaten nicht unähnlich derjenigen bei Schiedsverfahren in Kontinentaleuropa, wo den Schieds- und Verfahrensordnungen der Grundsatz herkömmlicherweise fremd ist, der Gegenseite prozessrelevante Unterlagen offenzulegen (und möglicherweise in einem Datenraum zur Verfügung zu stellen).[17] Dabei entspricht es dem Charakter des Schiedsverfahrens, dass die Parteien eine weitgehende Verfügungsbefugnis über den Ablauf des Verfahrens haben, und so auch darin frei sind, Elemente einer bestimmten staatlichen Verfahrensordnung in dieses zu integrieren (oder auf bestimmte Prinzipien oder Institute zurückzugreifen). Abzuwarten bleibt, inwieweit Verfahrenselemente wie die Discovery auch den Eingang in die Verfahrensordnungen der regionalen Schiedszentren finden werden.

---

16 *Bunni*, The FIDIC Form of Contract, 2. Aufl. (1997), 436 f.

17 *Elsing*, Konflikte der Rechtskulturen bei der Beilegung internationaler Streitfälle, ZVglRWiss 2007 (106), S. 123, 138 ff.

V.

Damit komme ich zum Schluss und habe hoffentlich gezeigt, welche Entwicklungen das Recht der arabischen Golfstaaten jenseits staatlicher Setzung nimmt. Schließen möche ich mit einer Überlegung zu dem Verhältnis von *Rechtspluralismus* und *Rechtstransfer*. Beides sind Konzepte, die im Verhältnis zu den Rechtsordnungen des Nahen und Mittleren Ostens eine Rolle spielen.

Rechtspluralismus und Rechtstransfer sind zunächst zwei ganz verschiedene Konzepte. Sie haben nichts miteinander zu tun. Während Rechtspluralismus eine Situation ist, in der mehrere Rechtsordnungen im gleichen sozialen Raum gelten (etwa: neben dem staatlich gesetzten Recht das vertraglich geschaffene des internationalen Wirtschaftsverkehrs),[18] bezeichnen wir als Rechtstransfer die Übernahme von rechtlichen Regeln und Konzepten. Rechtspluralismus kann dabei durch Rechtstransfer entstehen, etwa wenn das (von außen rezipierte) geschriebene Recht sich von der gelebten Rechtswirklichkeit unterscheidet, und so andere Regeln das soziale Verhalten bestimmen als die, die das staatliche Recht formuliert. Es gibt aber auch einen Rechtspluralismus, der den Rechtstransfer befördert, nämlich wenn die Rechtsentwicklung in bestimmten Gebieten (insbesondere dem Wirtschaftsrecht) von vertraglichen Praktiken dominiert wird (und diese das Einfallstor für fremde Regeln und Konzepte sind). Das ist etwa der Fall im internationalen Kreditrecht, nicht nur in den Arabischen Golfstaaten. Hier erfolgt eine Rezeption auf der Ebene der privat geschaffenen vertraglichen Praktiken, nicht auf der Ebene staatlicher Rechtsetzung.

Die vorstehend beschriebenen Entwicklungen illustrieren, wie nichtstaatliches Recht Gegenstand der Rechtstransfers sein kann, indem vertragliche Praktiken rezipiert (bzw. bewusst diffundiert) werden. Die Entstehung globaler Märkte für Rechtsberatungsleistungen sind die Plattform und die internationalen Kanzleien die zentralen Akteure dieser Entwicklung. Ein anwaltliches Geschäftskonzept, das auf der Verbreitung der vertraglichen Standards des Common Law beruht, ist dabei, die Zivilrechtsordnungen der Arabischen Golfstaaten grundlegend zu verändern. Es ist eine Vertragspraxis entstanden, die an die des Common Law angelehnt ist und die einen deutlichen Bruch mit der herkömmlichen Art und Weise beinhaltet, Transaktionen zu strukturieren und zu dokumentieren.

Die Ausbreitung vertraglicher Praktiken erfolgt dabei zunächst im Schatten der staatlichen Rechtsordnung, unbemerkt von Gesetzgebung, Rechtsprechung und Wissenschaft. Sie beruht nicht auf einer gesetzgeberischen Entscheidung oder der Empfehlung eines wissenschaftlichen Gremiums und die Gerichte sehen von ihr allenfalls die Spitze des Eisbergs. Der Entwicklung liegt eine geschäftliche Entscheidung der dominierenden Marktteilnehmer zu Grunde. In ih-

18 Für den arabischen Kontext siehe die Beiträge in *Dupret/Berger/Al-Zuwaini*, Legal Pluralism in the Arab World, London/Den Haag/Boston: Kluwer Law International, 1999.

rer Wirkung aber ist sie nicht auf die Selbstregulierung bestimmter Branchen und Industrien beschränkt. Denn die Rezeption durch Vertrag kann auch die entscheidende Weichenstellung für die gesetzgeberische Wahl einer bestimmten Vorbildrechtsordnung sein. Das zeigt sich gerade dort, wo die betreffende Rechtsordnung wesentlich von internationalen Kanzleien mitgestaltet wird, wie etwa die DIFC-Rechtsordnung. Rezeption durch Vertrag definiert so nicht nur die Spielregeln der (virtuellen) Verhandlungstische der Anwälte. Sie hat die Macht, eine Rechtsordnung insgesamt umzugestalten.

Neuere Entwicklungen im Schiedsverfahrensrecht der Vereinigten Arabischen Emirate

Ulf-Gregor Schulz, Dubai

1. Allgemeines

Das Schiedsverfahrensrecht der Vereinigten Arabischen Emirate (VAE) ist bislang ausschließlich als Teil der Zivilprozessordnung der VAE (ZPO-VAE)[1] in den Art. 203–218 ZPO-VAE sowie in Bezug auf die Vollstreckung ausländischer Schiedsgerichtsurteile in den Art. 235–238 ZPO-VAE geregelt. Der Regelungsumfang ist eher gering, was allein anhand der Anzahl der entsprechenden Artikel zum Beispiel im Vergleich zum Umfang der Regelungen zum Schiedsverfahrensrecht in der deutschen ZPO deutlich wird. Während Deutschland das Schiedsverfahrensrecht bereits im Jahre 1998 auf der Basis des weltweit anerkannten UNCITRAL[2] Model Law on International Commercial Arbitration – 1985[3] (nachstehend UNCITRAL Modellgesetz 1985) novelliert hat, um unter anderem der zunehmenden Bedeutung der Schiedsgerichtsbarkeit in der Wirtschaft Rechnung zu tragen, haben die VAE nunmehr auch die Bedeutung der Schiedsgerichtsbarkeit für die Entwicklung der lokalen Wirtschaft erkannt und erste vorbereitende Schritte in Richtung Modernisierung des lokalen Schiedsverfahrensrechts unternommen.

In den vergangenen Jahren zirkulierten verschiedene Entwürfe für ein novelliertes Schiedsverfahrensgesetz. Bis zum heutigen Tage ist jedoch noch kein neues Schiedsverfahrensgesetz verabschiedet worden. Allerdings sind die VAE im Jahr 2006 als 138. Staat dem New Yorker Übereinkommen vom 10. Juni 1958 über die Anerkennung und Vollstreckung ausländischer Schiedssprüche[4] (New Yorker Übereinkommen) beigetreten, was weithin als Zwischenschritt auf dem Weg zur Novellierung des Schiedsverfahrensrechts angesehen wird. Der zuletzt vom Justizministerium der VAE im Mai 2010 veröffentlichte Entwurf eines neuen Schiedsverfahrensgesetzes (nachstehend Gesetzentwurf)[5] orientiert sich am

1 Bundesgesetz Nr. 11/1992.

2 UNCITRAL – United Nations Commission on International Trade Law (Kommission der Vereinten Nationen für internationales Handelsrecht).

3 Modellgesetz über die internationale Handelsschiedsgerichtsbarkeit aus dem Jahre 1985.

4 Das entsprechende Ratifizierungsgesetz (Verordnung Nr. 43/2006) wurde im VAE-Gesetzblatt Nr. 450 vom 21. August 2006 veröffentlicht und am 19. November 2006 ins lokale Recht transformiert.

5 Der arabische Wortlaut des Entwurfs (مشروع قانون إتحادي رقم () لسنة 2010 في شأن التحكيم) ist im Anhang zu diesem Beitrag abgedruckt.

ägyptischen Schiedsverfahrensgesetz,[6] welches seinerseits wiederum ebenfalls auf dem UNCITRAL Modellgesetz 1985 beruht.[7] Es wird allgemein erwartet, dass dieser Entwurf mit einiger Wahrscheinlichkeit tatsächlich umgesetzt und durch den Gesetzgeber in Kraft gesetzt werden wird.[8] Anlass genug, einige Regelungen des Gesetzentwurfes insbesondere vor dem Hintergrund des UNCITRAL Modellgesetzes 1985 etwas näher zu betrachten.

2. UNCITRAL Modellgesetz 1985

Das UNCITRAL Modellgesetz 1985 war das Resultat der Bemühungen der Vereinten Nationen, eine Vereinheitlichung der verschiedenen nationalen Regelungen zum Schiedsverfahrensrecht in den Mitgliedsstaaten im Hinblick auf die internationale Handelsschiedsgerichtsbarkeit durchzusetzen. Das UNCITRAL Modellgesetz 1985 ist durch das UNCITRAL Model Law on International Commercial Arbitration – 2006[9] (nachstehend UNCITRAL Modellgesetz 2006) weiter konkretisiert worden und sieht insbesondere Änderungsvorschläge in Bezug auf die Form der Schiedsgerichtsvereinbarung (Arbitration Agreement)[10] sowie sonstige richterliche Maßnahmen, wie z.B. vorläufige Maßnahmen (Interim Measures),[11] vor. Die wesentlichen Grundprinzipien und Ziele, die bereits das UNCITRAL Modellgesetz 1985 für das Schiedsverfahrensrecht statuiert, sind naturgemäß unverändert geblieben. Unter anderem gelten folgende Kernpunkte. Die Beteiligung der staatlichen Gerichte soll beschränkt werden und der Wille der Parteien (Parteiautonomie) im Hinblick auf die Vereinbarung des Verfahrens zur Streitbeilegung soll im Vordergrund stehen. Gleichwohl soll ein begrenzter Katalog von zwingenden Verfahrensvorschriften dafür sorgen, dass ein faires

---

6 Law No. 27/1994 promulgating the law concerning arbitration in civil and commercial matters; zur Historie des ägyptischen Schiedsrechts vgl. *Krüger, H.*, Zur Geschichte der Schiedsgerichtsbarkeit im Nahen und Mittleren Osten, In: Festschrift für Gunther Kühne, Frankfurt 2009, S. 756 f.

7 Das UNCITRAL Modellgesetz 1985 ist zwischenzeitlich von 62 Ländern im Wesentlichen übernommen worden.

8 In den zurückliegenden Jahren waren mehrere Entwürfe im Umlauf, die jedoch den Schritt in die Umsetzung nicht geschafft haben, vgl. *Punwar, P.*, Draft Arbitration Laws published by Ministry of Economy and DIFC, In: Law Update, Dubai (2008), Issue 204, Seite 5 f.

9 Das Modellgesetz über die internationale Handelsschiedsgerichtsbarkeit aus dem Jahre 2006 ist von der Generalversammlung der Vereinten Nationen mit Beschluss Nr. 61/33 (2006) verabschiedet worden (www.uncitral.org). Der vorliegende Gesetzentwurf basiert auf der Grundlage des UNCITRAL Modellgesetz 1985 und berücksichtigt die Änderungen des UNCITRAL Modellgesetzes 2006 nicht.

10 Art. 7 UNCITRAL Modellgesetz 1985/2006.

11 Art. 17 UNCITRAL Modellgesetz 1985/2006.

Verfahren zu jedem Zeitpunkt gewährleistet ist. Darüber hinaus sollen Regularien geschaffen werden, die sicherstellen, dass ein Schiedsverfahren auch dann durchgeführt werden kann, wenn die Parteien nicht in der Lage sind, im Hinblick auf alle verfahrensrechtlich relevanten Punkte eine Einigung zu erzielen. Der letztgenannte Punkt erfordert eine weitgehende Autonomie des Tribunals, d.h. der/des zur Streitbeilegung ernannten Schiedsrichter(s), die durch etwaige staatliche Gerichte unterstützt wird, indem diese auf Anforderung durch das Tribunal entsprechende sonstige richterliche Maßnahmen einleiten. Die Zuständigkeit der staatlichen Gerichte ist in erster Linie auf diese Hilfestellungen zu beschränken und darf nicht genutzt werden, um das Schiedsverfahren selbst zu beeinflussen.

3. Besonderheiten des Gesetzentwurfs

Der Gesetzentwurf greift die vorstehenden Grundprinzipien des UNCITRAL Modellgesetzes 1985 auf und folgt diesen in weiten Teilen. Gleichwohl bestehen einzelne Besonderheiten des lokalen Rechts der VAE im Allgemeinen sowie der aktuellen Regelungen des VAE Schiedsverfahrensrechts (Art. 203–218 ZPO-VAE) im Besonderen, die im Gesetzentwurf Niederschlag gefunden haben und im Folgenden kurz dargestellt werden. Die Darstellung ist nicht abschließend und erschöpft nicht den gesamten Regelungsgehalt des Gesetzentwurfs. Vorab ist anzumerken, dass der Gesetzentwurf sowohl für nationale als auch internationale Schiedsverfahren Anwendung finden soll, während das UNCITRAL Modellgesetz 1985 zur Regelung von internationalen Schiedsverfahren in Handelssachen entworfen worden ist. Damit geht der Gesetzentwurf im Regelungsgehalt über das UNCITRAL Modellgesetz 1985 hinaus[12], was einige Abweichungen mit sich bringt.

a) Zuständigkeit der lokalen Gerichte im Hinblick auf Schiedsverfahren bzw. Vollstreckung von Schiedssprüchen

Ein wesentlicher Punkt in Bezug auf Schiedsverfahren ist die Einbindung lokaler Gerichte sowohl bei der Durchführung eines Schiedsverfahrens selbst als auch bei der Vollstreckung von Schiedssprüchen. Bezogen auf Schiedsverfahren sollen die Überprüfungs- bzw. Eingriffsmöglichkeiten der lokalen Gerichte nach den vorstehend beschriebenen Grundprinzipen des UNCITRAL Modellgesetzes 1985 im Wesentlichen darauf beschränkt sein, das Verfahren bei Bedarf und auf Antrag des Schiedsgerichts oder der Parteien des Schiedsverfahrens zu unterstützen. Der Gesetzentwurf regelt in Artikel 5 die generelle Zuständigkeit der lokalen Gerichte

---

12 Vgl. Art. 1 UNCITRAL Modellgesetz 1985.

für schiedsrechtliche Angelegenheiten, soweit es auf eine Mitwirkung der lokalen Gerichte ankommt. Der Wortlaut des Art. 5 des Gesetzentwurfs ist wie folgt:

Artikel 5

1- *Zuständig für die Prüfung der Fragen des Schiedsverfahrens, die durch dieses Gesetz an die Gerichtsbarkeit im Staate übertragen werden, ist das Gericht, das ursprünglich für die Prüfung des Streites zuständig ist, sei es, dass es zur föderalen Gerichtsbarkeit des Staates gehört oder zur lokalen Gerichtsbarkeit. Wenn es sich aber um ein Internationales Schiedsverfahren in Handelssachen handelt, sei es, dass es im Staate oder im Ausland durchgeführt wird, dann ist das Bundesberufungsgericht in Abu Dhabi zuständig, wenn sich die beiden Seiten nicht auf ein anderes Berufungsgericht im Staate geeinigt haben.*
2- *Das Gericht, dem lt. dem vorausgegangenen Absatz die alleinige Zuständigkeit zugebilligt wird, bleibt bis zum Ende aller Maßnahmen des Schiedsverfahrens zuständig.*

Der Gesetzentwurf unterscheidet somit zwischen nationalen und internationalen Schiedsverfahren. Im Rahmen nationaler Schiedsverfahren gelten die allgemeinen Zuständigkeitsregelungen der ZPO-VAE. Zu beachten ist, dass die ZPO-VAE die allgemeine internationale Zuständigkeit der VAE Gerichte[13] ausdrücklich neben den Regelungen zur sachlichen[14] und örtlichen[15] Zuständigkeit vorsieht. Der Katalog der Tatbestände, in denen die lokalen Gerichte ihre internationale Zuständigkeit annehmen, ist weit gefasst. Denkbar sind folglich Konstellationen von (nationalen) Schiedsverfahren zwar mit internationalem Bezug, die jedoch nicht als internationale Schiedsverfahren in Handelssachen im Sinne des Art. 4 des Gesetzentwurfes zu werten sind. Für diese gelten dann die allgemeinen Zuständigkeitsregelungen der ZPO-VAE. Der Wortlaut des Art. 4 des Gesetzentwurfes ist wie folgt:

Artikel 4

Das Schiedsverfahren ist laut diesem Gesetz – selbst wenn es im Staate abläuft – ein internationales Verfahren, wenn der Streitgegenstand mit dem internationalen Handel im Zusammenhang steht. Das trifft in einem der folgenden Fälle zu:

1- *Wenn das Hauptzentrum für die Tätigkeiten beider Seiten des Schiedsverfahrens zum Zeitpunkt des Abschlusses der Vereinbarung über das Schiedsverfahren in zwei verschiedenen Staaten liegt. Wenn eine der beiden Seiten mehrere Zentren für Tätigkeiten hat, dann ist das Zentrum*

13 Art. 20–24 ZPO-VAE.
14 Art. 25–30 ZPO-VAE.
15 Art. 31–41 ZPO-VAE.

maßgeblich, dass die engste Verbindung zum Gegenstand der Vereinbarung des Schiedsverfahrens hat. Wenn keine der beiden Seiten des Schiedsverfahrens ein Zentrum für Tätigkeiten hat, dann ist der gewöhnliche Aufenthaltsort maßgeblich.

2- *Wenn das Hauptzentrum der Tätigkeit beider Seiten des Schiedsverfahrens zum Zeitpunkt des Abschlusses der Vereinbarung über das Schiedsverfahren im gleichen Staate liegt und eine der folgenden Stätten außerhalb dieses Staates liegt:*
   a) *die Stätte für die Durchführung des Schiedsverfahrens, wenn die Vereinbarung über das Schiedsverfahren sie bestimmt oder auf die Art und Weise ihrer Bestimmung hinweist;*
   b) *die Stätte der Durchführung eines wesentlichen Teils der Verpflichtungen, die aus den Handelsbeziehungen zwischen den beiden Seiten resultieren; oder*
   c) *die Stätte, die am engsten mit dem Streitgegenstand verbunden ist.*

3- *Wenn der Streitgegenstand, auf dem die Vereinbarung über das Schiedsverfahren aufbaut, mit mehr als einem Staate verbunden ist.*

Der Gesetzentwurf enthält keine eigenen weiteren Regelungen hinsichtlich der Zuständigkeit der lokalen Gerichte in nationalen Schiedsverfahren, sondern belässt es bei dem Verweis auf die allgemeinen Zuständigkeitsvorschriften der ZPO-VAE.[16] Etwas anderes gilt indes für internationale Schiedsverfahren in Handelssachen, die durch Art. 3 und Art. 4 des Gesetzentwurfs legaldefiniert sind. Der Wortlaut des Art. 3 des Gesetzentwurfs ist wie folgt:

Artikel 3
Schiedsverfahren werden im Rahmen dieses Gesetzes als Handelssache betrachtet, wenn der Streit über eine rechtliche Beziehung mit einem wirtschaftlichen Charakter entsteht, sei es eine durch Vertrag geregelte Beziehung oder nicht. Das umfasst z.B. Lieferung von Waren oder Leistungen, Handelsagenturen, Bauverträge, ingenieurtechnisches oder technisches Know-how, Genehmigungen im Bereich der Industrie und des Tourismus und andere Bereiche, Technologietransfer, Investitionen, Entwicklungsverträge, Bankoperationen, Versicherung, Transport, Exploration und Förderung von Naturschätzen, Erzeugung oder Lieferung von Energie, Errichtung von Gas- und Ölleitungen, Bau von Straßen und Tunneln, Erschließung von Bodenflächen, Umweltschutz, Errichtung von Atomreaktoren.

---

16 Vgl. Art. 5 Abs. 1 S. 1 des Gesetzentwurfs; im Rahmen der deutschen ZPO sieht § 1062 ZPO eine ausdrückliche Regelung zur örtlichen und sachlichen Zuständigkeit der staatlichen Gerichte vor.

Die Definitionen von Art. 3 und Art. 4 des Gesetzentwurfs sind im Umfang den Vorschlägen des UNCITRAL Modellgesetz 1985[17] weitgehend vergleichbar. Von praktischer Bedeutung ist die generelle Zuständigkeitszuweisung zum Bundesberufungsgericht in Abu Dhabi[18] für alle Angelegenheiten im Zusammenhang mit internationalen Schiedsverfahren in Handelssachen, die durch lokale Gerichte entschieden werden müssen. Dies betrifft zum einen die Aufgaben im Rahmen eines laufenden internationalen Schiedsverfahrens in Handelssachen, d.h. die sonstigen richterlichen Maßnahmen wie z.B. Maßnahmen des vorläufigen Rechtsschutzes,[19] Bestellung der/des Schiedsrichter(s)/Schiedsgerichts;[20] Beweiserhebungen,[21] und zum anderen die Maßnahmen zur Vollstreckung von internationalen Schiedssprüchen in Handelssachen.[22]

Die Zuweisung der Zuständigkeit zum Bundesberufungsgericht Abu Dhabi ist dem föderalen Status der VAE geschuldet, der ein uneinheitlich ausgebildetes Gerichtssystem mit sich bringt. Auf der Grundlage der Verfassung der VAE[23] ist jedes Emirat ermächtigt, einen eigenen lokalen Instanzenzug zu schaffen. Bis zum Jahr 2006 hatten lediglich die Emirate Dubai[24] und Ras Al Khaimah von diesem verfassungsrechtlich verankerten Anspruch zur Schaffung eines lokalen Gerichtssystems Gebrauch gemacht. Die anderen Emirate (Abu Dhabi, Sharjah, Ajman, Umm Al Quwain und Fujairah) waren seit dem Jahr 1978 dem föderalen Gerichtssystem[25] angeschlossen, wobei oberster Gerichtshof und Revisionsinstanz für Rechtsstreitigkeiten in diesen Emiraten der Oberste Föderale Gerichtshof in

17 Art. 1 UNCITRAL Modellgesetz 1985.

18 Im Arabischen: محكمة استئناف أبو ظبي الاتحادية; auf der Grundlage von Art. 12 des Bundesgesetzes Nr. 3/1983 hinsichtlich der föderalen richterlichen Gewalt ist der Sitz des Bundesberufungsgerichts in der Hauptstadt der VAE. Weitere Bundesberufungsgerichte existieren in den Emiraten, in denen kraft eines Bundesgesetzes die Errichtung eines Bundesberufungsgerichts angeordnet ist (gegenwärtig: Ajman und Fujairah (Bundesgesetz Nr. 20/2000) sowie Umm Al Quwain (Bundesgesetz Nr. 18/2005)). Eine Besonderheit stellt die Stadt Al Ain dar, die zwar kein eigenes Emirat ist, jedoch unter der Herrschaft des verstorbenen Sheikh Zayed Bin Sultan Al Nahyan stets eine Sonderstellung genossen hatte. Al Ain hat auf der Grundlage von Bundesgesetz Nr. 21/2000 ebenfalls ein eigenes Bundesberufungsgericht.

19 Art. 6 Gesetzentwurf.

20 Art. 18 Gesetzentwurf.

21 Art. 36 Gesetzentwurf.

22 Art. 52 ff. Gesetzentwurf.

23 Art. 104, 122 VAE-Verfassung.

24 Dubai Gesetz Nr. 3/1992.

25 Auf der Grundlage von Bundesgesetz Nr. 6/1978 zur Errichtung der föderalen Gerichte und der Übertragung der Rechtsprechungsgewalt einiger Emirate auf die lokalen Gerichte wurden die damals bestehenden lokalen Gerichte 1. und 2. Instanz in föderale Gerichte umgewandelt.

Abu Dhabi war[26]. Im Jahr 2006[27] hat das Emirat Abu Dhabi ebenfalls vom verfassungsmäßig gewährten Recht der autonomen Regelung des Gerichtssystems Gebrauch gemacht und wie Dubai[28] einen dreistufigen lokalen Instanzenzug einschließlich eines Kassationsgerichtshofes eingeführt, der die allgemeine Zuständigkeit der föderalen Gerichte in Abu Dhabi grundsätzlich abgelöst hat.

Der Zuständigkeitsverweis für Angelegenheiten im Zusammenhang mit internationalen Schiedsverfahren in Handelssachen an das Bundesberufungsgericht Abu Dhabi birgt sowohl Vor- als auch Nachteile. Als wesentlicher Vorteil kann unter anderem betrachtet werden, dass die Zuweisung zu einem spezialisierten Gericht innerhalb der VAE zu einer einheitlichen Rechtsprechung im Hinblick auf internationale Schiedsverfahren in Handelssachen führen wird, was angesichts der in der Vergangenheit teilweise doch recht unterschiedlichen Auffassungen des Obersten Föderalen Gerichtshof in Abu Dhabi und des Kassationsgerichts in Dubai in vergleichbaren Rechtsfragen sicherlich einen Fortschritt darstellt. Gerade dieser zentralisierte Ansatz birgt vor dem Hintergrund des dezentralisierten Gerichtssystems jedoch auch die Gefahr, dass die konkrete Ausübung der Rechtsprechungsgewalt zusätzliche administrative Hürden überwinden muss. Dies dürfte insbesondere in zwei Bereichen, nämlich der Frage der Vollstreckung von Schiedssprüchen und der Durchführung sonstiger richterlicher Maßnahmen, Bedeutung erlangen.

aa) Vollstreckung von Schiedssprüchen

Soll beispielsweise die Vollstreckung eines internationalen Schiedsspruches in Handelssachen in Dubai erfolgen, ist gleichwohl zunächst das Bundesberufungsgericht Abu Dhabi zuständig, welches dann intern im Wege der Amtshilfe die Gerichte in Dubai bzw. deren Vollstreckungsorgane in Anspruch nehmen muss, um die Vollstreckung in Vermögen des Schuldners, welches sich in Dubai befindet, zu ermöglichen. Grundsätzlich wird diese Zusammenarbeit der Rechtsorgane durch Bundesgesetz Nr. 11/1973 geregelt.[29] Art. 13 Bundesgesetz Nr. 11/1973 sieht unter anderem auch die Vollstreckung von Schiedssprüchen vor.[30] Allerdings bezieht sich dieses Gesetz wohl nur auf nationale

26 Der Oberste Föderale Gerichtshof in Abu Dhabi ist gleichzeitig auch oberster Verfassungsgerichtshof der VAE.

27 Abu Dhabi Gesetz Nr. 23/2006.

28 Das Kassationsgericht von Dubai ist gleichzeitig auch der oberste Gerichtshof für das Emirat Ras Al Khaimah.

29 Bundesgesetz Nr. 11/1973 zur Ordnung der richterlichen Beziehungen zwischen den Teilemiraten der Föderation.

30 Art. 13 des Bundesgesetzes Nr. 11/1973 sieht vor, dass eine inhaltliche Überprüfung des Schiedsspruches durch das Vollstreckungsgericht grundsätzlich nicht erfolgt, gleichwohl besteht ein Katalog verschiedener formeller Vollstreckungsvoraussetzungen, die durch das

Schiedssprüche, die in einem Emirat ergangen sind und in einem anderen Emirat vollstreckt werden sollen. In Bezug auf die Vollstreckung von Schiedssprüchen aus internationalen Schiedsverfahren in Handelssachen würde sicherlich interessant werden, wie das zuständige Gericht das Zusammenspiel der sonstigen lokalen gesetzlichen Bestimmungen mit den nunmehr in nationales Rechts transformierten Vorgaben des New Yorker Übereinkommens[31] handhaben wird.

bb) Sonstige richterliche Maßnahmen

Weiterer Problempunkt in diesem Zusammenhang wird die Durchsetzung sonstiger richterlicher Maßnahmen (Art. 6 Gesetzentwurf) im Hinblick auf internationale Schiedsverfahren in Handelssachen sein. Es ist unklar, in welcher Form gegebenenfalls Amtshilfe durch die jeweils betreffenden Gerichte der Teilemirate, in denen die jeweilige Maßnahme (z.B. Zustellungen, Beweisaufnahmen) stattfinden muss, beantragt und umgesetzt werden wird. Auf der Grundlage der Erfahrungen zur Kooperation der lokalen Gerichte in emiratsübergreifenden Sachverhalten in laufenden allgemeinen Gerichtsverfahren steht zu befürchten, dass im Hinblick auf Schiedsverfahren nicht unerheblicher zusätzlicher administrativer Aufwand betrieben werden muss, was der Prozessökonomie sicherlich nicht zuträglich sein wird. Sollte der Entwurf tatsächlich in Kraft treten, folgen möglicherweise noch weitere Ausführungsbestimmungen auf föderaler Ebene welche die Zusammenarbeit der Rechtspflegeorgane regeln werden.

b) Erfordernis einer speziellen Vollmacht des Vertreters zur Unterzeichnung einer Schiedsvereinbarung

Art. 13 des Gesetzentwurfs hält an dem bislang in Artikel 203 Abs. 4 Satz 2 ZPO-VAE festgelegten Grundsatz fest, dass eine Schiedsvereinbarung nichtig ist, wenn sie von einer Person unterzeichnet worden ist, die bezüglich des Streitgegenstandes nicht verfügungsbefugt ist. Der Gesetzentwurf weicht insofern von den Vorgaben des UNCITRAL Modellgesetzes 1985 ab, welches keine vergleichbare Vorschrift bereithält. In diesem Zusammenhang ist auf ein Urteil des Kassationsgerichts Dubai vom 6. März 1999[32] hinzuweisen, in welchem das Gericht entschieden hat, dass eine Schiedsvereinbarung, die für eine der Parteien von einem Vertreter unterzeichnet worden ist, dann nicht bindend ist, wenn dieser Vertreter nicht ausdrücklich auch zum Abschluss von Schiedsvereinbarungen

---

jeweilige Vollstreckungsgericht zu prüfen sind, einschließlich eines Verweises auf den Ordre public im jeweiligen Teilemirat.

31 Vgl. oben Fussnote 4.

32 Dubai Kassationsgericht, Urteil 91/1998 vom 6. März 1999.

bevollmächtigt worden ist. Diese Rechtsprechung hätte voraussichtlich auch weiterhin im Hinblick auf den Wortlaut des Gesetzentwurfs Bestand.

c) Einrede des Bestehens einer Schiedsvereinbarung

Art. 15 des Gesetzentwurfs regelt grundsätzlich, dass die Erhebung einer Klage vor den ordentlichen Gerichten unzulässig ist. Die Gerichte prüfen das Vorliegen einer Schiedsvereinbarung jedoch nicht von Amts wegen, sondern nur auf Einrede des Beklagten. Die Regelung des Art. 15 des Gesetzentwurfs weicht vom Wortlaut des Art. 8 Abs. 1 UNCITRAL Modellgesetz 1985 ab, der auf den Zeitpunkt der ersten Einlassung zur Sache im Verfahren abstellt. Demnach ist der Antrag des Beklagten auf Abweisung des Verfahrens vor Stellung jeglicher anderer Anträge erforderlich. Der Wortlaut der Regelung des Gesetzentwurfs lässt weiterhin Fragen offen.

Nach der aktuellen Rechtslage auf der Grundlage der Bestimmungen des Artikel 203 Abs. 5 ZPO-VAE ist die Einrede der Schiedsvereinbarung im ersten Verhandlungstermin zu erheben.[33] Lässt sich die andere Partei rügelos auf das ordentliche Gerichtsverfahren ein, so wird unwiderlegbar vermutet, dass die Parteien auf ihr Recht auf Durchführung eines Schiedsverfahrens verzichtet haben. Zu beachten ist, dass die Rüge der entgegenstehenden Schiedsvereinbarung nach der Rechtsprechung des Kassationsgerichts Dubai im ersten Verhandlungstermin vorgebracht werden muss und es unbeachtlich ist, ob dabei eine sachliche Einlassung erfolgt. Nach der Rechtsprechung der Gerichte in Abu Dhabi gilt der erste Verhandlungstermin als der Termin, in welchem die erste sachliche Einlassung erfolgt ist.[34]

Zu beachten ist, dass vor den lokalen Gerichten der erste Termin oftmals nur zur Aufnahme der Formalia[35] (wie zum Beispiel der Feststellung der ordnungsgemäßen Zustellung der Ladung, Vorlage der Vollmachten) und weiteren Terminsbestimmung dient. Eine Einlassung zur Hauptsache findet regelmäßig nicht statt. Nach dem Wortlaut des Art. 15 des Gesetzentwurfs ist im Zweifel davon auszugehen, dass die Einrede der Schiedsvereinbarung bereits bis spätestens zu diesem Zeitpunkt zu erheben ist, da sonst die Gefahr besteht, dass die lokalen Gerichte von einem Verzicht der Geltendmachung der Schiedsvereinbarung ausgehen. Eine präzisere sprachliche Regelung, die den Zeitpunkt der Geltendmachung der Einrede genauer bezeichnet, wäre angesichts der vorstehend beschriebenen unterschiedlichen Auffassungen der Gerichte in Dubai und Abu Dhabi wünschenswert.

---

33 Siehe dazu auch Dubai Kassationsgericht, Urteil 235/1999 vom 23. Oktober 1999.

34 *Al Tamimi, E.*, Practical Guide to Litigation and Arbitration in the United Arab Emirates, Den Haag 2003, S. 149 f.

35 Ein schriftliches Vorverfahren (§ 276 ZPO), wie in Deutschland üblich, wird von den lokalen Gerichten nicht durchgeführt.

Geht man von der Annahme aus, dass die Einrede der Schiedsvereinbarung zum frühest möglichen Zeitpunkt erfolgen muss, ist dies aus dem deutschen Rechtsverständnis heraus wiederum nicht ungewöhnlich, vergleicht man zum Beispiel die Rügeobliegenheiten des Beklagten nach der vergleichbaren Vorschrift des § 1032 Abs. 1 ZPO[36]. Demnach muss der Beklagte die Einrede der Schiedsvereinbarung bereits vor Beginn der mündlichen Verhandlung zur Hauptsache erheben. Ist dem Beklagten vor der mündlichen Verhandlung eine Frist zur Klageerwiderung gesetzt worden, so hat er die Rüge schon innerhalb dieser Frist geltend zu machen.

d) Befugnis des Schiedsgerichts über die eigene Zuständigkeit und Wirksamkeit der Schiedsvereinbarung zu entscheiden

Eine Frage, die sich im Rahmen von Schiedsverfahren regelmäßig stellt, ist die nach der Zuständigkeit des Schiedsgerichts sowie der Befugnis des Schiedsgerichts über das wirksame Zustandekommen der dem Schiedsverfahren zugrundeliegenden Schiedsvereinbarung – auch mit Bindungswirkung gegenüber den staatlichen Gerichten – zu entscheiden.

Diese Befugnis ist in Artikel 16 UNCITRAL Modellgesetz 1985 verankert. In Deutschland ist die Befugnis des Schiedsgerichts zur Entscheidung über die eigene Zuständigkeit mittlerweile in § 1040 Abs. 1 ZPO normiert. Eine Entscheidung des Schiedsgerichts, die eigene Zuständigkeit betreffend, kann jedoch gemäß § 1040 Abs. 3 ZPO von einer der Parteien angegriffen und vor den ordentlichen Gerichten eine Entscheidung betreffend die Zuständigkeit des Schiedsgerichts in der Sache beantragt werden. Gegenwärtig sieht die ZPO-VAE keine vergleichbare Regelung vor und es ist unter den Rechtsgelehrten in den VAE umstritten, ob ein Schiedsgericht über seine eigene Kompetenz positiv entscheiden kann. Somit kann nach derzeitiger aktueller Rechtslage nicht ausgeschlossen werden, dass eine Partei eine derartige Entscheidung des Schiedsgerichts angreift und die Sache bei den ordentlichen Gerichten anhängig macht, verbunden mit dem Antrag, über die Zuständigkeit des Schiedsgerichts positiv oder negativ zu entscheiden.

Art. 23 des Gesetzentwurfs greift diese Problematik auf und sieht in Anlehnung an Art. 16 UNCITRAL Modellgesetz 1985 nunmehr auch die Befugnis des Schiedsgerichts vor, über die eigene Zuständigkeit einschließlich der Wirksamkeit der Schiedsvereinbarung zu entscheiden. Der Wortlaut von Art. 23 des Gesetzentwurfs ist wie folgt:

Artikel 23

1- Das Schiedsgericht entscheidet bei den Einreden, die mit seiner Nicht-Zuständigkeit in Zusammenhang stehen, einschließlich der Einreden, die auf

36 Vgl. *Walter, G.*, Kapitel 7. Wirkung und Rechtsnatur der Schiedsvereinbarung. In: Schwab/Walter (Hrsg.), Schiedsgerichtsbarkeit, München 2005, S. 49 ff.

der Nicht-Existenz einer Schiedsvereinbarung oder ihrer Hinfälligkeit oder Ungültigkeit aufbauen oder darauf aufbauen, dass sie den Streitgegenstand nicht umfasst.

2- *Solche Einreden müssen erhoben werden bis zu einem Termin, der nicht später liegt als der Termin der Einreichung der Verteidigungsschrift des Beklagten, auf den in Absatz (2) des Artikels 29 dieses Gesetzes verwiesen wird. Daraus, dass eine der beiden Parteien des Schiedsverfahrens einen Schiedsrichter ernannt oder an seiner Ernennung mitgewirkt hat, folgt nicht, dass ihr Recht auf Einreichung jeglicher dieser Einreden hinfällig wird. Die Einrede, dass die Schiedsvereinbarung nicht das umfasst, was die andere Seite an Fragen während der Prüfung des Streites aufwirft, muss sofort erhoben werden. Wenn das nicht geschieht, dann wird das Recht darauf hinfällig. In allen Fällen ist es zulässig, dass das Schiedsgericht die verspätete Einrede akzeptiert, wenn es der Meinung ist, dass die Verspätung aus einem annehmbaren Grunde erfolgte.*

3- *Das Schiedsgericht entscheidet zu den Einreden, auf die in diesem Artikel verwiesen wird, vor der Entscheidung zum Gegenstand, oder beschließt deren Hinzufügung zum Gegenstand, um über beides zusammen zu entscheiden. Wenn es entscheidet, die Einrede abzulehnen, dann kann nur über den Weg der Klageerhebung zur Ungültigkeit des Schiedsspruches, der den ganzen Streitfall beendet, an der Einrede festgehalten werden.*

Gleichwohl ist in diesem Zusammenhang auf Art. 53 des Gesetzentwurfs hinzuweisen. Dieser sieht im Hinblick auf die Frage der Wirksamkeit einer Entscheidung des Schiedsgerichts über eine Schiedsvereinbarung die Möglichkeit vor, diese Entscheidung durch die ordentlichen Gerichte überprüfen zu lassen. Die jeweilige Partei kann bei den lokalen Gerichten beantragen, dass der Schiedsspruch aufgehoben wird, sofern keine wirksame Schiedsvereinbarung vorliegt. Damit hat das lokale Gericht die Möglichkeit, die Entscheidung des Schiedsgerichts über das Vorliegen einer wirksamen Schiedsvereinbarung auch noch nachträglich aufzuheben. Eine richterliche Entscheidung bereits vorab, d.h. im Laufe des Schiedsverfahrens herbeizuführen – wie etwa in § 1040 Abs. 3 ZPO vorgesehen – besteht indes nach dem Gesetzentwurf nicht.

e) Hinterlegung des Schiedsspruches beim zuständigen Gericht

Als eine weitere Besonderheit des Gesetzentwurfes ist die Regelung des Art. 46 Abs. 2 des Gesetzentwurfs anzusehen. Der Wortlaut von Art. 46 Abs. 2 des Gesetzentwurfs lautet wie folgt:

Artikel 46

1- *[...]*

2- *Bei dem Schiedsverfahren, das zwischen den Streitparteien außerhalb des Gerichtes durchgeführt wird, müssen die Schiedsrichter ein unterschriebenes Exemplar des Schiedsspruches jeder Seite übergeben oder zustellen. Derjenige, zu dessen Gunsten der Schiedsspruch gefällt wurde, muss das Original des Schiedsspruches oder eine Kopie davon in der Sprache, in der er ergangen ist mit deren Übersetzung durch eine autorisierte Stelle in die arabische Sprache, wenn er in einer anderen Sprache ergangen ist, beim Gerichtsschreiber, auf den in Artikel (5) dieses Gesetzes verwiesen wurde, innerhalb von 2 Wochen nach Ergehen des Schiedsspruches hinterlegen. Der Gerichtsschreiber stellt eine Niederschrift zu dieser Hinterlegung aus. Jede der beiden Seiten des Schiedsverfahrens kann beantragen, eine Kopie dieser Niederschrift zu erhalten.*

Demnach ist der Schiedsspruch innerhalb von 2 Wochen nach dessen Erlass bei dem nach Art. 5 des Gesetzentwurfs zuständigen Gericht durch die begünstigte Partei zu hinterlegen. Eine vergleichbare Regelung findet sich weder in den aktuellen lokalen Vorschriften der ZPO-VAE noch in den Vorgaben des UNCITRAL Modellgesetzes 1985.

Die praktische Bedeutung der Regelung ist derzeit schwer überschaubar. Nach ihrem Wortlaut ist davon auszugehen, dass sie sowohl für nationale als auch internationale sowie inländische und ausländische Schiedsverfahren gilt. Grundsätzlich bedeutet dies zum Beispiel, dass im Falle eines internationalen Schiedsverfahrens in Handelssachen außerhalb der VAE, bei dem nach Erlass des Schiedsspruches eine Vollstreckung in den VAE begehrt wird, zwingend die fristwahrende Hinterlegung des Schiedsspruches beim Bundesberufungsgericht Abu Dhabi erforderlich wäre.

Es wird zu klären sein, ob eine Fristversäumnis zur Unwirksamkeit des Schiedsspruches, zumindest aus Sicht der VAE Gerichte, führt. In den Bestimmungen zur Angreifbarkeit eines Schiedsspruches (Art. 53 Gesetzentwurf) ist dieser Tatbestand zumindest nicht explizit genannt. Außerhalb der VAE dürfte diese Regelung ohnehin vor dem Hintergrund der Vorgaben des New Yorker Übereinkommens wohl kein Vollstreckungshindernis darstellen.

f) Zeitliche Befristung des Schiedsverfahrens

Für etwas Überraschung sorgt auch die Regelung des Art. 44 des Gesetzentwurfs, der die zeitliche Befristung der Dauer eines Schiedsverfahrens eingehend regelt. Die zeitliche Befristung der Dauer eines Schiedsverfahrens wird vom UNCITRAL Modellgesetz 1985 nicht näher geregelt, ist jedoch bisher bereits in Art. 210 ZPO-VAE verankert. Diese Regelung ist auch im Gesetzentwurf weitgehend beibehalten worden. Demnach ist das Schiedsgericht gehalten, das Schiedsverfahren innerhalb von 6 Monaten nach der ersten mündlichen Verhandlung zu einem Abschluss zu bringen. Gleichwohl ist das Schiedsgericht berechtigt, eine Verlängerung von weiteren 6 Monaten zu gewähren, sofern es diese für notwendig erachtet. Wird das Verfahren nicht fristgemäß abgeschlossen und haben sich die Parteien nicht auf eine weitere Verlängerung der Frist einigen können, so steht es beiden Parteien offen, bei den zuständigen Gerichten eine weitere Verlängerung der Verfahrensdauer zu beantragen bzw. das Schiedsverfahren als gescheitert erklären zu lassen. In letzterem Falle müsste dann ein neues Verfahren vor den ordentlichen Gerichten angestrengt werden.

Angesichts der Tatsache, dass Schiedsverfahren in der Praxis regelmäßig mehr als 6 Monate und oft auch mehr als 12 Monate in Anspruch nehmen, kommt dieser Regelung einige Bedeutung zu. Aus Sicht des Schiedsgerichts ist darauf zu achten, ausdrücklich und rechtzeitig die Fristverlängerung zu erklären, da andererseits die Gefahr besteht, dass über die Einwirkung des lokalen Gerichtes das Verfahren für gescheitert erklärt wird und damit der Rechtsstreit entgegen dem ursprünglichen Willen der Parteien doch bei den ordentlichen Gerichten landet. Hier wird es auch auf die Haltung der zuständigen ordentlichen Gerichte ankommen, d.h. ob tendenziell eher Anträgen auf Verlängerung oder Anträgen auf Erledigung gefolgt werden wird. Welche Kriterien die lokalen Gerichte für ihre Entscheidungsfindung heranziehen werden, ist offen. Auch fehlt eine Regelung, inwieweit die Aussetzung des Schiedsverfahrens zum Beispiel auf Antrag der Parteien den Fristlauf hemmt oder nicht.

Ein Anhaltspunkt hierzu findet sich in Art. 45 des Gesetzentwurfs, der zumindest für den Fall der Aussetzung des Verfahrens durch das Schiedsgericht aufgrund Vorwürfen von Straftaten (wie z.B. Fälschung von Dokumenten) eine Hemmung des Fristlaufs ausdrücklich vorsieht. Dies ist jedoch nur auf diesen speziellen Fall beschränkt. Somit erscheint die gesamte Regelung des Art. 44 des Gesetzentwurfs im Ergebnis fragwürdig und möglicherweise nicht so praxisnah, wie von den Parteien gewünscht. Andererseits mögen diese Anforderungen gleichwohl dazu geeignet sein, das Verfahren insgesamt zu beschleunigen.

g) Überleitungsvorschriften

Letztlich sei noch anzumerken, dass der Gesetzentwurf keinerlei Überleitungsvorschriften vorsieht, mithin die Frage entsteht, ob bei Inkrafttreten des Gesetzes laufende Schiedsverfahren nunmehr nach den neuen Regelungen oder den bisherigen Regelungen der ZPO-VAE zu bewerten sind. Eine klarstellende Regelung wäre sicherlich angebracht. In diesem Zusammenhang ist auch noch ein weiterer Themenkomplex von Bedeutung, nämlich die Frage der Geltung des Gesetzentwurfs für Schiedsverfahren im Dubai International Financial Center (DIFC).

h) Sonderrolle des DIFC

Vorab einige kurze Anmerkungen zum DIFC. Es handelt sich beim DIFC um eine Freihandelszone, die vorrangig für den Bereich des Finanzsektors geschaffen wurde. Zur Gründung des DIFC ist unter anderem im Jahre 2003 die Verfassung der VAE geändert worden, um die Voraussetzungen für die Verabschiedung eines

Gesetzes zu schaffen, mit welchem die Gründung von sogenannten „Financial Free Zones" ermöglicht wurde. Das Bundesgesetz Nr. 8 aus 2004 betreffend Freizonen für das Finanzwesen bildet in diesem Zusammenhang die Grundlage für die Schaffung spezieller, auf Finanzdienstleistungen aller Art ausgerichteter „Financial Free Zones". Gemäß Artikel 3 Abs. 2 dieses Gesetzes unterliegen „Financial Free Zones" grundsätzlich dem VAE-Bundesrecht mit Ausnahme des föderalen Zivilrechts und des föderalen Handels- und Wirtschaftsrechts. Die gesetzliche Grundlage für die Schaffung des DIFC als Freihandelszone bildet ein weiteres Gesetz, welches ebenfalls im Jahr 2004 in Kraft getreten ist und gleichzeitig die Unabhängigkeit des DIFC von den in den VAE und im Emirat Dubai geltenden Rechtsvorschriften fixiert.[37] Danach ist das DIFC als „Financial Free Zone" berechtigt, eigene Regularien zu schaffen, die anstelle der oben genannten bundesrechtlichen oder im Emirat Dubai anwendbaren Rechtsvorschriften und Gesetze für sämtliche im DIFC registrierten Firmen Anwendung finden.

Von dieser Befugnis hat das DIFC Gebrauch gemacht und per Gesetz (Judicial Authority Law)[38] auch ein eigenständiges Gerichtssystem geschaffen, welches sich von seiner Ausrichtung her stark am anglo-amerikanischen Gerichtssystem orientiert. Die Jurisdiktion der DIFC-Gerichte bezieht sich auf alle zivil- und wirtschaftsrechtlichen Angelegenheiten, wobei beispielsweise Strafsachen weiterhin der Jurisdiktion der ordentlichen Gerichte, hier also den ordentlichen Gerichten im Emirat Dubai, unterliegen. Urteile der DIFC-Gerichte sind gemäß Artikel 7 Abs. 2 Judicial Authority Law nach Vorlage an die ordentlichen Gerichte in Dubai vollstreckbar. Gemäß Artikel 7 Abs. 3 Judicial Authority Law findet eine inhaltliche Überprüfung von Urteilen der DIFC-Gerichte durch die ordentlichen Gerichte in Dubai grundsätzlich nicht statt. Allerdings hat es in der jüngeren Vergangenheit insbesondere im Hinblick auf diesen Punkt eine Vielzahl von Diskussionen gegeben, so dass momentan die praktische Umsetzung der Kooperation der DIFC-Gerichte mit den ordentlichen Gerichten der VAE im Staatsgebiet unklar ist.

Interessant im Lichte des Gesetzentwurfs bzw. auch der derzeit bestehenden Regelungen der ZPO-VAE ist das DIFC-LCIA Arbitration Centre, welches im Februar 2008 im DIFC in Zusammenarbeit mit dem London Court of International Arbitration (LCIA) errichtet worden ist. Das DIFC-LCIA Arbitration Centre ist als eigene Rechtspersönlichkeit in das DIFC und dessen Regelwerk eingebettet, der rechtliche Rahmen wird durch das DIFC Arbitration Law[39] gegeben. Das DIFC Arbitration Law basiert (wie auch die DIAC Rules) auf dem UNCITRAL Modellgesetz 1985.

---

37 Dubai Gesetz Nr. 9/2004 „Das Gesetz des Dubai International Financial Centre".

38 DIFC Law No. (12) of 2004 "Law of the Judicial Authority at Dubai International Financial Centre" (Judicial Authority Law).

39 DIFC Law No. 1 of 2008.

Fraglich ist, ob der Gesetzentwurf auf Schiedsverfahren im DIFC Anwendung findet, was grundsätzlich aufgrund der Sonderstellung des DIFC und der bestehenden eigenen Gesetze wohl nicht anzunehmen ist. Gleichwohl kommt dem Gesetzentwurf wohl spätestens bei der Frage der Vollstreckung von Schiedssprüchen aus Schiedsverfahren im DIFC Bedeutung zu. Die DIFC-Gerichte haben mit den Gerichten in Dubai ein Memorandum of Understanding[40] gezeichnet, welches unter anderem die Einigung auf ein Protokoll für die Vollstreckung von Urteilen der DIFC-Gerichte vorsieht, das gleichermaßen auf Schiedssprüche anwendbar ist. Für Schiedssprüche aus Schiedsverfahren mit Sitz im DIFC gilt demnach, dass diese zunächst durch die DIFC-Gerichte zu ratifizieren sind[41] und anschließend durch die Gerichte in Dubai die Vollstreckung auf der Grundlage des vorstehend genannten Memorandum of Understanding erfolgt. Die Zuweisung der Vollstreckung an die Gerichte in Dubai widerspräche jedoch zumindest für internationale Schiedsverfahren in Handelssachen den Bestimmungen des Modelgesetzes, da diese gemäß Art. 5 des Gesetzentwurfs dem Bundesberufungsgericht in Abu Dhabi zugewiesen sind. Eine Klarstellung wäre diesbezüglich sicherlich geboten.

4. Schlussbemerkung

Der Gesetzentwurf stellt sicherlich einen erheblichen Fortschritt gegenüber den derzeit bestehenden gesetzlichen Regelungen der ZPO-VAE zum Schiedsverfahrensrecht dar, auch wenn einige Problemkreise weiterhin diskussionswürdig sind. Es bleibt abzuwarten ob und in welcher Form der Gesetzentwurf tatsächlich in der Zukunft verabschiedet werden wird. Der Reformprozess der VAE im Bereich der Gesetzgebung ist im Hinblick auf die Schaffung weiterhin verbesserter Investitionsbedingungen, zu denen ein gut funktionierendes Rechtssystem einschließlich der erforderlichen Rechtssicherheit zweifelsohne gehören, weiter vorangetrieben worden, auch wenn sich das Tempo „gefühlt“ verlangsamt hat. Weiterhin gilt, dass die VAE im Vergleich zu den anderen GCC Staaten diesbezüglich wohl die beste Transparenz bieten. Für die wirtschaftliche Entwicklung der Region in Zeiten einer weltweiten Wirtschaftskrise sind diese Faktoren von nicht zu unterschätzender Bedeutung.

---

40 “2009 Memorandum of Understanding between Dubai Courts and DIFC Courts”; weitere Memoranda wurden mit den Gerichten von Ras Al Khaimah und dem Justizministerium in Abu Dhabi gezeichnet.

41 Art. 42 f. DIFC Law No. 1 of 2008.

مشروع قانون اتحادي رقم ( ) لسنة 2010 في شأن التحكيم

نحن خليفة بن زايد بن سلطان آل نهيان – رئيس دولة الامارات العربية المتحدة،

بعد الاطلاع على الدستور،

و على القانون الاتحادي رقم (1) لسنة 1972 بشأن اختصاصات الوزارات و صلاحيات الوزراء و القوانين المعدلة له،

و على قانون المعاملات المدنية الصادر بالقانون الاتحادي رقم(5) لسنة 1985 و القوانين المعدلة له،

و على قانون الإثبات في المعاملات المدنية و التجارية الصادر بالقانون الاتحادي رقم (10) لسنة 1992،

و على قانون الإجراءات المدنية الصادر بالقانون الاتحادي رقم (11) لسنة 1992 و القوانين المعدلة له،

و على قانون الإجراءات الجزائية الصادر بالقانون الاتحادي رقم (35) لسنة 1992 و القوانين المعدلة له،

و على القانون الاتحادي رقم (1) لسنة 2006 بشأن المعاملات و التجارة الالكترونية،

و بناء على ما عرضه وزير الاقتصاد، و موافقة مجلس الوزراء، و المجلس الوطني الاتحادي، و تصديق المجلس الأعلى للاتحاد.

أصدرنا القانون التالي:

الباب الأول

تعاريف

مادة (1)

يكون للكلمات و العبارات التالية المعاني المبينة قرين كل منها ما لم يقض سياق النص بغير ذلك:

الدولة: دولة الامارات العربية المتحدة

اتفاق التحكيم: اتفاق أطراف التحكيم بإرادتهم الحرة على إحالة نزاعهم للتحكيم

هيئة التحكيم: الهيئة المشكلة من محكم فرد أو أكثر للفصل في النزاع المحال للتحكيم

الباب الثاني
أحكام عامة

مادة (2)

مع عدم الإخلال بالاتفاقيات الدولية المعمول بها في دولة الإمارات العربية المتحدة، تسري أحكام هذا القانون على كل تحكيم بين أطراف من أشخاص القانون العام أو القانون الخاص، أيا كانت طبيعة العلاقة القانونية التي يدور حولها النزاع، إذا كان هذا التحكيم يجري في الدولة، أو كان تحكيما تجاريا دوليا يجري في الخارج و اتفق أطرافه على إخضاعه لأحكام هذا القانون.

مادة (3)

يكون التحكيم تجاريا في حكم هذا القانون إذا نشأ النزاع بشأن علاقة قانونية ذات طبع إقتصادي، عقدية كانت أو غير عقدية، و يشمل ذلك على سبيل المثال، توريد السلع أو الخدمات و الوكالات التجارية و عقود التشييد و الخبرة الهندسية أو الفنية و منح التراخيص الصناعية و السياحية و غيرها، و نقل التكنولوجيا و الاستثمار و عقود التنمية و عمليات البنوك و التأمين و النقل و عمليات تنقيب و استخراج الثروات الطبيعية و توليد أو توريد الطاقة و مد أنابيب الغاز أو النفط و شق الطرق و الأنفاق و استصلاح الأراضي و حماية البيئة و إقامة المفاعلات النووية.

مادة (4)

يكون التحكيم دوليا في حكم هذا القانون – حتى لو جرى في الدولة – إذا كان موضوع النزاع متعلقا بالتجارة الدولية و ذلك في إحدى الحالات الآتية:

1. إذا كان المركز الرئيسي لأعمال كل من طرفي التحكيم يقع في دولتين مختلفتين وقت ابرام اتفاق التحكيم. فإذا كان لأحد الطرفين عدة مراكز أعمال، فالعبرة بالمركز الأكثر ارتباطا بموضوع اتفاق التحكيم. و إذا لم يكن لأحد طرفي التحكيم مركز أعمال، فالعبرة بمحل اقامته المعتاد.
2. إذا كان المركز الرئيسي لأعمال كل من طرفي التحكيم يقع في ذات الدولة وقت ابرام اتفاق التحكيم، و كان أحد الأماكن التالية واقعا خارج هذه الدولة:

(أ) مكان إجراء التحكيم كما عينه اتفاق التحكيم أو أشار إلى كيفية تعيينه.

(ب) مكان تنفيذ جانب جوهري من الالتزامات الناشئة عن العلاقات التجارية بين الطرفين.

(ج) المكان الأكثر ارتباطا بموضوع النزاع.

3. إذا كان موضوع النزاع الذي ينصب عليه اتفاق التحكيم يرتبط بأكثر من دولة واحدة.

مادة (5)

1. يكون الاختصاص بنظر مسائل التحكيم التي يحيلها هذا القانون إلى القضاء في الدولة للمحكمة المختصة أصلا بنظر النزاع سواء كانت تابعة للقضاء الاتحادي للدولة أو القضاء المحلي، أما إذا كان التحكيم تجاريا دوليا سواء جرى في الدولة أو في الخارج فيكون الاختصاص لمحكمة استئناف أبو ظبي الاتحادية ما لم يتفق الطرفان علىاختصاص محكمة استئناف أخرى في الدولة.

2. و تظل المحكمة التي ينعقد لها الاختصاص وفقا للفقرة السابقة دون غيرها صاحبة الاختصاص حتى انتهاء جميع إجراءات التحكيم.

مادة (6)

يجوز للمحكمة المشار اليها في المادة (5) أن تأمر – بناء على طلب أحد طرفي التحكيم أو بناء على طلب هيئة التحكيم – باتخاذ تدابير مؤقتة أو تحفظية سواء قبل البدء في إجراءات التحكيم أو أثناء سير تلك الإجراءات.

و لا يترتب على إتخاذ المحكمة التدابير المشار اليها وقف إجراءات التحكيم.

مادة (7)

في الأحوال التي يجيز فيها هذا القانون لطرفي التحكيم اختيار الإجراء الواجب الاتباع في مسألة معينة يكون لكل منهما الترخيص لغيرهما في اختيار هذا الإجراء، و يعتبر من الغير في هذا الشأن كل منظمة أو مركز للتحكيم داخل الدولة أو خارجها.

مادة (8)

اذا اتفق طرفا التحكيم على اخضاع العلاقة القانونية بينهما لأحكام عقد نموزجي أو اتفاقية دولية أو أية وثيقة أخرى، و جب العمل بهذه الأحكام بما تشمله من أحكام خاصة بالتحكيم.

مادة (9)

1. ما لم يوجد اتفاق خاص بين طرفي التحكيم يتم تسليم أي رسالة أو إعلان إلى المرسل إليه شخصيا أو في مقر عمله أو في محل إقامته المعتاد أو في عنوانه البريدي المعروف للطرفين أو المحدد في مشارطة التحكيم او في الوثيقة المنظمة للعلاقة التي يتناولها التحكيم.
2. و إذا تعذر معرفة أحد هذه العناوين بعد إجراء التحريات اللازمة يعتبر التسليم قد تم إذا كان الإعلان بكتاب مسجل الى آخر مقر عمل أو محل إقامة معتاد أو عنوان بريدي معروف للمرسل اليه.
3. لا تسري أحكام هذه المادة على الإعلانات القضائية أمام المحاكم.

مادة (10)

إذا استمر أحد طرفي النزاع في إجراءات التحكيم مع علمه بوقوع مخالفة لبند في اتفاق التحكيم، أو لحكم من أحكام هذا القانون مما يجوز الاتفاق على مخالفته، و لم يقدم اعتراضا على هذه المخالفة في الميعاد المتفق عليه أو في وقت معقول – عند عدم الاتفاق – اعتبر ذلك منه نزولا عن حقة في الإعتراض.

الباب الثالث
اتفاق التحكيم

مادة (11)

1. اتفاق التحكيم هو اتفاق بين الطرفين على الالتجاء الى التحكيم لتسوية كل أو بعض المنازعات التي نشأت أو يمكن أن تنشأ بينهما بمناسبة علاقة قانونية معينة عقدية كانت أو غير عقدية.
2. يجوز أن يكون اتفاق التحكيم سابقا على قيام النزاع سواء قام مستقلا بذاته أو ورد في عقد معين بشأن كل أو بعض المنازعات التي قد تنشأ بين الطرفين و في هذه الحالة يجب أن يحدد موضوع النزاع في بيان الدعوى المشار اليه في الفقرة الأولى من المادة (30) من هذا القانون، كما يجوز أن يتم اتفاق التحكيم بعد قيام النزاع و لو كانت قد أقيمت في شأنه دعوى أمام جهة قضائية و في هذه الحالة يجب أن يحدد الاتفاق المسائل التي يشملها التحكيم و إلا كان الاتفاق باطلا.
3. و يعتبر اتفاقا على التحكيم كل احالة ترد في العقد إلى وثيقة تتضمن شرط تحكيم إذا كانت الإحالة واضحة في اعتبار هذا الشرط جزءا من العقد.
4. يعتبر شرط التحكيم اتفاقا مستقلا عن شروط العقد الأخرى، ولا يترتب على بطلان العقد أو فسخه أو انهائه أي أثر على شرط التحكيم الذي يتضمنه إذا كان هذا الشرط صحيحا في ذاته.

مادة (12)

يجب أن يكون اتفاق التحكيم مكتوبا و إلا كان باطلا، و يكون الاتفاق مكتوبا إذا تضمنه محرر وقعه الطرفان أو ورد فيما تبادله الطرفان من رسائل أو برقيات أو غيرها من وسائل الاتصال المكتوبة أو تم بموجب رسالة الكترونية وفقا للقواعد النافذة بشأن المعاملات الاكترونية.

مادة (13)

لا يجوز الاتفاق على التحكيم إلا من الشخص الطبيعي أو الاعتباري الذي يملك التصرف في حقوقه.

مادة (14)

لا يجوز التحكيم في المسائل التي لا يجوز فيها الصلح.

مادة (15)

1. يجب على المحكمة التي يرفع اليها نزاع يوجد بشأنه اتفاق تحكيم، أن تحكم بعدم قبول الدعوى إذا دفع المدعي عليه بذلك قبل ابدائه أي طلب أو دفاع في الدعوى. و ذلك ما لم يتضح للمحكمة أن الاتفاق باطل أو لاغ أو يستحيل تنفيذه.
2. ولا يحول رفع الدعوى المشار إليها في الفقرة السابقة دون البدء في إجراءات التحكيم أو الاستمرار فيها أو إصدار حكم التحكيم.

الباب الرابع

هيئة التحكيم

مادة (16)

1. يتولى مهمة التحكيم شخص طبيعي، و إذا كانت الجهة التي تتولى التحكيم شخصا اعتباريا فإن مهمتها تقتصر على تنظيم عملية التحكيم.
2. تشكل هيئة التحكيم باتفاق الطرفين من محكم واحد أو أكثر، فإذا لم يتفقا على عدد المحكمين كان العدد ثلاثة.
3. إذا تعدد المحكمون وجب أن يكون عددهم وترا و إلا كان التحكيم باطلا.

مادة (17)

1. لا يجوز أن يكون المحكم قاصرا أو محجورا عليه أو محروما من حقوقه المدنية بسبب الحكم عليه في جناية أو جنحة مخلة بالشرف أو الأمانة أو بسبب شهر إفلاسه.

2. لا يشترط أن يكون المحكم من جنسية معينة إلا إذا اتفق طرفا التحكيم أو نص القانون على غير ذلك.

مادة (18)

1. لطرفي التحكيم الاتفاق على اختيار المحكمين و على كيفية و وقت اختيارهم، فإذا لم يتفقا اتبع ما يأتي:

أ. إذا كانت هيئة التحكيم مشكلة من محكم واحد تولت المحكمة المشار إليها في المادة (5) من هذا القانون اختياره بناء على طلب أحد الطرفين.

ب. فإذا كانت هيئة المحكمين مشكلة من ثلاث محكمين أختار كل طرف محكما، ثم يتفق المحكمان على اختيار المحكم الثالث فإذا لم يعين أحد الطرفين محكمه خلال الخمسة عشر يوما التالية لتسلمه طلبا بذلك من الطرف الأخر أو إذا لم يتفق المحكمان المعينان على اختيار المحكم الثالث خلال الخمسة عشر يوما التالية لتاريخ تعيين اخرهما تولت المحكمة المشار إليها في المادة (5) من هذا القانون تعيينه بناء على طلب أحد الطرفين و يتولى المحكم الذي اختاره المحكمان المعينان أو الذي عينته المحكمة رئاسة هيئة التحكيم، و تسري هذه الأحكام في حالة تشكيل هيئة التحكيم من أكثر من ثلاثة محكمين.

2. و إذا خالف أحد الطرفين إجراءات اختيار المحكمين التي اتفقا عليها أو لم يتفقا أصلا على تلك الإجراءات أو لم يتفق المحكمان المعينان على أمر مما يلزم اتفاقهما عليه، أو تخلف الغير – حتى لو كان مركز تحكيم – عن أداء ما عهد إليه به في هذا الشأن، تولت المحكمة المشار إليها في المادة (5) من هذا القانون بناء على طلب أحد الطرفين القيام بالإجراء أو بالعمل المطلوب ما لم ينص الاتفاق على كيفية أخرى لإتمام الإجراء أو العمل.

3. و تراعي المحكمة في المحكم الذي تختاره الشروط التي يتطلبها هذا القانون و تلك التي اتفق عليها الطرفان و تصدر حكمها على وجه السرعة، و لا يقبل هذا الحكم الطعن فيه بأي طريق.

و إذا كان التحكيم دوليا فيتعين ألا يكون المحكم إذا كان فردا أو رئيسا لهيئة التحكيم من جنسية أحد أطراف النزاع.

مادة (19)

1. يكون قبول المحكم القيام بمهمته كتابة و يجب عليه أن يفصح عند قبوله و خلال مباشرته لإجراءات التحكيم عن أية ظروف من شأنها إثارة شكوك حول استقلاله أو حيدته.
2. لا يجوز رد المحكم إلا إذا قامت ظروف تثير شكوكا لها ما يبررها حول حيدته أو استقلاله.
3. لا يجوز لأي من طرفي التحكيم رد المحكم الذي عينه أو الذي اشترك في تعيينه إلا لسبب تبينه بعد أن تم هذا التعيين.

مادة (20)

1. يقدم طلب الرد كتابة إلى هيئة التحكيم مبينا فيه أسباب الرد خلال خمسة عشر يوما من تاريخ علم طالب الرد بتشكيل الهيئة أو بالظروف المبررة للرد، فإذا لم يتنح المحكم المطلوب رده خلال سبعة أيام من تاريخ تقديم الطلب جاز لطالب الرد رفع طلبه إلى المحكمة المشالا إليها في المادة (5) من هذا القانون خلال خمسة عشر يوما تبدأ من نهاية السبعة أيام و تبت المحكمة في طلب الرد على وحه السرعة، و يكون حكمها غير قابل للطعن.
2. لا يترتب على تقديم طلب الرد إلى هيئة التحكيم، أو على رفع هذا الطلب إلى المحكمة وقف إجراءات التحكيم اللاحقة لتاريخ نشوء سبب الرد بما في ذلك حكم المحكمين كأن لم يكن.

مادة (21)

إذا تعذر على المحكم أداء مهنته أو لم يباشرها، أو انقطع عن أدائها بما يؤدي إلى تأخير لا مبرر له في إجراءات التحكيم، أو إذا ثبت افتقاره لمؤهلات سبق أن اتفق طرفا التحكيم على استلزامها و لم يتنح و لم يتفق الطرفان على عزله، جاز للمحكمة المشار اليها في المادة (5) من هذا القانون إنهاء مهمته بناء على طلب أي من الطرفين، و يكون الحكم الصادر في هذا الشأن غير قابل للطعن.

مادة (22)

1. إذا انتهت مهمة المحكم برده أو عزله أو تنحيه أو بأي سبب أخر وجب تعيين بديل له وفقا للإجراءات التي تتبع في اختيار المحكم الذي انتهت مهمته.
2. لا يعتبر تنحي المحكم عن مهمته أو اتفاق الطرفين على ذلك الإنهاء إقرارا بصحة أي من أسباب الرد.

مادة (23)

1. تفصل هيئة التحكيم في الدفوع المتعلقة بعدم اختصاصها بما في ذلك الدفوع المبنية على عدم وجود اتفاق تحكيم أو سقوطه أو بطلانه أو عدم شموله لموضوع النزاع.
2. يجب التمسك بهذه الدفوع في ميعاد لا يجاوز ميعاد تقديم دفاع المدعي عليه المشار إليه في البند (2) من المادة (29) من هذا القانون. ولا يترتب على قيام أحد طرفي التحكيم بتعيين محكم أو الاشتراك في تعيينه سقوط حقه في تقديم أي من هذه الدفوع، أما الدفع بعدم شمول اتفاق التحكيم لما يثيره الطرف الأخر من مسائل أثناء نظر النزاع فيجب التمسك به فورا و إلا سقط الحق فيه و يجوز في جميع الأحوال أن تقبل هيئة التحكيم الدفع المتأخر إذا رأت أن التأخير كان لسبب مقبول.
3. تفصل هيئة التحكيم في الدفوع المشار إليها في هذه المادة قبل الفصل في الموضوع، أو تقرر ضمها للموضوع لتفصل فيهما معا، فإذا قضت برفض الدفع فلا يجوز التمسك به إلا بطريق رفع دعوى بطلان حكم التحكيم المنهي للخصومة كلها.

الباب السادس
إجراءات التحكيم

مادة (24)

لأطراف التحكيم الاتفاق على الإجراءات التي يتعين على هيئة التحكيم اتباعها بما في ذلك إخضاع هذه الإجراءات للقواعد النافذة في أية منظمة أو مركز تحكيم في الدولة أو خارجها.
فإذا لم يوجد مثل هذا الاتفاق كان لهيئة التحكيم مع مراعاة أحكام هذا القانون أن تختار الإجراءات التي تراها مناسبة.

مادة (25)

يعامل طرفا التحكيم على قدم المساواة و تهيأ لكل منهما فرصة متكافئة و كاملة لعرض طلباته و دفاعه.

مادة (26)

تبدأ إجراءات التحكيم من تاريخ انعقاد الجلسة الأولى التي تحددها هيئة التحكيم.

مادة (27)

لطرفي التحكيم الاتفاق على مكان التحكيم فإذا لم يوجد اتفاق، عينت هيئة التحكيم مكان التحكيم، مع مراعاة ظروف الدعوى، و ملاءمة المكان لأطرافها، و لا يخل ذلك بسلطة الهيئة أن تجتمع في أي مكان تراه مناسبا للقيام بإجراء من إجراءات التحكيم كسماع أطراف النزاع أو الشهود أو الخبراء أو الاطلاع على مستندات أو معاينة بضاعة أو أموال أو إجراء مداولة بين أعضائها أو غير ذلك.

مادة (28)

1. يجري التحكيم باللغة العربية ما لم يتفق الطرفان أو تحدد هيئة التحكيم لغة أو لغات أخرى، و يسري حكم الاتفاق أو القرار على لغة البيانات و المذكرات المكتوبة و على المرافعات الشفهية، و كذلك على كل قرار تتخذه الهيئة أو رسالة توجهها أو حكم تصدره ما لم ينص اتفاق الطرفين أو قرار الهيئة على غير ذلك.
2. لهيئة التحكيم أن تقرر إرفاق ترجمة إلى اللغة أو اللغات المستعملة في التحكيم لكل أو لبعض الوثائق المكتوبة التي تقدم في الدعوى، و في حالة تعدد اللغات يجوز قصر الترجمة على بعضها.

مادة (29)

1. يرسل المدعي خلال الميعاد المتفق عليه بين الطرفين أو الذي تعينه هيئة التحكيم إلى المدعى عليه و إلى كل واحد من المحكمين بيانا مكتوبا بدعواه يشتمل على اسمه و عنوانه و اسم المدعى عليه و عنوانه و شرح لوقائع الدعوى و تحديد للمسائل محل النزاع و طلباته و كل أمر أخر يوجب اتفاق الطرفين ذكره في هذا البيان.
2. يرسل المدعى عليه خلال الميعاد المتفق عليه بين الطرفين أو الذي تعينه هيئة التحكيم إلى المدعي و إلى كل واحد من المحكمينمذكرة مكتوبة بدفاعه ردا على ما جاء ببيان الدعوى، و له أن يضمن هذه المذكرة أية طلبات عارضة متصلة بموضوع النزاع أو أن يتمسك بحق ناشئ عنه بقصد الدفع بالمقاصة، و له ذلك و لو في مرحلة لاحقة من الإجراءات إذا رأت هيئة التحكيم أن الظروف تبرر التأخير.
3. لكل من الطرفين أن يرفق بصحيفة الدعوى أو بمذكرة الدفاع حسب الأحوال صورا من الوثائق التي يستند إليها، و أن يشير إلى كل أو بعض الوثائق و أدلة الإثبات التي يعتزم تقديمها و لا يخل هذا بحق هيئة التحكيم في أي مرحلة كانت عليها الدعوى في طلب تقديم أصول المستندات أو الوثائق التي يستند إليها أي من طرفي الدعوى.

مادة (30)

ترسل صورة مما يقدمه أحد الطرفين إلى هيئة التحكيم من مذكرات أو مستندات أو أوراق أو تقارير و غيرها إلى الطرف الأخر.

مادة (31)

لكل من طرفي التحكيم تعديل طلباته أو أوجه دفاعه أو استكمالها خلال إجراءات التحكيم ما لم تقرر هيئة التحكيم عدم قبول ذلك منعا لتعطيل الفصل في النزاع.

مادة (32)

1. تعقد هيئة التحكيم جلاسات مرافعة لتمكين كل من الطرفين من شرح موضوع الدعوى و عرض حججه و أدلته، و لها الاكتفاء بتقديم المذكرات و الوثائق ما لم يتفق الطرفان على غير ذلك.
2. و يجب إخطار طرفي التحكيم بمواعيد الجلسات و الاجتماعات التي تقرر هيئة التحكيم عقدها قبل التاريخ الذي تعينه لذلك بوقت كاف تقدره الهيئة حسب الظروف.
3. تدون خلاصة وقائع كل جلسة تعقدها هيئة التحكيم في محضر تسلم صورة منه إلى كل من الطرفين ما لم يتفقا على غير ذلك.
4. يكون سماع الشهود و الخبراء بعد أداء اليمين وفق الصيغة التي تقررها هيئة التحكيم.

مادة (33)

إذا لم يقدم المدعي دون عذر مقبول صحيفة دعواه وفقا للبند (1) من المادة (29) من هذا القانون، وجب أن تقرر هيئة التحكيم إنهاء الإجراءات ما لم يتفق الطرفان على غير ذلك.

مادة (34)

إذا تخلف أحد الطرفين عن حضور إحدى الجلسات أو عن تقديم ما طلب منه من مستندات دون عذر مقبول جاز لهيئة التحكيم الاستمرار في إجراءات التحكيم و إصدار حكم في النزاع استنادا ألى عناصر الإثبات الموجودة أمامها.

مادة (35)

1. لهيئة التحكيم تعيين خبير أو أكثر لتقديم تقرير مكتوب أو شفهي و تحدد مهمته في محضر الجلسة و ترسل إلى كل من الطرفين نسخة من قراراها.

2. و على كل من الطرفين أن يقدم إلى الخبير المعلومات المتعلقة بالنزاع و أن يمكنه من معاينة و فحص ما يطلبه من وثائق أو بضائع أو أموال متعلقة بالنزاع، و تفصل هيئة التحكيم في كل نزاع ينشأ بين الخبير و أحد الطرفين في هذا الشأن.
3. ترسل هيئة التحكيم صورة من تقرير الخبير بمجرد إيداعه إلى كل من الطرفين مع اتاحة الفرصة لأي منهما لإبداء رأيه فيه، و لكل من الطرفين الحق في الاطلاع على الوثائق التي استند إليها الخبير في تقريره و فحصها و الرد عليها.
4. لهيئة التحكيم بعد تقديم تقرير الخبير أن تقرر من تلقاء نفسها أو بناء على طلب أحد طرفي التحكيم، عقد جلسة لسماع أقوال الخبير مع اتاحة الفرصة للطرفين لسماعه و مناقشته بشأن ما ورد في تقريره، و لكل من الطرفين أن يستعين بخبير أو أكثر من طرفه لإبداء الرأي في المسائل التي تناولها تقرير الخبير الذي عينته هيئة التحكيم ما لم يتفق طرفا التحكيم على غير ذلك.

مادة (36)

لهيئة التحكيم و لأي من الطرفين طلب المساعدة من المحكمة المختصة في الدولة للحصول على أدلة، و للمحكمة المعنية تنفيذ الطلب في حدود سلطتها و وفقا لقواعدها الخاصة بالحصول على الأدلة.

مادة (37)

لرئيس المحكمة المشار إليها في المادة (5) من هذا القانون بناء على طل هيئة التحكيم ما يأتي:
1. الحكم على من يتخلف من الشهود عن الحضور أو يمتنع عن حلف اليمين أو يمتنع بغير مبرر قانوني عن الإجابة بالجزاءات المقررة قانونا.
2. تكليف الغير بإبراز مستند في حوزته ضروري للفصل في النزاع.
3. الأمر بالإنابة القضائية.

مادة (38)

ينقطع سير الخصومة أمام هيئة التحكيم في الأحوال و وفقا للشروط المقررة في قانون الإجراءات المدنية، و يترتب على انقطاع سير الخصومة الآثار المقررة لذلك في القانون المذكور.

الباب السابع

حكم التحكيم و انهاء الإجراءات

مادة (39)

1. تطبق هيئة التحكيم على موضوع النزاع القواعد التي يتفق عليها الطرفان، و إذا اتفقا على تطبيق قانون دولة معينة اتبعت القواعد الموضوعية فيه دون القواعد الخاصة بتنازع القوانين ما لم يتفق على غير ذلك.
2. و إذا لم يتفق الطرفان على القواعد القانونية واجبة التطبيق على موضوع النزاع، طبقت هيئة التحكيم القواعد الموضوعية في القانون الذي ترى أنه الأكثر اتصالا بالنزاع.
3. يجب أن تراعي هيئة التحكيم عند الفصل في موضوع النزاع شروط العقد محل النزاع و الأعراف الجارية في نوع المعاملة و ما جرى عليه التعامل بين الطرفين.
4. يجوز لهيئة التحكيم، إذا اتفق طرفا التحكيم صراحة على تفويضها بالصلح، أن تفصل في موضوع النزاع على مقتضى قواعد العدالة و الإنصاف دون التقيد بأحكام القانون.

مادة (40)

يصدر حكم هيئة التحكيم المشكلة من أكثر من محكم واحد بأغلبية الأراء.

مادة (41)

إذا اتفق الطرفان خلال إجراءات التحكيم على تسوية تنهي النزاع كان لهما أن يطلبا إثبات شروط التسوية أمام هيئة التحكيم التي يجب عليها في هذه الحالة أن تصدر قرارا يتضمن شروط التسوية و ينهي الإجراءات. و يكون لهذا القرار ما لأحكام المحكمين من آثار.

مادة (42)

1. يصدر حكم التحكيم كتابة، و إذا كانت هيئة التحكيم مشكلة من أكثر من محكم صدر الحكم بأغلبية الآراء. و إذا تشعبت آراء المحكمين بحيث لا تتحقق معها الأغلبية أصدر رئيس الهيئة الحكم و تجب كتابة الرأي أو الآراء المخالفة.
2. يوقع المحكمون الحكم، و إذا رفض واحد من المحكمين توقيع الحكم ذكر ذلك فيه، و يكون الحكم صحيحا إذا وقعته أغلبية المحكمين.
3. يجب أن يكون حكم التحكيم مسببا إلا إذا اتفق طرفا التحكيم على غير ذلك أو كان القانون الواجب التطبيق على إجراءات التحكيم لا يشترط ذكر أسباب الحكم.
4. يجب أن يشتمل حكم التحكيم على أسماء الخصوم و عناوينهم و أسماء المحكمين و جنسياتهم و مكان و تاريخ إصداره و صورة من اتفاق التحكيم و ملخص لطلبات الخصوم و أقوالهم و مستنداتهم و منطوق الحكم و أسبابه إذا كان ذكرها واجبا.

مادة (43)

يجوز أن تصدر هيئة التحكيم أحكاما وقتية أو في جزء من الطلبات، و ذلك قبل إصدار الحكم المنهي للخصومة كلها.

مادة (44)

1. على هيئة التحكيم إصدار الحكم المنهي للخصومة كلها خلال الميعاد الذي اتفق عليه الطرفان، فإن لم يوجد اتفاق وجب أن يصدر الحكم خلال ستة أشهر من تاريخ عقد أول جلسة و في جميع الأحوال يجوز أن تقرر هيئة التحكيم مد الميعاد على ألا تزيد فترة المد على ستة أشهر ما لم يتفق الطرفان على مدة تزيد على ذلك.
2. إذا لم يصدر حكم التحكيم خلال الميعاد المشار إليه في البند السابق، جاز لأي من طرفي التحكيم أن يطلب من رئيس المحكمة المشار إليها في المادة (5) من هذا القانون أن يصدر أمرا بتحديد

ميعاد إضافي أو بإنهاء إجراءات التحكيم و يكون لأي من الطرفين عندئذ رفع دعواه إلى المحكمة المختصة أصلا بنظرها.

مادة (45)

إذا عرضت خلال إجراءات التحكيم مسألة تخرج عن ولاية هيئة التحكيم أو طعن بالتزوير في ورقة قدمت إليها، أو اتخذت إجراءات جنائية عن تزويرها أو عن فعل جنائي آخر، فلهيئة التحكيم الاستمرار في نظر موضوع النزاع إذا رأت أن الفصل في هذه المسألة أو في تزوير الورقة أو في الفعل الجنائي الأخر ليس لازما للفصل في موضوع النزاع، و إلا أوقفت الإجراءات حتى يصدر حكم نهائي في هذا الشأن. و يترتب على ذلك وقف سريان الميعاد المحدد لإصدار حكم التحكيم.

مادة (46)

1. في التحكيم الذي يتم عن طريق المحكمة –أيا كانت درجتها أو نوعها- يجب على المحكمين إيداع الحكم مع اتفاق التحكيم و المحاضر و المستندات قلم كتاب تلك المحكمة خلال الخمسة عشر يوما التالية لصدور الحكم، كما يجب عليهم إيداع صور موقعة من الحكم لتسليمها إلى كل طرف و يحرر كاتب المحكمة محضرا بهذا الإيداع يعرضه على القاضي أو رئيس الدائرة بحسب الأحوال لتحديد جلسة خلال خمسة عشر يوما للتصديق على الحكم و يعلن بها الأطراف.
2. أما في التحكيم الذي يتم بين الخصوم خارج المحكمة فيجب على المحكمين أن يسلموا أو يرسلوا صورة موقعة من الحكم إلى كل طرف، وعلى من صدر لصالحه حكم التحكيم إيداع أصل الحكم أو صورة منه باللغة التي صدر بها مع ترجمته من جهة معتمدة إلى اللغة العربية، إذا كان صادرا بلغة أخرى، و ذلك قلم كتاب المحكمة المشار إليها في المادة (5) من هذا القانون خلال أسبوعين من صدور الحكم.

ويحرر كاتب المحكمة محضرا بهذا الإيداع و يجوز لكل من طرفي التحكيم طلب الحصول على صورة من هذا المحضر.

مادة (47)

1. تنتهي إجراءات التحكيم بصدور الحكم المنهي للخصومة كلها، أو بصدور أمر بإنهاء إجراءات التحكيم وفقا للبند الثاني من المادة (44) من هذا القانون. كما تنتهي أيضا بصدور قرار من الهيئة بإنهاء الإجراءات في الأحوال الآتية:

أ. إذا اتفق الطرفان على إنهاء إجراءاتالتحكيم.
ب. إذا ترك المدعي خصومة التحكيم ما لم تقرر هيئة التحكيم بناء على طلب المدعى عليه أن له مصلحة جدية في استمرار الإجراءات حتى تحسم النزاع.
ج. إذا رأت هيئة التحكيم لأي سبب أخر عدم جدوى استمرار التحكيم أو استحالته.

2. مع مراعاة المادة (49) و (50) و (51) من هذا القانون تنتهي مهمة هيئة التحكيم بإنتهاء إجراءات التحكيم.

مادة (48)

لا يجوز نشر حكم التحكيم أو جزء منه إلا بموافقة طرفي التحكيم.

مادة (49)

1. يجوز لكل من طرفي التحكيم أن يطلب من هيئة التحكيم خلال الخمسة عشر يوما التالية لتسلمه حكم التحكيم تفسير ما وقع في منطوقة من غموض، و يجب على طالب التفسير إعلان الطرف الأخر بهذا الطلب قبل تقديمه لهيئة التحكيم.
2. يصدر التفسير كتابة خلال الثلاثين يوما التالية لتاريخ تقديم الطلب إلى الهيئة و يجوز لها مد هذا الميعاد ثلاثين يوما أخرى إذا رأت وجها لذلك.
3. يعتبر الحكم الصادر بالتفسير متمما لحكم التحكيم الذي يفسره و تسري عليه أحكامه.

مادة (50)

1. تتولى هيئة التحكيم تصحيح ما وقع في حكمها من أخطاء مادية بحتة كتابية أو حسابية، و ذلك بقرار تصدره من تلقاء نفسها أو بناء على طلب أحد الأطراف بعد إعلان الأطراف الآخرين، و يقدم الطلب خلال الخمسة عشر يوما التالية لتسلم حكم التحكيم، و تجري هيئة التحكيم التصحيح من غير مرافعة – إن رأت وجها لذلك – خلال الثلاثين يوما التالية لتاريخ صدور الحكم أو تقديم طلب التصحيح بحسب الأحوال، و لها مد هذا الميعاد ثلاثين يوما أخرى إذا رأت ضرورة لذلك.
2. يصدر قرار التصحيح كتابة من هيئة التحكيم، و يعلن إلى الطرفين خلال خمسة عشر يوما من تاريخ صدوره، و إذا تجاوزت هيئة التحكيم سلطتها في التصحيح جاز التمسك ببطلان هذا القرار بدعوى بطلان تسري عليها أحكام المادتين (53) و (54) من هذا القانون.

مادة (51)

1. يجوز لكل من طرفي التحكيم و لو بعد انتهاء ميعاد التحكيم أن يطلب من هيئة التحكيم خلال الخمسة عشر يوما التالية لتسلمه حكم التحكيم إصدار حكم تحكيم إضافي في طلبات قدمت خلال الإجراءات و أغفلها حكم التحكيم، على أن يعلن هذا الطلب للطرف الأخر.
2. تصدر هيئة التحكيم حكمها خلال ستين يوما من تاريخ تقديم الطلب إن رأت للطلب ما يبرره، و يجوز لها مد هذا الميعاد ثلاثين يوما أخرى.

الباب الثامن
بطلان حكم التحكيم

مادة (52)

1. لا تقبل أحكام التحكيم التي تصدر طبقا لأحكام هذا القانون الطعن فيها بأي طريق من طرق الطعن العادية أو غير العادية.
2. يجوز رفع دعوى بطلان حكم التحكيم وفقا للأحكام المبينة في المادتين التاليتين.

مادة (53)

(أ) لا يحكم ببطلان حكم التحكيم إلا في أحد الأحوال الأتية:

1 - إذا لم يوجد اتفاق تحكيم أو وجد اتفاق باطل أو قابل للإبطال أو سقط الاتفاق بانتهاء مدته.

2 - إذا كان أحد طرفي اتفاق التحكيم وقت ابرامه فاقد الأهلية أو ناقصها وفقا للقانون الذي يحكم أهليته.

3 - إذا تعذر على أحد طرفي التحكيم تقديم دفاعه بسبب عدم إعلانه إعلانا صحيحا بتعيين محكم أو بإجراءات التحكيم أو لأي سبب أخر عن إرادته.

4 - إذا استبعد حكم التحكيم تطبيق القانون الذي اتفق الأطراف على تطبيقه على موضوع النزاع.

5 - إذا تم تشكيل هيئة التحكيم أو تعيين المحكمين على وجه مخالف للقانون أو اتفاق الطرفين.

6 - إذا فصل حكم التحكيم في مسائل لا يشملها اتفاق التحكيم أو جاوز حدود هذا الاتفاق، و مع ذلك إذا أمكن فصل أجزاء الحكم الخاصة بالمسائل الخاضعة للتحكيم عن أجزائه الخاصة بالمسائل غير الخاضعة له، فلا يقع البطلان إلا على الأجزاء الأخيرة وحدها.

7 - إذا وقع بطلان في حكم التحكيم أو كانت إجراءات التحكيم باطلة بطلانا أثر في الحكم.

8 - إذا تقرر بطلان حكم التحكيم في البلد الذي صدر فيه.

(ب) و تقضي المحكمة التي تنظر دعوى البطلان من تلقاء نفسها ببطلان حكم التحكيم إذا تضمن ما يخالف النظام العام في الدولة.

مادة (54)

1. ترفع دعوى بطلان حكم التحكيم خلال الستين يوما التالية لتاريخ إعلان أو استلام حكم التحكيم.
2. لا يحول دون قبول دعوى البطلان نزول مدعي البطلان عن حقه في رفعها قبل صدور حكم التحكيم.
3. تختص بدعوى البطلان في التحكيم التجاري الدولي المحكة المشار إليها في المادة (5) من هذا القانون، و في غير التحكيم التجاري الدولي يكون الاختصاص لمحكمة الاستئناف التي تتبعها المحكة أصلا بنظر النزاع.

الباب التاسع

حجية أحكام المحكمين و تنفيذها

مادة (55)

تحوز أحكام المحكمين الصادرة طبقا لهذا القانون حجية الأمر المقضي، و تكون واجبة النفاذ بمراعاة الأحكام المنصوص عليها في هذا القانون.

مادة (56)

مع مراعاة ما ورد في البند الأول من المادة (46) من هذا القانون يختص رئيس المحكمة المشار إليها في المادة (5) من هذا القانون أو من يندبه من قضاتها باصدار الأمر بتنفيذ حكم المحكمين و يقدم طلب تنفيذ الحكم مرفقا به:

1 - أصل الحكم أو صورة موقعة منه.

2 - صورة من اتفاق التحكيم.

3 - ترجمة مصدق عليها من جهة معتمدة إلى اللغة العربية لحكم التحكيم إن لم يكن صادرا بها.

4 - صورة من المحضر الدال على إيداع الحكم وفقا لحكم المادة (46) من هذا القانون.

مادة (57)

لا يترتب على رفع دعوى البطلان وقف تنفيذ حكم التحكيم، و مع ذلك يجوز للمحكمة أن تأمر بوقف التنفيذ إذا طلب المدعي ذلك في صحيفة الدعوى و كان الطلب مبنيا على أسباب جدية.

و على المحكمة الفصل في طلب وقف التنفيذ خلا (30) ثلاثين يوما من تاريخ أول جلسة محددة لنظره، و إذا أمرت بوقف التنفيذ جاز لها أن تأمر بتقديم كفالة أو ضمان مالي.

و عليها إذا أمرت بوقف التنفيذ الفصل في دعوى البطلان خلال (3) ثلاثة أشهر من تاريخ صدور هذا الأمر.

مادة (58)

1. لا يقبل طلب تنفيذ حكم التحكيم إذا لم يكن ميعاد رفع دعوى بطلان الحكم قد انقضى.
2. لا يجوز الأمر بتنفيذ حكم التحكيم وفقا لهذا القانون إلا بعد التحقق مما يأتي:

أ. أنه لا يتعارض مع حكم سبق صدوره من محاكم الدولة في موضوع النزاع.

ب. أنه لا يتضمن ما يخالف النظام العام في الدولة.

ج. أنه قد تم إعلانه للمحكوم عليه إعلانا صحيحا.

3. يجوز التظلم من الأمر الصادر بتنفيذ أو برفض تنفيذ حكم التحكيم إلى المحكمة المختصة وفقا للمادة (5) من هذا القانون خلال (30) ثلاثين يوما من تاريخ صدوره.

مادة (59)

تلغى المواد من 203 إلى 218 من قانون الإجراءات المدنية الاتحادي رقم (13) لسنة 1992م، كما يلغى أي حكم مخالف لأحكام هذا القانون.

مادة (60)

ينشر هذا القانون في الجريدة الرسمية، و يعمل به من تاريخ نشره.

خليفة بن زايد آل نهيان

رئيس دولة الإمارات العربية المتحدة

Dichotomie zweier Rechtsordnungen in den Vereinigten Arabischen Emiraten: Das Dubai International Financial Centre

Dr. Sabine Grapentin, LL.M., Frankfurt am Main

Einführung

In einem Land des ägyptisch-französischen Rechtskreises, den Vereinigten Arabischen Emiraten (VAE), hat sich kürzlich ein eigenständiges Common Law-Rechtssystem[1] mit eigenständiger Gerichtsbarkeit etabliert. Das Dubai International Financial Centre (DIFC) ist eine Freihandelszone,[2] die eine Entwicklung zu einem weltweit anerkannten Finanzplatz neben Tokio, Hong Kong, Singapur, Frankfurt, London und New York anstrebt und lizenzierten Unternehmen aus seinen Aktivitätsbereichen[3] zahlreiche Vergünstigungen anbietet. Innerhalb des DIFC – dessen Territorium ca. 0,445 km^2 umfasst – gilt ein eigenes Rechts- und Gerichtssystem, das mit Fug und Recht als eine Enklave des englischen Common Law bezeichnet werden kann.[4] Ergänzt wird dieses durch eine eigene Schiedsinstitution, die auf einem Joint Venture des DIFC mit dem London Court of Arbitration (LCIA) beruht. Diese Verankerung eines Common Law-Rechtssystems mitten in einem vom kontinentaleuropäischen Rechtsdenken geprägten Umfeld verstärkt den ohnehin bereits erheblichen Einfluss des anglo-amerikanischen Rechtskreises in der Region.

Nachfolgend soll zunächst der Rahmen abgesteckt werden, innerhalb dessen das DIFC in das Rechtssystem der VAE eingefügt wurde. Dabei wird sich herausstellen, dass die Rechtsordnung der VAE als Teil des arabischen Rechtsraums überwiegend von Einflüssen des französischen Rechts geprägt ist, jedoch

1 Der Begriff „Common Law“ kann das englische Common Law, darüber hinaus aber auch den darauf beruhenden anglo-amerikanischen Rechtskreis bezeichnen wie z. B. bei *Zweigert/Kötz*, Einführung in die Rechtsvergleichung, Tübingen 1996, 3. Aufl., S. 177 ff. beschrieben. Vorliegend wird er in letzterem Sinne verwendet, sofern sich aus dem Kontext nicht etwas anderes ergibt.

2 Gemäß VAE-Bundesgesetz Nr. 8/2004 zur Errichtung von Freihandelszonen.

3 Banking Services, Capital Markets, Asset Management & Fund Registration, Rückversicherung, Islamic Finance und Back Office; s. die Zusammenfassungen bei *Keimer*, Neuere Entwicklungen im Handels- und Wirtschaftsrecht der VAE, in: Ebert/Hanstein (Hrsg.), Beiträge zum islamischen Recht VI, Frankfurt am Main, Berlin, Bern, Wien 2007, S. 149–181, 176 ff. sowie *Seifert*, Rechtliche Rahmenbedingungen für Geschäftstätigkeiten in den Vereinigten Arabischen Emiraten, Dubai, Köln 2008, 3. Aufl., S. 155 ff.

4 Eine vergleichbare Enklave gibt es im 2005 gegründeten Qatar Financial Centre.

in einer durch die Rezeption in Ägypten modifizierten Fassung (Abschnitt A). Anschließend werden dem Zivil- und Handelsrecht der VAE die entsprechenden Gesetze gegenübergestellt, die innerhalb des DIFC gelten (Abschnitt B). Ein entsprechender Vergleich wird dann für die Handelsgerichtsbarkeit vorgenommen (Abschnitt C). Anschließend folgt eine Zusammenfassung mit Ausblick (Abschnitt D).

A. Die VAE als Teil des arabischen Rechtsraums

Trotz des langen britischen Einflusses in der Region beruht das Recht der VAE nicht auf dem englischen Recht. Vielmehr sind die VAE Teil des arabischen Rechtsraums, der im Bereich des Vermögensrechts eine weitgehende Annäherung der Zivil- und Handelsgesetzbücher aufweist. Grundlage vieler arabischer Zivilgesetzbücher ist das ägyptische Zivilgesetzbuch (ZGB) von 1949, dessen geistiger Vater der ägyptische Jurist ʿAbd ar-Razzāq as-Sanhūrī war. Zahlreiche arabische Staaten haben das ZGB in mehr oder weniger abgewandelter Form übernommen.[5]

Sanhūrī war stark vom französischen Rechtsdenken beeinflusst und hatte für die Kodifikation des ägyptischen ZGB auch französische Rechtsgelehrte hinzugezogen.[6] Das ZGB beinhaltet allerdings nicht nur französische Elemente, sondern auch Einflüsse anderer Rechtsordnungen, vielfach in der bei seiner Abfassung in Ägypten bereits vorhandenen, rezipierten Form. Des Weiteren wurden einige spezifisch islamische Rechtsinstitute eingefügt, z. B. das Vorkaufsrecht (šufʿa). Zudem lassen sich auch bestimmte aus den westlichen Rechtsordnungen geläufige Rechtsinstitute mit dem Instrumentarium des klassischen islamischen Rechts begründen.[7]

Sanhūrī verfasste außerdem maßgebliche Kommentare und Abhandlungen zum ägyptischen ZGB und zum islamischen Vertragsrecht. Unter anderem beschrieb er in seinem grundlegenden Werk „Die Quellen des Rechts im islamischen Recht“ das islamische Recht mit den Methoden des europäischen Rechts und entwickelte aus der Kasuistik des klassischen islamischen Rechts abstrakte

---

5 Für Einzelheiten s. *Krüger*, Überblick über das Zivilrecht der Staaten des ägyptischen Rechtskreises, in: Recht van de Islam 14 (1997), S. 67–131; *Bälz*, Europäisches Privatrecht jenseits von Europa? Zum fünfzigjährigen Jubiläum des ägyptischen Zivilgesetzbuchs (1948), in: ZEuP 1 (2000), S. 51, 65; *Grapentin*, Das Markenrecht in Ägypten, Köln, Berlin, Bonn, München 1998, S. 50.

6 Einzelheiten bei *Bechor*, The Sanhuri Code and the Emergence of Modern Arab Civil Law (1932 to 1947), Leiden 2007, S. 52 f.

7 *Mallat*, Introduction to Middle Eastern Law, Oxford 2007, S. 263 ff.; *Rohe*, Das islamische Recht, München 2009, S. 183; ausführlich *Bechor*, a. a. O. (Fn. 6), S. 75 ff.

Prinzipien.[8] Seine Werke beeinflussen bis heute maßgeblich die Rechtswissenschaft und -praxis in der arabischen Welt.

Das Werk Sanhūrīs alleine kann jedoch nicht den übermächtigen Einfluss des französischen Rechts im arabischen Rechtsraum erklären, so dass sich die Frage nach dem Grund der Bevorzugung des französischen Rechts weiterhin stellt. Schließlich waren auch die Briten lange in der Region und hatten schon in Indien gezeigt, dass sie durchaus in der Lage waren, ihr eigenes Rechtssystem zu exportieren. In Ägypten kamen sie aber wohl zu spät. Die ägyptische intellektuelle Elite des 19. Jahrhunderts hatte sich bereits nach Frankreich orientiert, und dies galt auch für bedeutende Juristen wie Muḥammad Qadrī Pāšā (1821–1886), der zusammen mit Rifāʿa aṭ-Ṭahṭāwī den Code Napoléon ins Arabische übersetzte.[9] Als die Briten 1882 Ägypten besetzten, gab es schon die französisch beeinflussten gemischten Gerichte (al-maḥākim al-muḫtaliṭa) und die Einführung der parallel dazu errichteten sog. nationalen Gerichte (al-maḥākim al-ahlīya) im Jahre 1883 stand kurz bevor. Die Briten schafften es nicht mehr, diesen auf dem französischen Recht beruhenden Entwicklungen eine neue Richtung zu geben.[10]

In den arabischen Golfstaaten hatte der britische politische Einfluss jedoch bereits deutlich länger bestanden und ein vergleichbarer französischer kultureller Einfluss war nicht zu verzeichnen. Dennoch hat sich das englische Recht dort nicht durchsetzen können. Dies ist erstaunlich, denn im 19. Jahrhundert bis hin zur Unabhängigkeit der jeweiligen Golfstaaten gab es durchaus eine ausgedehnte britische Gerichtsbarkeit auf der arabischen Halbinsel. Insbesondere hatten die Briten durch eine Reihe von Verträgen (deren primäres Ziel zunächst die Sicherung der Transportwege nach Indien gewesen war) dafür gesorgt, dass ihnen die Gerichtsbarkeit über ihre eigenen Staatsbürger zustand.[11] Dabei waren

---

8 Arab. Maṣādir al-ḥaqq fi-l-fiqh al-islāmī, dazu *Bälz*, a. a. O. (Fn. 5), S. 51, 57 f. m. N.; *Rohe*, a. a. O. (Fn. 7), S. 183 f.

9 *Vatikiotis*, The History of Modern Egypt, Baltimore, London 1991, 4. Aufl., S. 119.

10 Ausführliche Darstellung bei *Brown*, The Rule of Law in the Arab World: courts in Egypt and the Gulf, Cambridge 1997, S. 33 ff.; s. auch *Mallat*, a. a. O. (Fn. 7), S. 241, und *Bechor*, a. a. O. (Fn. 6), S. 53.

11 *Brown*, a. a. O. (Fn. 10), S. 131 ff.; zu den rechtlichen Grundlagen *Ballantyne*, Commercial Law in the Arab Middle East: The Gulf States, London 1986, S. 13 ff.; für eine (noch) zeitgenössische Darstellung dieses hybriden Gerichtssystems in „The Trucial Sheikhdoms" s. *al-Baharna*, The Legal Status of the Arabian Gulf States, Manchester 1968, S. 17: „As in the case of Bahrain and Qatar, the Rulers of these Sheikhdoms exercise jurisdiction only over their own nationals and nationals of neighbouring Arab and Muslim countries. Other foreigners, including European and Commonwealth citizens over whom jurisdiction has not been transferred to the Rulers, are subject to the extra-territorial jurisdiction exercised by the British territorial court (the Court for the Trucial States), with appeals lying to the 'Chief Court for the Persian Gulf' ". Für die hybriden Gerichtssysteme in Bahrain und Katar s. *ders.*, S. 14 ff.

die britischen Gerichte im Wesentlichen für ihre eigenen Staatsbürger und generell für Christen zuständig, während die jeweiligen Herrscher die Gerichtsbarkeit über die Muslime behielten.[12]

Erst in den fünfziger Jahren des letzten Jahrhunderts, als die künftige wirtschaftliche Bedeutung der Golfregion absehbar wurde, begannen Bemühungen, die in den Golfstaaten bestehenden hybriden Systeme zu vereinheitlichen. Wie in Ägypten versuchten die Briten auch hier, ihr eigenes Rechtssystem fest zu etablieren und aufgrund des fehlenden französischen Einflusses hätte ihnen dies in den Golfstaaten leichter gelingen müssen. Gegen die Einführung einheitlicher englisch geprägter Gerichte gab es jedoch erheblichen Widerstand der jeweiligen lokalen Herrscher, so dass die Briten im Ergebnis keine wesentlichen Erfolge zu verzeichnen hatten. Insbesondere Versuche, das englische Recht über gemischte Gerichte und Kodifikationen einzuführen, scheiterten an den Bestrebungen der lokalen Herrscher, den britischen Einfluss nicht übermächtig werden zu lassen.[13] Im Ergebnis führte dies dazu, dass auch in den arabischen Golfstaaten, einschließlich der VAE, das von Sanhūrī maßgeblich beeinflusste ägyptisch-französische Rechtsmodell übernommen wurde. Es erschien den lokalen Herrschern möglicherweise beherrschbarer als ein auf Präzedenzfälle aufgebautes Rechtssystem. Auch stand es als Ergebnis einer arabischen Rechtswissenschaft nicht in diametralem Gegensatz zur Scharia, sondern beanspruchte vielmehr, diese teilweise inkorporiert zu haben.[14]

B. Zivil- und Handelsrecht

I. Das bundesstaatliche Zivil- und Handelsrecht der VAE

Das ZGB der VAE (Gesetz Nr. 5/1985) folgt somit dem ägyptisch-französischrechtlich geprägten Modell des ägyptischen ZGB, wenngleich in einer stärker durch das islamische Recht beeinflussten Variante. Zivilgesetzbücher dieser „Generation“, in denen insbesondere Einflüsse der osmanischen Mejelle, einer Kodifikation des klassischen hanafitischen Rechts, nachweisbar sind, finden sich unter anderem auch im Irak und in Jordanien.[15]

---

12 Zu den Abgrenzungsproblemen s. *Brown*, a. a. O. (Fn. 10), S. 134.

13 *Brown*, a. a. O. (Fn. 10), S. 139 ff.

14 *Brown*, a. a. O. (Fn. 10), S. 154 ff.; *Mallat*, a. a. O. (Fn. 7), S. 265 f.; zu den früheren Vertragsgesetzen in Bahrain und den Emiraten Dubai, Sharjah und Ra's al-Khaima sowie weiteren Einflüssen des englischen Rechts *Ballantyne*, a. a. O. (Fn. 11), S. 22 f.

15 *Krüger*, Grundzüge des Privatrechts der Vereinigten Arabischen Emirate, in: Ebert/Hanstein (Hrsg.), Beiträge zum islamischen Recht VI, Frankfurt am Main, Berlin, Bern, Wien 2007, S. 101, 105 ff.; *Mallat*, a. a. O. (Fn. 7), S. 257 f.; *Saleh*, Civil Codes of Arab Countries: The Sanhuri Codes, in: ALQ 8 (1993), S. 161, 163 ff.

Während viele arabische Zivilgesetzbücher daher deutliche Einflüsse des islamischen Rechts aufweisen, sind die Handelsgesetzbücher in der Regel eindeutig westlicher Natur.[16] Das Handelsgesetzbuch (HGB) der VAE[17] ist eng an das HGB von Kuwait angelehnt[18], das wiederum von den Vorarbeiten zum ägyptischen HGB[19] beeinflusst wurde ebenso wie die handelsrechtlichen Kodifikationen des Irak und des Oman.[20]

II. Zivil- und Handelsrecht des DIFC

Vor dem Hintergrund dieses überragenden Einflusses des ägyptisch-französischen Modells in den VAE sind die aktuellen Entwicklungen in Dubai von besonderem Interesse. Grundlage für die Einführung des englischen Rechts im DIFC ist ein Bundesgesetz, wonach Freihandelszonen im Bereich des Finanzsektors der Erlass eigener Gesetze und Rahmenbedingungen in Zivil- und Handelssachen gestattet ist, vorbehaltlich der Verpflichtungen der VAE aus internationalen Verträgen.[21] Der Herrscher von Dubai hat auf dieser Grundlage auf Vorschlag des Präsidenten des DIFC zahlreiche Gesetze erlassen,[22] unter anderem das DIFC-Gesetz über die Anwendung der DIFC-Gesetze[23] sowie diverse Gesetze materiellrechtlicher Natur über Zivil- und Handelssachen, z. B. ein Obligationenrecht, ein Schadensersatzgesetz und ein Vertragsgesetz[24] und ein

---

16 *Mallat*, a. a. O. (Fn. 7), S. 300 ff., ohne Differenzierung nach spezifischen Rechtsordnungen.

17 Bundesgesetz Nr. 18/1993, dazu *Krüger*, a. a. O. (Fn. 15), S. 118 ff.

18 Dekret-Gesetz Nr. 68/1980, dazu *Krüger*, RIW 1983, S. 801.

19 Zu den Vorarbeiten s. *Elwan*, Die Rechtsordnung des Sultanats Oman, in: Westphalen (Hrsg.): Lebendiges Recht – von den Sumerern bis zu Gegenwart, Heidelberg 1995, S. 525, 532 Fn. 52; zum ägyptischen HGB (Gesetz Nr. 17/1999) selbst s. *Krüger*, Neues Handelsrecht in Ägypten: Umfassende gesetzliche Neuregelungen, in: Ebert (Hrsg.), Beiträge zum Islamischen Recht, Frankfurt am Main, Berlin, Bern, Wien 2000, S. 29–33, und *Grapentin*, Technologietransfer nach Ägypten: Die Regelungen des neuen Handelsgesetzbuchs, in: Kronke/Witteborg (Hrsg.), Islamisches und arabisches Recht als Problem der Rechtsanwendung, Frankfurt am Main, Berlin, Bern, Wien 2001, S. 151.

20 *Elwan*, a. a. O. (Fn. 19).

21 Art. 3 i. V. m. Art. 5 und Art. 7 Abs. 3 Bundesgesetz Nr. 8/2004 zur Errichtung von Freihandelszonen.

22 Gemäß Art. 5 Abs. 1 (c) Dubai-Gesetz Nr. 9/2004 über das DIFC. Alle Gesetze sind abrufbar unter www.difc.ae/laws-regulations (zuletzt am 04.04.2011).

23 DIFC-Gesetz Nr. 10/2005 über die Anwendung der DIFC-Gesetze (Law Relating to the Application of DIFC Laws).

24 DIFC-Obligationenrecht Gesetz Nr. 5/2005 (Law of Obligations), DIFC-Schadenersatzgesetz Nr. 7/2005 (Law of Damages and Remedies), DIFC-Vertragsgesetz Nr. 6/2004 (Contract Law). Weitere Gesetze betreffen z. B. das Arbeitsrecht (DIFC-Gesetz Nr. 4/2005 Employment Law), das Gesellschaftsrecht (DIFC-Gesetz Nr. 2/2009 Companies Law), spezifische vertragsrechtliche Regelungsgegenstände des englischen Common Law

Datenschutzgesetz[25]. Diese Gesetze basieren auf dem Common Law und bestehen wohl im Wesentlichen aus Kodifikationen des englischen Rechts in der Ausprägung der Rechtsprechung des Handelsgerichts von London (Commercial Court of London).[26] Innerhalb des DIFC gilt somit ein eigenes Rechtssystem, das die Zivil- und Handelsgesetze der VAE ersetzt. In allen anderen Rechtsbereichen hingegen gilt weiterhin das – ägyptisch/französisch geprägte – Recht der VAE (z. B. Strafrecht, Verfassungsrecht).

C. Gerichtssystem und anwendbares Recht

I. Gerichtssystem der VAE

Was das Gerichtssystem betrifft, so verfügen vier der sieben Emirate der VAE über ein einheitliches Gerichtssystem mit separaten Gerichten der ersten Instanz, aber einem gemeinsamen Berufungsgericht und einem Kassationshof in Abu Dhabi. Dubai hat, ebenso wie das Emirat Ras al-Khaima, eine eigenständige Gerichtsverfassung mit jeweils eigenem Gericht erster Instanz, Berufungsgericht und Kassationshof.[27] Abu Dhabi hat kürzlich ebenfalls das einheitliche Gerichtssystem verlassen und ein eigenes Gerichtssystem etabliert,[28] um die Defizite des nationalen Systems vor allem in den Bereichen Infrastruktur, Verfahrensdauer und inhaltliche Qualität zu überwinden. Jedes Emirat hat auch Scharia-Gerichte, deren Kompetenz sich jedoch im Wesentlichen auf Familiensachen beschränkt.[29]

(DIFC-Gesetz Nr. 6/2005 The Implied Terms in Contracts and Unfair Terms Law) sowie das Insolvenzrecht (DIFC-Gesetz Nr. 3/20079 Insolvency Law).

25 DIFC-Gesetz Nr. 1/2007 (Data Protection Law).

26 Über den Umfang des englischen Einflusses auf das materielle DIFC-Recht gibt es, soweit ersichtlich, keine wissenschaftliche Analyse. Er dürfte aber beträchtlich sein. S. dazu die Ausführungen des heutigen Chief Justice Michael Hwang vom 01.11.2008 auf der Lawasia Conference, Kuala Lumpur, Malaysia (abrufbar auf www.difccourts.ae, zuletzt am 04.04.2011) und DIFC-Gericht (1. Instanz) vom 08.02.2011 in der Sache Corinth Pipeworks S. A. v. Barclay's Bank PLC, Az. CFI 024/2010, Rz. 30: „The legislative basis of the jurisdiction of the DIFC Courts differs fundamentally from that applicable to the English Commercial Court which in most other respects substantially contributes to both the substantive legal regime and the procedural framework of the DIFC Courts."

27 *Seifert*, a. a. O. (Fn. 3), S. 257 f.

28 Abu Dhabi Gesetz Nr. 23/2006 über die Neuorganisation des Judicial Department des Emirates Abu Dhabi, nach *Al Aidarous*, Abu Dhabi Becomes Independent Local Jurisdiction, ILO Newsletter vom 05.02.2008, abrufbar unter www.internationallaw office.com (zuletzt am 04.04.2011).

29 *Price/Al Tamimi*, United Arab Emirates Court of Cassation Judgments 1998–1997, The Hague 1998, S. vii; *Carballo*, The Law of the Dubai International Financial Centre: Common Law Oasis or Mirage Within the UAE?, in: ALQ 21 (2007), S. 91–104, 93.

II. Gerichtssystem und anwendbares Recht im DIFC

1. Gerichtssystem

Die Gerichte des DIFC bestehen aus einem Gericht erster Instanz und einem Berufungsgericht.[30] Sie sind dem Handelsgericht (Commercial Court) in London nachgebildet.[31] Ihre Gerichtsbarkeit beruht auf Art. 5 des Bundesgesetzes Nr. 12/2004 über die Justizhoheit im DIFC.[32]

Bei der Bestimmung der Zuständigkeit der DIFC-Gerichte[33] ist der Begriff des „Centre Establishment" maßgeblich, der sämtliche juristische Personen oder Unternehmen umfasst, die innerhalb des DIFC geschäftlich aktiv sind,[34] unter Einschluss von „Licensed Centre Establishments", d. h. lizenzierten Unternehmen aus dem Finanzsektor.[35] Neben den Fällen, die das DIFC selbst oder dessen Organe[36] betreffen, sind die DIFC-Gerichte zuständig für zivil- und handelsrechtliche Fälle und Streitigkeiten, die

- ein Centre Establishment betreffen,
- aus oder im Zusammenhang mit einem Vertrag entstehen, den ein Centre Establishment geschlossen hat,
- aus oder im Zusammenhang mit einem Vertrag entstehen, der ganz oder teilweise im DIFC geschlossen wurde,
- aus oder im Zusammenhang mit einem Ereignis stehen, das im DIFC stattgefunden hat oder

30 Art. 5 Dubai-Gesetz Nr. 12/2004 über die Gerichtsbarkeit des DIFC (DIFC Judicial Authority Law).

31 *Mohtashami/Tannous*, Arbitration International 25/2 (2009), S. 173, 176. S. auch DIFC-Gericht (1. Instanz) vom 08.02.2011 in der Sache Corinth Pipeworks S. A. v. Barclay's Bank PLC, Az. CFI 024/2010, Rz. 30 (o. Fn. 26).

32 Zum Verfahrensrecht sieht Art. 30 DIFC-Gerichtsgesetz Nr. 10/2004 (DIFC Court Law) vor, dass neben einschlägigen DIFC-bezogenen Gesetzen und Regelungen auch ein von den Parteien bestimmtes Verfahrensrecht sowie Gerichtsentscheidungen aus anderen Rechtsordnungen herangezogen werden können; dazu *Carballo*, a. a. O. (Fn. 29), S. 97.

33 Art. 5 Abs. 1 Dubai-Gesetz Nr. 12/2004 über die Gerichtsbarkeit des DIFC (DIFC Judicial Authority Law) i. V. m. Art. 19 Abs. 1 DIFC-Gerichtsgesetz Nr. 10/2004 (DIFC Court Law).

34 Art. 10 i. V. m. Art. 2 Dubai-Gesetz Nr. 9/2004 über das DIFC (Law of the Dubai International Financial Centre).

35 Art. 9 i. V. m. Art. 2 Dubai-Gesetz Nr. 9/2004 über das DIFC (Law of the Dubai International Financial Centre).

36 Organe („bodies") des DIFC sind die DIFC Authority (DIFCA), die Dubai Financial Services Authority (DFSA) und die DIFC Judicial Authority; Art. 3 Abs. 3 Dubai-Gesetz Nr. 9/2004 über das DIFC (Law of the Dubai International Financial Centre).

• sonstige Angelegenheiten, die den DIFC-Gerichten nach den DIFC-Gesetzen zugewiesen sind.[37]

Darüber hinaus können die Parteien die Zuständigkeit der DIFC-Gerichte vereinbaren[38] oder derogieren.[39]

Es liegt auf der Hand, dass diese Zuständigkeitsregelungen einige Fragen aufwerfen. Potentiell ist die Zuständigkeit des DIFC sehr weit und kann auch marginale Verbindungen zum DIFC erfassen. Auch der Begriff des „Centre Establishment" ist unscharf definiert, umfasst nach der Rechtsprechung aber wohl nur im DIFC registrierte bzw. lizenzierte Unternehmen und Niederlassungen.[40] Dabei begründet die Niederlassung einer Unternehmensgruppe im DIFC nicht die Zuständigkeit für alle gruppenangehörigen Unternehmen.[41]

Der Unschärfe der gesetzlichen Bestimmungen versucht ein Zuständigkeitsprotokoll abzuhelfen, das zwischen den Gerichten von Dubai und denen des DIFC vereinbart wurde.[42] Danach sind die DIFC-Gerichte für Zivil- und Handelsfälle ausschließlich zuständig, an denen das DIFC selbst, seine Organe und Gesellschaften sowie Niederlassungen und Betriebe beteiligt sind, die entweder im DIFC gegründet wurden oder deren Betrieb dort lizenziert ist (Ziffer 3.1). Bei Streitigkeiten aus oder im Zusammenhang mit Verträgen können die Gerichte des DIFC angerufen werden, wenn der jeweilige Vertrag ganz oder teilweise innerhalb der Grenzen des DIFC durchgeführt wird (Ziffer 3.2). Auch bei Bank- und Finanztransaktionen und damit zusammenhängenden oder sonstigen lizenzierten Aktivitäten begründet die vollständige oder teilweise Durchführung im DIFC die ausschließliche Zuständigkeit der DIFC-Gerichte (Zif-

---

37 Art. 19 Abs. 1 DIFC-Gerichtsgesetz Nr. 10/2004 (DIFC Court Law).

38 Art. 13 DIFC-Gesetz Nr. 10/2005 über die Anwendung der DIFC-Gesetze (Law Relating to the Application of DIFC Laws).

39 Art. 5(A) Abs. 2 Dubai-Gesetz Nr. 12/2004 über die Gerichtsbarkeit des DIFC (DIFC Judicial Authority Law).

40 Dazu DIFC-Gericht (1. Instanz) vom 08.02.2011 in der Sache Corinth Pipeworks S. A. v. Barclay's Bank PLC, Az. CFI 024/2010, Rz. 48: „[…] the concept of a Centre Establishment involves an 'entity', not necessarily a corporate body, which is permitted to carry on business within the Centre in accordance with the Centre's Laws, the Centre's Regulations and the licence issued to it and with its registration. One can thus identify an Centre Establishment as an entity which is permitted to conduct business within the DIFC in accordance with the terms of its license and registration with the DIFC." sowie *Mohtashami/Tannous*, a. a. O. (Fn. 31), S. 175 Fn. 8.

41 DIFC-Gericht (1. Instanz) vom 31.03.2010 in der Sache Dr. Lothar Ludwig Hardt and Hardt Trading F. Z. E. v. DAMAC (DIFC) Company Ltd. et al., Az. CFI 036/2009, Rz. 61 ff; DIFC-Gericht (1. Instanz) vom 08.02.2011 in der Sache Corinth Pipeworks S. A. v. Barclay's Bank PLC, Az. CFI 024/2010, Rz. 54.

42 „Protocol of Jurisdiction between DIFC Courts / Dubai Courts" vom 07.12.2009, abrufbar unter www.difccourts.ae (zuletzt am 04.04.2011).

fer 3.3).[43] Des Weiteren wird klargestellt, dass die Strafgerichtsbarkeit auch bei Ereignissen, die im DIFC stattfinden, weiterhin bei den Gerichten von Dubai liegt (Ziffer 3.4). Das Protokoll löst und verneint vor allem die viel diskutierte Frage, ob die DIFC-Gerichte zuständig sind, wenn ein Vertrag nur im DIFC unterzeichnet wird, ohne dass weitere Bezüge zum DIFC bestehen.

Da das Berufungsgericht des DIFC die Auslegungshoheit über die DIFC-Gesetze innehat und dieser Auslegung Gesetzeskraft zukommt,[44] gibt es kein übergeordnetes Gericht, das Kompetenzkonflikte entscheiden kann, insbesondere solche mit den Gerichten von Dubai. Auch hier bringt das Zuständigkeitsprotokoll[45] eine Klärung, indem es die formalen Voraussetzungen für eine Anrufung des jeweils anderen Gerichts im Falle einer rechtskräftigen Zurückweisung einer Klage wegen fehlender Zuständigkeit festlegt. Das Protokoll ist wohl so auszulegen, dass es negative Kompetenzkonflikte dahingehend löst, dass das jeweils angewiesene Gericht zuständig wird. Die Lösung positiver Kompetenzkonflikte beinhaltet das Protokoll jedoch nicht.[46]

Das Zuständigkeitsprotokoll mag daher zwar in Teilen eine gewisse Klärung bewirken, sein rechtlicher Status ist aber unklar.[47] Gemäß Art. 7 gilt das Protokoll nur bis zum Erlass eines Gesetzes, das positive und negative Kompetenzkonflikte regelt. Zudem kann es die gesetzlichen Regelungen ohnehin nicht außer Kraft setzen.[48]

2. *Anwendungsbereich der DIFC-Gesetze*

Nachdem das DIFC für Zivil- und Handelssachen eine eigene Gesetzgebungskompetenz innerhalb des Staatsgebiets der VAE erhalten hat, stellt sich die

---

43 Die Abgrenzung der Anknüpfungspunkte zwischen Ziffer 3.2 und 3.3 ist unklar vgl. engl. „contract that has to be or has been performed […] within in the DIFC“ in Ziffer 3.2 gegenüber „transaction that has taken place […] in the Centre“ in Ziffer 3.3 bzw. arab. „ʿaqd tamma tanfīḏuhū dāḫila ḥudūd al-markaz dubai al-mālī al-ʿālamī“ gegenüber „muʿāmala tamma iğrāʾuhā fi-l-markaz“.

44 Art. 5(B) Abs. 1(b) Dubai-Gesetz Nr. 12/2004 über die Gerichtsbarkeit des DIFC (DIFC Judicial Authority Law).

45 A. a. O. (Fn. 42).

46 Vgl. DIFC-Gericht (1. Instanz) vom 21.10.2010 in der Sache Taaleem PJSC v. (1) National Bonds Corporation and (2) Deyaar Development PJSC, Az. CFI 014/2010, das den Erlass einer „anti-suit injunction“ gegen die Gerichte von Dubai ablehnte, bei denen ein Beklagter das Verfahren gleichfalls anhängig gemacht hatte. Soweit bekannt, liegt deren Entscheidung noch nicht vor.

47 Das Protokoll wurde vom seinerzeitigen Chief Justice der DIFC Courts, Sir Anthony Evans, und dem „General Director“ der Dubai Courts, Dr. Ahmand Bin Hazeem, unterzeichnet.

48 DIFC-Gericht (1. Instanz) vom 31.03.2010 in der Sache Dr. Lothar Ludwig Hardt and Hardt Trading F. Z. E. v. DAMAC (DIFC) Company Ltd. et al., Az. CFI 036/2009, Rz. 58.

Frage nach dem Anwendungsbereich der DIFC-Gesetze. Art. 8 DIFC-Gesetz Nr. 3/2004[49] legt den internationalprivatrechtlichen Anwendungsvorrang fest.

Primär sind die DIFC-Gesetze anzuwenden, soweit diese einen regulatorischen Inhalt (regulatory content) aufweisen, d. h. insbesondere regulatorische Vorgaben aus dem Finanzsektor beinhalten. Allerdings ist dieser Begriff unklar, die Auslegung durch das Berufungsgericht des DIFC ist abzuwarten.[50] Auf der zweiten Stufe (failing which) findet das Recht Anwendung, auf das an anderer Stelle in DIFC-Gesetzen verwiesen wird. Hiermit ist vor allem DIFC-Gesetz Nr. 10/2005[51] gemeint, das diverse internationalprivatrechtliche Regelungen, unter anderem zur Rechtswahl, enthält. Der Vorrang der (ggf. nachträglichen) Rechtswahl wird auch im DIFC-Gesetz Nr. 3/2004 aufgegriffen, da auf dritter Stufe das Recht Anwendung findet, auf das sich alle relevanten Personen geeinigt haben, die von der Angelegenheit betroffen sind. Auf vierter Stufe ist das Recht anzuwenden, das dem Gericht oder Schiedsgericht als mit dem Sachverhalt oder mit den von der Angelegenheit betroffenen Personen am engsten verbunden erscheint. Ist ein solches Recht auch nicht bestimmbar, wird auf das Recht von England und Wales zurückgegriffen.

Die Gerichte des DIFC wenden also, wenn die Vertragsparteien nicht ausdrücklich etwas anderes vereinbart haben, primär das Recht des DIFC an, dann das Recht anderer mit dem Sachverhalt verbundener Rechtsordnungen,[52] und subsidiär das Recht von England und Wales, d. h. das Common Law wie es vom Commercial Court in London angewendet wird.[53]

Im Gegensatz dazu sieht das internationalprivatrechtliche Gesetz Nr. 10/2005 vor, dass bei Verträgen in erster Linie auf die Rechtswahl der Parteien (Art. 9) und in Ermangelung einer solchen auf das DIFC-Recht zurückzugreifen ist (Art. 10). Hier besteht ein Abgrenzungsproblem, zumal das DIFC ohnehin nur im Bereich des Zivil- und Handelsrechts eine Gesetzgebungskompetenz hat.

---

49 DIFC-Gesetz Nr. 3/2004 über die Anwendung von Zivil- und Handelsgesetzen in der DIFC (Law on the Application of Civil and Commercial Laws in the DIFC).

50 *Carballo Leyda*, Strengthening the Legal and Judicial Independence of the Dubai International Financial Centre. Policy Brief 8 (December 2008), Dubai School of Government 2008, S. 2.

51 DIFC-Gesetz Nr. 10/2005 über die Anwendung der DIFC-Gesetze (Law Relating to the Application of DIFC Laws).

52 Dieser Verweis wirft auch die Frage auf, ob die Scharia eine solche Rechtsordnung darstellen kann. Gemäß Art. 7 der Verfassung der VAE ist die Scharia eine Quelle der Gesetzgebung – wie z. B. auch in Kuwait – und nicht die Quelle der Gesetzgebung, wie in manchen anderen arabischen Staaten. Ausführlich zur komplexen Diskussion *Carballo*, a. a. O. (Fn. 29), S. 99 ff.

53 Vgl. den seinerzeitigen Chief Justice Sir Anthony Evans in einem Vortrag über „Dispute Resolution in the DIFC", gehalten vor dem IBA Mediation Committee in Dubai am 16.02.2009; abrufbar unter www.difccourts.ae (zuletzt am 04.04.2011), Rz. 7.

Von den veröffentlichten Entscheidungen des DIFC setzen sich einige mit der Frage des anwendbaren Rechts vor allem mit Bezug auf Gesetz Nr. 3/2004 auseinander. Ein Urteil stellte in Bezug auf eine gesellschaftsrechtliche Frage lapidar fest, dass keine der dort genannten Alternativen in Betracht komme, so dass das englische Recht anzuwenden sei.[54] Zwei weitere Entscheidungen betrafen Fälle aus dem Insolvenzrecht und Arbeitsrecht. Insolvenzrechtlich ging es darum, welche Forderungen bei einer Insolvenz bevorzugt, d. h. vor den Masseschulden, zu erfüllen seien (preferential debts). Das Gericht führte aus, die Bestimmung der preferential debts sei sowohl im Recht der VAE als auch im englischen Recht von den Prioritäten und sozialen Bedingungen beeinflusst, die in den jeweiligen Ländern gelten. Diese ließen sich nicht einfach auf das DIFC übertragen. Beispielsweise finde im VAE-Recht die Scharia Berücksichtigung, weil Unterhaltszahlungen an die Frauen und Kinder von Angestellten Vorrang haben vor den Lohnzahlungen an die Angestellten selbst. In ähnlicher Weise seien die englischen preferential debts durch die dortigen Prioritäten und sozialen Bedingungen beeinflusst. Beide Rechtsordnungen könnten daher keine Anwendung finden. Da das DIFC die Ausführungsverordnung über preferential debts noch nicht erlassen habe, gebe es daher gegenwärtig keine preferential debts bei Insolvenzen nach Maßgabe des Insolvenzgesetzes des DIFC.[55] Ähnlich wurde im dritten Fall argumentiert. Arbeitsrecht gehöre zu den Bestimmungen mit regulatory content gemäß Art. 8 DIFC-Gesetz Nr. 3/2004. Nachdem das Arbeitsgesetz vorsieht, dass Bestimmungen zum Kündigungsschutz noch zu erlassen sind, könne sich ein Angestellter nicht auf einen Kündigungsschutz berufen, der in den VAE gilt. Der Gesichtspunkt der engsten Verbindung greife hier nicht.[56]

Ein Rückgriff auf die Gesetze der VAE findet somit nur ausnahmsweise statt. Ohnehin ist er nur möglich, wenn das Recht der VAE mit dem Sachverhalt am engsten verbunden ist. Dies wird von den Gerichten aber offenbar eng ausgelegt. Weitaus wahrscheinlicher ist in der Praxis daher ein Rückgriff auf das Recht des DIFC oder gleich auf das englische Recht.

3. Herkunft und Ernennung der Richter des DIFC

Der Einfluss des Common Law wird dadurch verstärkt, dass Erfahrung mit dem Rechtssystem des Common Law als Rechtsanwalt oder Richter eine zwingende

54 DIFC-Gericht (1. Instanz) vom 25.07.2007 in der Sache Dutch Equity Partners Limited v. Daman Real Estate Capital, Az. CFI 1/2006, Rz. 142.

55 DIFC-Gericht (1. Instanz) vom 30.01.2008 in der Sache Forsyth Partners Global Distributors Limited, Forsyth Partners Group Holdings Limited and Forsyth Patners Middle East Limited, Az. CFI 5/2007, 6/2007, 7/2007, Rz. 42 ff.

56 DIFC-Gericht (1. Instanz) vom 06.04.2009 in der Sache Rasmala Investments Limited v. various Defendants, Az. CFI 001-006/2009.

Voraussetzung für die Richterernennung ist.[57] Gegenwärtig besteht die Richterschaft des DIFC aus dem Chief Justice Sir Michael Hwang (Singapur), seinem Vize Sir Anthony Colman (England) sowie sonstigen Richtern aus Neuseeland, England, Malaysia und wieder England.[58] Des Weiteren gibt es zwei emiratische Richter, die die entsprechenden Qualifikationen in England erworben haben und unter anderem für das sog. Small Claims Tribunal zuständig sind.[59]

Zu beachten ist, dass die Richter vom Herrscher von Dubai ernannt und auch wieder abgesetzt werden können, z. B. in Fällen von geistigem oder körperlichem Unvermögen oder auch wegen Fehlverhaltens nach unabhängiger Untersuchung, die der Herrscher einleitet.[60] Dem Präsidenten des DIFC steht diesbezüglich keine Rechtsmacht zu.

III. Kontrolle der DIFC-Gerichte durch die Gerichte der VAE

Entscheidend für die Unabhängigkeit der DIFC-Gerichte ist die Frage, ob und in welchem Umfang die Gerichte der VAE deren Entscheidungen überprüfen und gegebenenfalls aufheben können. Dabei ist festzuhalten, dass die DIFC-Gerichte grundsätzlich unabhängig und allein zur Auslegung der DIFC-Gesetze befugt sind.[61] Die Entscheidungen des Berufungsgerichts sind bindend, endgültig, und es gibt keine Beschwerde- oder Berufungsmöglichkeiten bei den nationalen Gerichten der VAE.[62]

Allerdings gibt es eine kleine Hintertür: Gemäß Art. 7 Dubai-Gesetz Nr. 12/2004 erfolgt die Vollstreckung der Urteile der DIFC-Gerichte außerhalb des DIFC durch einen Vollzugsrichter (executive judge) der Gerichte von Dubai. Die Vollstreckung setzt voraus, dass das Urteil rechtskräftig ist, in die arabische Sprache übersetzt wurde und „appropriate for enforcement" ist, d. h. einer Vollstreckung angemessen. Was dies genau bedeutet, ist jedoch unklar und lässt Spielraum für eine Reihe von Interpretationsmöglichkeiten. Hier besteht grundsätzlich eine Einflussmöglichkeit der Gerichte von Dubai, wenn es zur Urteilsvollstreckung kommt. Eine Befugnis des Vollstreckungsrichters zur Überprü-

---

57 Art. 9 Abs. 3b DIFC-Gerichtsgesetz Nr. 10/2004 (DIFC Court Law).

58 Biographische Informationen abrufbar unter www.difccourts.ae (zuletzt am 04.04.2011).

59 Exklusiv zuständig für Streitwerte unter AED 100.000, nach Wahl der Parteien auch für Streitwerte unter AED 500.000 und arbeitsrechtliche Streitigkeiten, gemäß Anordnung des Chief Justice „The DIFC Small Claims Tribunal (Limits of Jurisdiction) Order, Order No. 1 of 2010" (abrufbar unter www.difccourts.ae, zuletzt am 04.04.2011).

60 Art. 3 Dubai-Gesetz Nr. 12/2004 über die Gerichtsbarkeit des DIFC (DIFC Judicial Authority Law) i. V. m. Art. 8 ff. DIFC-Gerichtsgesetz Nr. 10/2004 (DIFC Court Law); kritisch dazu *Carballo Leyda*, a. a. O. (Fn. 50), S. 4.

61 Art. 8 Abs. 1 und 4 Dubai-Gesetz Nr. 9/2004 über das DIFC (Law of the Dubai International Financial Centre).

62 Art. 5(B) Abs. 2 Dubai-Gesetz Nr. 12/2004 über die Gerichtsbarkeit des DIFC (DIFC Judicial Authority Law).

fung der Urteilsbegründung (merits) besteht allerdings ausdrücklich nicht. Denkbar wäre aber, dass ein Vollzugsrichter die Konvention des Golf-Kooperationsrats über die Vollstreckung von Urteilen anwendet. Diese sieht vor, dass eine Vollstreckung verweigert werden kann, wenn das Urteil gegen die Bestimmungen der islamischen Scharia verstößt.[63]

Nach einer Pressemitteilung des DIFC vom 24.07.2010[64] funktioniert die Vollstreckung jedenfalls einwandfrei nach Maßgabe eines Protokolls aus dem Jahre 2009, in dem sich die Vollstreckungsvoraussetzungen des Art. 7 wiederfinden.[65] Seit 2008 seien ca. 40 Urteile gegenseitig vollstreckt worden, z. B. aus den Bereichen Vertrags-, Investitions- und Arbeitsrecht.[66]

D. Zusammenfassung und Ausblick

Das Zivil- und Handelsrecht der VAE steht in einer im Wesentlichen französischrechtlich geprägten Tradition. Das ZGB der VAE gehört zwar zu den Sanhūrī-Kodifikationen, die – im Vergleich zum ägyptischen ZGB – stärkere islamrechtliche Elemente beinhalten. Die Zugehörigkeit zum ägyptisch-französischen Rechtskreis steht jedoch außer Frage. Dieser Umstand veranlasste den englischen Juristen *Ballantyne* im Jahre 1986 zu der Feststellung:

> „… it is with some regret that I, as basically a common lawyer, have to record that in my view the principles of the common law are inevitably on the wane in the Arab Middle East."[67]

Vor diesem Hintergrund stellt sich die Frage nach Ziel und Zweck der Einführung einer englischen Parallelgerichtsbarkeit, die an Vorläufer aus Kolonial- und Protektoratszeiten erinnert, Jahrzehnte nach der Unabhängigkeit der Golfstaaten.

Die Einführung dieser Gerichtsbarkeit wird vielfach mit den Unzulänglichkeiten der einheimischen Gerichte der VAE begründet. Das DIFC wird daher vermarktet als sicherer Hafen, der Investitionen in Dubai und den VAE erleichtern soll. Die Feststellung von *Ballantyne* ist heute natürlich nur noch teilweise

---

63 So *Carballo Leyda*, a. a. O. (Fn. 50), S. 5.

64 Abrufbar unter www.difccourts.ae (zuletzt am 04.04.2011).

65 „Summary of The Protocol of Enforcement between Dubai Courts and DIFC Courts" nebst Pressemitteilung vom 26.06.2009, abrufbar unter www.difccourts.ae (zuletzt am 04.04.2011).

66 Eine andere und ggf. problematischere Frage ist die, ob die Urteile des DIFC in anderen Golfstaaten vollstreckbar sind. Für eine ausführliche Diskussion möglicher Vollstreckbarkeitsprobleme in Kuwait s. das DIFC-Berufungsgericht vom 04.11.2010 in der Sache Mr Rafed Abden Mohsen Bader al Khorafi, Mrs Amrah Abdel Latif Al Hamad and Mrs Alia Mohamed Sulaiman Al Rifa v. Bank Sarasin-Alpen Limited, Az. CA 001/2010 und 002/2010, Rz. 30 ff.

67 *Ballantyne*, a. a. O. (Fn. 11), S. 4.

korrekt. Tatsächlich spielt Common Law in den arabischen Ländern eine große Rolle, da es sich gewissermaßen zur „Lingua Franca" des internationalen Rechtswesens entwickelt hat. Weite Teile des internationalen Finanzsystems, aber auch große internationale Infrastrukturprojekte werden auf der Basis des Common Law durch darin ausgebildete Juristen abgewickelt.[68] Auch bei den Verträgen des Islamic Finance ist der Einfluss des englischen Rechts in Terminologie und Vertragsgestaltung nicht zu übersehen.[69] Vor diesem Hintergrund besteht eine gewisse Rechtfertigung für die Auffassung, dass die örtlichen Richter in den VAE mit derartigen Verträgen überfordert sind – wie es wohl auch die meisten deutschen Richter wären.

Stutzig machen aber die weit gefassten Zuständigkeitsregelungen und die subsidiäre Anwendung ausschließlich des Common Law im DIFC, ob nun in Form der DIFC-Gesetze oder gleich des englischen Rechts. Es drängt sich die Frage auf, ob das Emirat Dubai hierdurch nicht auch ein Einfallstor für eine allgemeine Handelsgerichtsbarkeit schafft, die über den Finanzsektor weit hinausreicht und auch den sonstigen internationalen Handel der Region erfasst. Der Einfluss der nationalen VAE-Gerichte und der VAE-Anwaltschaft würde dann noch weiter zurückgedrängt.

Welche Richtung das DIFC nehmen wird, bleibt jedoch abzuwarten. Es spricht viel dafür, dass die Einrichtung dieser Institution durch das Emirat Dubai im Wesentlichen eine Reaktion auf das Bedürfnis ist, eine Gerichtsbarkeit für die umfangreiche Common Law-basierte Vertragspraxis in der Region zu schaffen und damit gleichzeitig den Finanzstandort Dubai zu stärken. Es werden aber auch Bestrebungen deutlich, den Justizsystemen der Region einen vom englischen Verfahrensrecht geprägten Stempel aufzudrücken, wie diverse Kooperationen des DIFC z. B. mit den Justizministerien der VAE und Jordanien und mit den Gerichten von Dubai und Ras al-Khaima belegen, die in wesentlichen Punkten auch einen Know-how-Transfer beinhalten.[70] Insoweit stellt das DIFC auch einen wichtigen regionalen Faktor im internationalen Wettbewerb der Rechtsordnungen um Justizdienstleistungen dar.[71]

Allerdings haben die historischen Erfahrungen der englischen Gerichtsbarkeit im Golf gezeigt, dass eine rechtlich und sprachlich abgekoppelte Gerichtsbarkeit, die ohne Bezug zum örtlichen Rechtswesen und vor allem auch ausschließ-

---

68 Hierzu s. den Beitrag von *Bälz* in diesem Band.

69 S. dazu die Analyse zweier Entscheidungen des London High Court von *Bälz* in Islamic Law and Society 11 (2004), S. 117, und IPRax 1 (2005), S. 44.

70 Jeweils festgehalten in einem „Memorandum of Understanding", abrufbar unter www.difccourts.ae (zuletzt am 04.04.2011).

71 Vgl. die Diskussion um die deutsche Initiative „Law Made in Germany", z. B. den Tagungsbericht von *Maurer*, Justizstandort Deutschland im Globalen Wettbewerb, ZRP 3 (2009), S. 88, sowie differenziert *Kötz*, Deutsches Recht und Common Law im Wettbewerb, AnwBl. 1 (2010), S. 1.

lich in englischer Sprache arbeitet, erheblichen Akzeptanzproblemen ausgesetzt sein kann. Abzuwarten bleibt daher auch, wie sich die unter anderen Vorzeichen eingeführten und operierenden Common Law-Systeme des DIFC und des ähnlich konzipierten Qatar Financial Centre in der heutigen Zeit der Globalisierung, Wirtschaftskrise und schnellen politischen Veränderungen auf die nationalen Rechtssysteme der Golfstaaten auswirken werden.

In den VAE stehen sich somit ein hauptsächlich französisch geprägtes rechtliches Umfeld und ein zunehmend vom Common Law geprägtes Wirtschaftsleben, insbesondere im Finanzsektor und bei den großen Infrastrukturprojekten, gegenüber. Dafür, dass der Zuwachs des Einflusses des Common Law aber nicht nur das Ergebnis ökonomischer Umstände sondern auch gezielter angelsächsischer Rechtspolitik ist, ist das DIFC ein Beleg.

Internationale Projekte als Motor der Rechtsentwicklung in Ägypten

Dr. Achim-Rüdiger Börner, Köln

Internationale Projekte, beginnend mit einfachen Handelsvorhaben und endend mit zwischenstaatlich abgesicherten Investitionsprojekten, haben zunehmenden Einfluss auf die Entwicklung privater und öffentlicher Rechtsstrukturen im arabischen Raum genommen. Hier soll das Augenmerk darauf liegen, die neuen Projekte zu Erneuerbaren Energien (Renewable Energies – RE) und Energieeffizienz (Energy Efficiency – EE) in rechtliche Strukturen und Tendenzen einzuordnen am Beispiel Ägyptens, des traditionellen Vorreiters moderner Rechtsentwicklung im arabischen bzw. MENA-Raum (Middle East/North Africa)[1].

1. Der islamrechtliche Ausgangspunkt

Es liegt auf der Hand, dass die gesetzliche Entwicklung eines Landes sich anfangs normalerweise auf die Regelung des Zusammenlebens in einer kulturell recht homogenen Gesellschaft bezieht. Das islamische Recht ist insofern bereits von Geburt an komplex angelegt: Der Islam stellte sich neben die Buchreligionen des jüdischen und des christlichen Glaubens, die – neben der Götzenverehrung – bereits vorislamisch präsent waren. Soziologisch[2] spielte weniger die religiöse Bindung als vielmehr die Stammes- und Familienzugehörigkeit eine fundamentale Rolle. Das einende Rechtsband bestand vor allem in gewohnheitsrechtlichen Regeln. So war in mehrfacher Hinsicht Rücksicht auf bestehende Strukturen zu nehmen. Neue vereinheitlichende Rechtsregeln hatten eher punktuellen Charakter. Dementsprechend betreffen die koranischen Regeln vor allem die religiöse Pflichtenlehre, das Personalstatut, die Kollision mit den anderen

1 Der Aufsatz verwendet die üblichen Maßeinheiten für Elektrizität: Watt (W), Kilowatt (kW), Megawatt (MW), Gigawatt (GW), Terawatt (TW), jeweils Faktor 1000. CO_2 ist Kohlendioxid, die für klimaschädliche Gase maßgebliche Bezugsgröße. Es werden englische und französische Begriffe verwendet, soweit diese allgemein verwendet werden; über den jeweiligen Begriff kann man mit Hilfe von Suchmaschinen weitere Informationen im Internet finden; eine Eindeutschung ließe das nicht zu. Alle Internetnachweise datieren mit Zugang per 15.05.2010. Gesetze, Erlasse, Verordnungen und dergleichen mehr sind hier zumindest mit Nummer und Jahr angeführt, so dass sie leicht in Gesetz- oder Verordnungsblatt auffindbar sind.

2 Vgl. z.B. *A. Noth*, Früher Islam, in: U. Hartmann, Geschichte der arabischen Welt, München 1987, S. 46 f., mit deutlicher Unterscheidung zwischen den Settings prä- und post-Higra, S. 28 ff.

Religionen und die hadd-Strafen. Wirtschaftsrechtlich[3] stechen fünf Regelungen hervor. Die Grundlagen bilden die Anerkennung des Privateigentums[4], die Anerkennung der Vertragsfreiheit[5] und die Pflicht zur Vertragstreue[6]. Sie werden ergänzt um und beschränkt durch das Verbot des Glücksspiels und die Trias der Verbote der Übervorteilung, des Wuchers und – aus der Sunna – des Hortens. Die Verbote sind Gegenstand jahrhundertelanger Kontroversen[7].

a) Das Verbot des Glücksspiels

Das Verbot des Glücksspiels bezieht sich im Kern auf das Verbot des Losens und Pfeilwerfens, eines damals beliebten Zeitvertreibs[8]. Es wurde in der Auslegung erweitert zu einem allgemeinen Verbot der Risikoübernahme. Inzwischen gehören entgegen konservativer Bedenken wichtige Rechtsgeschäfte der Risikoübernahme im islamischen Rechtskreis zum Alltag, z. B. der Versendungskauf, bei dem der Erwerber das Transportrisiko trägt, und Versicherungsgeschäfte, insbesondere die Übernahme der Kfz-Haftpflicht.

M.E. ist zu unterscheiden, ob man ein fremdes oder ein herrenloses Risiko übernimmt. Die Übernahme eines fremden Risikos ist ein Geschäft, das seine Wurzeln in der Vertragsfreiheit hat. Schon die damaligen Handelsgeschäfte, insbesondere der Karawanenhandel, waren mit erheblichen Risiken verbunden, die über diverse Formen der Partnerschaft verteilt und verändert wurden. Die Übernahme eines fremden Risikos ist geboten, wenn die Teilnahme am täglichen Leben aus Sicht des Opfers zum Glücksspiel wird, nämlich zur unfreiwilligen Übernahme des Risikos, ob die Zurechnung eines Schadens an einen Dritten nachweislich ist und der fremde Verursacher eines Schadens (gegebenenfalls mit seinen Leuten) ausreichend dafür einstehen kann oder der eingetretene Schaden, z.B. ein Katastrophenschaden, verkraftbar ist. Die Übernahme eines fremden Risikos ist zulässig, wenn sie das Risiko und/oder seine Folgen mindert[9]. Fatalismus ist keine Obliegenheit und keine religiöse Pflicht. Die fremde Pflicht zur Schadenvermeidung in Haftpflichtfällen und die eigene Pflicht zur

3 Ergänzend *N. Foster*, Islamic Commercial Law, An Overview I, In Dret – Revista parra el Análisis des derecho 2006, no. 4, abrufbar unter www.indret.com.

4 Z.B. Koran Sure 53, Vers 59; konkret Mejelle Art. 125.

5 *M. Rohe*, Das islamische Recht, München 2009, S. 103 ff. Das Prinzip der Vertragsfreiheit hat das anfängliche Bestreben, nur typisierte Verträge zuzulassen, de facto und de jure überholt. Im Wirtschaftsleben ist die Typisierung nur maßgeblich, soweit nichts anderes vereinbart ist.

6 Koran 4, 29; 5, 1; 17, 36; s. auch *J. Schacht*, The Origins of Muhammadan Jurisprudence, Oxford 1975, S. 181.

7 Statt aller *Rohe* (FN 5), S. 234 ff.

8 Koran 2, 216; 5, 92.

9 Ausführlich *K. Bälz*, Versicherungsvertragsrecht in den arabischen Staaten, Karlsruhe 1997.

Schadenvermeidung bzgl. Sach- und Personenschäden werden über die Prämien gesteuert und aktiviert; eine umsichtige Sorgfalt in eigenen und fremden Angelegenheiten ist religiöse Pflicht[10].

Im Vergleich dazu ist die Übernahme eines herrenlosen Risikos Glücksspiel. Das herrenlose, d.h. keinem Verantwortlichen zuordnenbare Risiko und der entsprechend anfänglich herrenlose Schaden werden allein zum Zwecke der Übernahme erst geschaffen oder definiert; der Nutzen der Übernahme von Risiko und Schaden erschöpft sich in der voluntativen Bestimmung von Folgen eines zunächst herrenlosen Risikos, nämlich in der Neuzuordnung von Wetteinsatz bzw. ausgelobtem Spielgewinn zwischen den Spielern und ggf. dem Veranstalter. Mit dieser Kategorisierung erklären sich z.B. auch das Verbot des Austausches gleicher Münzen und Waren[11] und das Verbot des Hortens[12].

Anders verhält es sich mit der Rohstoffexploration oder auch mit der Bereitstellung von Wagniskapital (venture capital). Wie bei einer Schatzsuche wird Geld und Arbeit investiert, ohne dass man vorher sicher ist, das Gewünschte oder etwas anderes Wertvolles zu finden bzw. zu erfinden. Trotz Risikoübernahme liegt kein Glücksspiel vor, weil es nicht um eine Neuzuordnung des Wetteinsatzes zwischen Spielern und Veranstalter geht. Glücksspiel sind übrigens aus gleichem Grunde auch nicht die Wettbewerbe mit ausgelobten Preisen (Siegesprämien) oder Chancen (Vermarktungsmöglichkeiten), weshalb die arabische Welt ohne Bedenken sportliche und Leistungswettbewerbe (z.B. im Rezitieren, im Singen) abhält und an internationalen Wettbewerben (Weltmeisterschaften, Olympiaden) teilnimmt.

b) Die Verbote von Übervorteilung und Zinsnahme

Das Verbot der Übervorteilung[13] und das Zinsverbot[14] stehen in engem sachlichen Zusammenhang. Das Übervorteilungsverbot betrifft falsches Messen, Zählen, Wiegen in der Vertragserfüllung. Das Zinsverbot betrifft den Vertragsinhalt und kann als Wucher-, Zinseszins-[15] oder allgemeines Zinsverbot[16] verstanden werden[17]. Die Zulässigkeit von Miete und anderer entgeltlicher Nutzungsüberlassung[18] zeigt, dass die Auslegung als allgemeines Zinsverbot über das Ziel hinausschießt. Eine andere Frage ist, inwieweit die Religion eine

10 Koran 2, 184; 4, 33.

11 Zum Verbot: *J. Schacht*, Ribā, in: Enzyklopädie des Islam, 1. Aufl. Leiden 1937, Bd. 3, S. 1240; *T. Nagel*, Das islamische Recht, Westhofen 2001, S. 79 f.

12 Zum Verbot: *Rohe*, S. 114 f.; für Gold und Silber s. Koran 9, 34 und 35.

13 Koran 11, 86; 17, 37; 26, 181–183; 83, 1–3.

14 Koran 2, 276; 3, 125; 4, 159.

15 Koran 3, 125.

16 Koran 2, 276–278; abweichend 30, 38.

17 Zu den Auslegungen: *Nagel* (FN 11), S. 79; *Rohe* (FN 5), S. 112 f.

18 Vgl. *J. Schacht*, An Introduction to Islamic Law, Oxford 1974, S. 154 ff.

solidarische Teilnahme an Risiken fordert bzw. die Vereinbarung eines risikolosen Verdienstes untersagt, vgl. hierzu als Konkretisierung die Konzeption zu einer islamischen Finanzwirtschaft (Islamic Finance)[19].

c) Das übrige Zivilrecht

Im Übrigen regierte im Zivil- und Handelsrecht ursprünglich ein Gewohnheitsrecht mit überwiegend römisch-rechtlichen Ursprüngen, aber ohne örtliche Kodifizierung, das mit dem Rückzug Ostroms und der Ausbreitung des Islams zunehmend unübersichtlich wurde. Die römisch-rechtlichen Ursprünge des Gewohnheitsrechts wurden islamrechtlich überlagert und bieten neben den mediterranen Handelsbeziehungen und später Napoleons Ägypten-Feldzug mit seiner breitflächigen Demonstration westlicher Überlegenheit eine Erklärung dafür, warum trotz der Mejelle die auf französischen Grundlagen aufbauenden neuzeitlichen ägyptischen Kodifikationen von ZGB[20], HGB und ZPO eine so weite Verbreitung in der arabischen Welt finden konnten. Was den öffentlich-rechtlichen Regelungsbereich angeht, so war dieser immer durch weites Herrscherermessen und Zweckdienlichkeit geprägt[21]. Stichwort ist hier vor allem die osmanische tanzimat-Gesetzgebung[22].

2. Vom internationalen Handel zur internationalen Investition

Die Vielfältigkeit örtlicher Gewohnheitsrechte und wirtschaftlicher Anforderungen beeinflusste das islamische Recht nicht nur im Zuge der frühen territorialen Ausbreitung und der frühen Handelskontakte. Der Einfluss fremden Rechts verstärkte sich mit der Industrialisierung, die den Warenaustausch erhöhte, dem westlichen Rohstoffhunger, der insbesondere Investitionen im Erdöl- und Erdgassektor brachte, und der heutigen Globalisierung mit ihren großen Waren-, Leistungs- und Informationsströmen.

---

19 Vgl. dazu zuletzt *L. Momen*, Ausgewählte Islamic Finance-Vertragsmodelle, Recht der Internationalen Wirtschaft 2010, S. 367 ff. und 536 ff. m.w.N.

20 Die islamrechtliche Wurzel des ZGB als Grund der breiten Akzeptanz betont *K. Bälz*, Das islamische Recht als Grundlage arabischer Rechtseinheit, in: H.-G. Ebert (Hrsg.), Beiträge zum islamischen Recht, Leipziger Beiträge zur Orientforschung Bd. 9, Frankfurt/Main 2000, S. 35 ff.

21 Grundlegend *H.-G. Ebert*, Die Interdependenz von Staat, Verfassung und Islam im Nahen und Mittleren Osten in der Gegenwart, Frankfurt/Main 1991.

22 1. Periode 1839–1856, 2. Periode ab ca. 1870, vgl. *A. Schölch*, Der arabische Osten im neunzehnten Jahrhundert, in: U. Haarmann (Hrsg.), Geschichte der arabischen Welt, München 1987, S. 387 ff. bzw. 403 ff., 415 f.

a) Historisch

Bis in den frühen Kolonialismus hinein waren die vorwiegend mediterranen Handelsbeziehungen[23] bestimmt durch örtlich begrenzte Handelsstützpunkte und die dort unter ihrem Personalstatut agierenden und mit Protektion versehenen Kaufleute. Erst deren Wirtschaftsbeziehungen mit Einheimischen (Handel, Anstellung) brachten das lokale Recht ins Spiel. Der Kolonialismus brachte die Dispersion der Fremden im Land, das Erfordernis des Schutzes ihrer Person und ihres Eigentums sowie die Erweiterung des Personalstatuts auf ihre wirtschaftliche und allgemeine, insbesondere strafrechtliche Verantwortlichkeit (sog. Kapitulationen bzw. die Errichtung von Mixed Courts[24]). Der Schutz ihrer zunehmend gewichtigeren Investitionen – insbesondere vor öffentlich-rechtlichen Zugriffen – wurde vom Heimatland gewährt (Kanonenbootpolitik).

Mit der Souveränität einher gingen Fragen des Schutzes bestehender und ggf. neuer ausländischer Investitionen. Vor allem die neuen Investitionen in die Rohstoff-, insbesondere die Energiegewinnung, erfolgten verteilt über das ganze Land, also nicht nur punktuell in den weltoffenen Hafenstädten. Sie hatten, selbst wenn sie in entlegenen Gebieten erfolgten, regionale und gesamtwirtschaftliche Auswirkungen. Ihre Zulassung durch den Staat, in Ägypten durch die General Authority for Investment and Free Zones, und die daran anknüpfenden Folgen des Schutzes und der Stabilität der Investition, vor allem im Hinblick auf Erleichterungen bei der Ein- und Ausreise von Personal, Erleichterungen bei Steuern, Abgaben und Zöllen sowie Freiheiten beim Devisentransfer, hatten nicht nur nationale Bedeutung[25], sondern auch internationale: auf Handelsabkommen zwischen Ursprungs- und Gastland[26] folgten Investitionsschutzverträge[27] und Doppelbesteuerungsabkommen[28].

---

23 Ausführlich *A. Miquel*, Der Islam, Essen 1975, S. 177 ff.

24 Prägnant *H. Krüger*, Das Rechtswesen in Ägypten, in: H. Schamp (Hrsg.), Ägypten, Tübingen 1977, S. 509, 510 ff.

25 In Ägypten gilt das Investitionsgesetz 8/1997, geändert durch Gesetz 94/2005, nebst Ausführungsverordnungen; zuvor galt Gesetz 230/1989.

26 Mit Deutschland Handelsabkommen vom 21.04.1951 und Abkommen über den Warenverkehr vom 18.02.1956, beide geändert BGBl 1994 II 3763; zur damaligen Verlängerung des Abkommens von 1951 s. auch Entscheidung des Rates 91/104/EWG vom 25.02.1991.

27 Mit Deutschland Investitionsschutzvertrag vom 22.11.2009, der wegen des Lissabon-Vertrages wohl nicht mehr zustande kommt; daher unverändert gültig der Vertrag vom 05.06.1974, BGBl 1977 II 1145.

28 Mit Deutschland DBA von 08.12.1987, BGBl 1990 II 279; zuvor vom 07.11.1959, BGBl 1961 II 420; das neue Abkommen von 2005 gilt noch nicht.

b) Der Handel

Die Handelsöffnung[29] hatte zwei Aspekte, nämlich den Import und seine Auswirkung auf die Binnenwirtschaft einerseits und die Organisation des Warenverkehrs andererseits. Den Aspekten binnenwirtschaftlicher Konkurrenz tragen Importkontingente und Zölle Rechnung. Mit weiter Handelsöffnung[30] verlieren sie an Bedeutung. Der Schwerpunkt verlagert sich auf zwei andere Punkte, nämlich das Normenwesen und den gewerblichen Rechtsschutz. Das Normenwesen dient dem Schutz heimischer Verbraucher, während seine Zweckentfremdung zur Handelsbarriere international nicht rechtmäßig ist. In Ägypten muss jedes importierte Produkt ohne Einschränkung dem für ihn geltenden Standard aus einer Normengruppe entsprechen, die der Importeur aus sechs zugelassenen Normengruppen ausgewählt hat[31]. Komplementär hierzu ist die Einführung einer Produkthaftpflicht[32]. Ein effektiver gewerblicher Rechtsschutz hilft gegen einheimische und importierte Plagiate. Ägypten hat sich hier von den Rechtsnormen her gut aufgestellt, indem fremde Schutzrechte anerkannt[33] und der Erwerb einheimischer Schutzrechte ermöglicht[34] werden. Die Wertschöpfung aus der Abwicklung des inländischen Warenverkehrs wird der heimischen Wirtschaft zugeordnet. Den Vertrieb behalten die Gesetze für Handelsvertreter und andere Vertriebsmittler[35] Einheimischen vor. Auf eine Phase liberalisierten Vertriebsrechts (gemäß altem HGB) folgte dessen Verschärfung. Die Nationalisierung des Vertriebes einschl. der Pflicht zur Einschaltung einheimischer Mittelsleute (bzw. Sponsoren) insbesondere für Vergabeverfahren

29 Die Importe aus Deutschland schwanken zwischen 1,5 Mrd. EUR in 2004 und 2,7 Mrd. EUR in 2008, das sind ca. 5 % der Gesamtimporte. Die ägyptischen Exporte liegen bei ca. 60 % der Importe (25:45 Mrd. USD): negative Handelsbilanz.

30 Beitritt GATT 1970, WTO 1994; Assoziierungsabkommen mit der EG vom 01.06.2004.

31 Dekret 179/1996.

32 Art. 67 HGB/Gesetz 17/1999.

33 Für Patente vgl. Beitritte zum TRIPS-Abkommen (1994) in 1995 und zum Vertrag über die internationale Zusammenarbeit auf dem Gebiet des Patentwesens (1970) in 2003; für Markenrechte vgl. die Beitritte zur Pariser Verbandsübereinkunft (1971) in 1975, zum Madrider Markenrechtsabkommen (1891) in 1975, zum Madrider Herkunftsübereinkommen (1891) in 1975; für Urheberrechte vgl. Beitritte zur Revidierten Berner Übereinkunft (1908) in 1977, zum Übereinkommen zur Errichtung der Weltorganisation für geistiges Eigentum (1967) in 1971, zum Genfer Tonträger-Übereinkommen (1971) in 1978; und für alles im Verhältnis zu Deutschland siehe auch das Handelsübereinkommen vom 21.04.1951.

34 Patentgesetz 132/1949; Gesetz über Urheberrechte und gewerblichen Rechtsschutz 82/2002, zuvor 354/1954; für Werke s. auch Erlass des Kultusministers 82/1993.

35 Vgl. den Überblick bei *F. Amereller*, Ägypten, in: BFAI/Amereller (Hrsg.), Das Recht der Handelsvertreter und Vertragshändler in der MENA-Region, Köln 2007, S. 41 ff.

wurde durch die Registerpflicht gesichert[36]. Verbesserte Ausgleichsforderungen[37] sollten die Distributoren[38] vor dem Verlust ihrer Geschäftsgrundlage durch vorzeitige Vertragsbeendigung bzw. vor deren finanziellen Auswirkungen schützen. Dies wurde abgesichert durch die ausschließliche Zuständigkeit ägyptischer Gerichte[39]. Der Vertriebsmittler, dessen Vertrag beendet worden war, musste bei der Registereintragung des Nachfolgers mitwirken. Das sicherte die Erfüllung der Zahlungspflicht des Geschäftsherrn[40]. Der internationale Handel erfordert ein Zivilprozess-[41] und Schiedsgerichtswesen[42]. Als besonderer Aspekt ist schließlich die öffentliche Beschaffung aus dem Ausland zu erwähnen. Während europäische und internationale Diskussion auf die Transparenz des Vergabeverfahrens und die Nichtdiskriminierung ausländischer Bieter abzielt, geht es bei den Vergabevorschriften der arabischen Länder[43] vor allem um die Bekämpfung von Korruption und die Gewährung von Rechtssicherheit an die ausländischen Bieter vor dem Hintergrund ihrer zunehmend aufwendigeren Gebote.

c) Die Investitionen

Ausländische Investitionen im Inland haben eine viel tiefgreifendere wirtschaftliche Auswirkung als der Import von Produkten einschließlich der Errichtung von Handelsstützpunkten. Seit Mitte der 70er Jahre öffnete sich Ägypten mit einer *open door policy*, die eine umfassende Reform des Gesellschaftsrechts[44]

---

36 Handelsvertretergesetz 120/1982 i.V.m. Durchführungsverordnung 342/1982; zuvor Gesetz 93/1974 i.V.m. Präsidialverordnung 1906/1974.

37 Art. 188, 189 Handelsgesetzbuch = Gesetz 17/1999, zuvor Gesetz von 1883; allgemein zum neuen HGB *H. Krüger*, Neues Handelsrecht in Äypten, in: H.-G. Ebert (Hrsg.), Beiträge zum islamischen Recht, Leipziger Beiträge zur Orientforschung 9, Frankfurt/Main 2000, S. 29 ff.

38 Art. 166 ff HGB i.V.m. Ministerialerlass 362/2005.

39 Art. 191 HGB.

40 Handelsvertretergesetz 120/1982 i.V.m. Durchführungsverordnung 342/1982; zuvor Gesetz 93/1974 i.V.m. Präsidialverordnung 1906/1974; für Importeure s. außerdem Import-/Exportgesetz 118/1975 und Importeursregistergesetz 120/1982.

41 ZPO von 1968; außerdem Beitritt zum Haager Übereinkommen auf dem Gebiet der Rechtshilfe in Zivilsachen in 1954 und zum Haager Übereinkommen über die Zustellung gerichtlicher und außergerichtlicher Schriftstücke im Ausland in Zivil- und Handelssachen im Jahre 1965.

42 Beitritt zur New York Convention on the Recognition and Enforcement of Foreign Arbitral Awards im Jahre 1958, Text der Konvention ist abrufbar unter www.unictral.org/uncitral/en/uncitral_texts/arbitration/NYConvention.html; siehe ferner Schiedsverfahrensgesetz 27/1994 i.V.m. Verordnung 8310/2008.

43 Für Ägypten Procurement Law 89/1998, zuvor 9/1983 und 236/1954.

44 Companies Act 159/1981 mit Ergänzungsgesetz 3/1998.

mit sich brachte[45]. Anfangs waren Investitionen zur Gewinnung von Energie und Bodenschätzen[46] noch einzeln verhandelt worden, die Öffnung für Investitionen zur gewerblichen und industriellen Produktion forderte standardisiertes Vorgehen und im internationalen Standortwettbewerb vergleichbare, transparente Ansiedlungsverträge und -bedingungen. Die ausländischen Investoren legen Wert auf stabile Rechtsregeln, etwa zur Ein- und Ausreise, zur Arbeit vor Ort, zur Beschaffung von Gütern und Leistungen aus dem Inland, und eine über die Investitionsdauer vorhersehbare staatliche Belastung der Wertschöpfung mit Lizenzgebühren, Förderabgaben, allgemeinen und besonderen Steuern. Dazu gehören Regeln über die Rechnungslegung[47] und ein klares Regime für die Erhebung von Steuern und Abgaben[48]. Hinzu kommt die Absicherung der Investitionen durch staatliche Garantien, völkerrechtliche Bindungen und internationale Schiedsverfahren[49]. Darüber hinaus erfordert die Transparenz möglichst englischsprachige Vereinbarungen von internationalem, sektorspezifischem Standard, im Erdölgeschäft also einem anglo-amerikanischen Standard. Ägypten hat frühzeitig seine Musterverträge für das Erdöl- und Erdgasgeschäft in englischer Sprache abgefasst und veröffentlicht.

Ausländische Investitionen erfordern auch ein modernes Arbeitsrecht[50], um der Bevölkerung eine faire Teilnahme an der Wertschöpfung zu sichern. Eine erhöhte nationale Teilhabe an der Wertschöpfung ist langfristig nur über gut ausgebildetes Personal möglich. Anfangs dachte man noch, über Nationalisierungen Vorteile zu erhalten. Im Anschluss an die zweite Erdölkrise 1979/1980 wurden nationale Erdölgesellschaften gebildet[51]. Aus den erstarkten Bürokratien war aber kaum unternehmerisches Personal zu gewinnen, und das vorhandene Wissen veraltete rasch. Nationale Großprojekte waren eher für Infrastruktur-

---

45 Überblick bei *P. Göpfrich*, Gesellschafts-, Investitions- und Niederlassungsrecht in Ägypten, Kairo (AHK) 1993, 14 ff.

46 Gemäß Berggesetz 66/1953, heute i.V.m. Erlass 758/1972.

47 In Ägypten gelten die IFRS (International Financial Reporting Standards, erstellt vom International Accounting Standards Bord, www.ifrs.org), vgl. Erlass 166/2008; Wirtschaftsprüfungsordnung Gesetz 133/1951; für ausländische Investitionen Erlass des Investitionsministers 243/2006, zuvor 503/1997 und 345/2002.

48 Einkommensteuergesetz 91/2005, zuvor 157/1981; Umsatzsteuergesetz 11/1991 und für ausländische Werkleistungen Gesetz 2/1997.

49 Beitritt zur New York Convention on the Recognition and Enforcement of Foreign Arbitral Awards (vgl. FN 42) und zum Washingtoner Übereinkommen (ICSID); s. auch Gesetz 90/1971 und Schiedsverfahrensgesetz 27/1994 i.V.m. Verordnung 8310/2008.

50 Arbeitsgesetz 12/2003 und 90/2005, zuvor 91/1951 und 137/1981; ausländische Arbeitnehmer benötigen eine Arbeitserlaubnis nach Gesetz 12/2003.

51 EGPC – Egyptian General Petroleum Corporation, gegründet 1956/1976, mit Petroleum Pipelines Company, gegründet 1968, EGAS – Egyptian Natural Gas Holding Company, gegründet 2001, ECHEM – Egyptian Petrochemicals Holding Company, gegründet 2002, GANOPE – Ganoub El Wadi Petroleum Holding Company, gegründet 2002 zur Entwicklung in Oberägypten.

maßnahmen wie Verkehrsanlagen und Verwaltungsbedarf erfolgreich, aber sie stagnierten in der einheimischen und erst recht in der internationalen Wertschöpfung. Nach dem Transfer aus den fremden Investitionen gewann der vertragliche Knowhow-Transfer ins Inland an Bedeutung[52]. Heute liegt der Schwerpunkt im Erwerb einer selbsttragenden Bildung durch Auslandsaufenthalte und eigene Bildungseinrichtungen.

Wenn man die binnenwirtschaftlichen Auswirkungen ausländischer, insbesondere energetischer Investitionen betrachtet, bleiben die Einflüsse ausländischen Rechts bis in die 80er Jahre hinein letztlich geprägt durch geographische und sachliche Punktualität der transnationalen Beziehungen. Diese Einflüsse sind damals noch nicht „in die Fläche" gegangen und soziologisch, wirtschaftlich und rechtlich breitenwirksam geworden. Mit Sonderregimes einschließlich Landerwerbsregeln[53], Freihandels- und Sonderinvestitionszonen[54] wurden sie weitgehend „eingefangen".

d) Die Folgen

Immer wichtiger geworden ist der langfristige, mittelbare Effekt vor allem der energetischen Investitionen. Mit zunehmender Dauer verschaffen die Erdölgelder unabhängig von der Art ihrer Dispersion in einem sich verstärkenden *trickle-down effect* der Bevölkerung zunehmend Freiheit von existentiellen Zwängen und damit Freiräume, die sie auch sozial und politisch im Sinne einer Demokratisierung nutzen will. Binnenwirtschaftlich gewinnt mit dem *trickle-down effect* der Finanzsektor an Bedeutung, dessen Regulierung auf einfachgesetzlicher Basis anstand[55]. Eine zunehmende Kapitalkraft ermöglicht einheimische gewinnträchtige Projekte, und zwar umso kapitalstärker die heimische Wirtschaft ist, mit umso langfristigeren Perspektiven. Das zeigen die Entwicklung des Tourismus in Ägypten, insbesondere am Roten Meer, und die Entwicklung von Dubai zum Drehkreuz zwischen Europa, Nahem und Fernem Osten. Vor allem der arbeitsintensive Tourismus entfaltet soziologische Breitenwirkung, selbst wenn man versucht, die Touristen in der Nähe der Hotels und auf den Routen der Sehenswürdigkeiten zu halten.

---

52 Zum Technologietransfervertrag vgl. Artt. 72 ff. HGB; problematisch ist die Fortgeltung von Art. 87 HGB, der für diese Verträge eine exklusive Kompetenz der staatlichen Gerichte begründet.

53 Gesetz 15/1963 mit Ergänzung durch Gesetz 81/1976, dann Gesetz 143/1981 mit Ergänzungen durch Gesetze 55/1988, 205/1991 und 96/1995, schließlich Gesetz 230/1996 i.V.m. Präsidialerlass von 2005.

54 Gesetz über Investitionszonen 19/2007 und dessen Vorläufer 83/2002.

55 Banking Law 162/1957, Insurance Law 10/1981, Capital Markets Law 95/1992, Foreign Currency Law 38/1994, Financial Leasing Law 95/1995.

3. Die Globalisierung

Die zunehmende Liberalisierung des Welthandels und die allgemeine Globalisierung durch die mediale Reichweite (Stichworte: al-Gazira, Arab Idol[56]) und vereinfachte Kommunikation (Internet, Mobilfunk) bewirken eine so noch nicht erlebte Breitenwirkung und gehen damit über eine politisch gestaltete bzw. gestaltbare *open/closed door policy* hinaus. Sie stellen generelle Herausforderungen an die Politik und die Rechtssysteme, nämlich das Vermeiden einer Abkopplung von der allgemeinen weltwirtschaftlichen Entwicklung, die innerstaatliche Bewältigung des ökonomischen und medialen Fortschritts und schließlich die innerstaatliche Bewältigung des Gegensatzes internationaler und nationaler Zwänge. Politik und Recht können im Grunde nur noch reagierend gestalten. Die Musik spielt bereits. Das bedeutet im Einzelnen:

a) Das Vermeiden einer Abkopplung von der allgemeinen Entwicklung

Die Implementierung von Rechtsstaatlichkeit und Internationalität wird zum zentralen Faktor für ausländische Investitionen: Garantien für gewerbliche Schutzrechte, Garantien für Eigentum und Investition, zugängliche rechtsstaatliche, insbesondere korruptionsfreie Behörden- und Gerichtsverfahren, Vorhalt von Angeboten für nationale und internationale Schiedsgerichtsbarkeit, Anerkennung und Vollstreckung ausländischer und international-schiedsgerichtlicher Urteile. In Ägypten ist das alles im Wesentlichen hervorragend umgesetzt, so dass Ägypten mit seiner Zentralfunktion für die MENA ein wichtiger Welthandels- und Investitionspartner der EU und anderer Länder ist.

b) Die innerstaatliche Bewältigung des ökonomischen und medialen Fortschritts

Die Integration fremder Handelsgüter in den eigenen Wirtschaftskreislauf erfordert ein umfangreiches technisches Normenwesen und eine entsprechend ausgebildete Bevölkerung. Wissensbeschaffung wird zum zentralen Thema, bedeutet aber zugleich eine aufgeklärtere, selbstbewusstere Bevölkerung, die Rechtsstaatlichkeit fordert und Teilhabe will, nicht nur am Wohlstand, sondern auch an den politischen Prozessen, die ihn steuern. In Ägypten gilt die Verfassung von 1971 mit Ergänzung von 1980. Der Staat versucht, durch stabile Verhältnisse und wirtschaftliche Freiheiten die Grundlage für breiten Wohlstand zu schaffen. Dennoch verbleiben hier große Herausforderungen. Die bürgerliche Teilhabe wird notfalls über Nichtregierungsorganisationen (NGOs) und andere zivilgesellschaftliche Initiativen möglich, aber es besteht immer einerseits die Gefahr

56 Muda Islam, Analogon zu American Idol, dem Vorbild für das TV-Format „Deutschland sucht den Superstar".

radikal-islamischer Unterwanderung durch gesellschaftliche Verlierer und andererseits die Gefahr überbordender und damit kontraproduktiver Repression[57]. Dies schlägt dann ins Wirtschaftsrecht durch[58]. Dort werden moderne Überlegungen fruchtbar gemacht. So gibt es für die Wirtschaftsunternehmen inzwischen sogar einen Egypt Code of Corporate Governance[59].

c) Internationale gegen nationale Zwänge

Diese Herausforderung hat zwei zentrale, teilweise widerstreitende Aspekte, nämlich zum einen die Abwehr von „leakage". Das sind Investitionen, die als ausländische Direktinvestitionen oder inländische Entlastungsangebote die Flucht von Wirtschaftstätigkeit (Produktion, Abfallentsorgung) aus strengen Umwelt- und Sozialrechtsregimes in preiswertere Standorte bezwecken. Zum anderen geht es um die Bewältigung des eigenen Bevölkerungswachstums, das zusammen mit dem zivilisatorischen Fortschritt den Druck auf die natürlichen Ressourcen erhöht und vor allem mehr einträgliche Beschäftigung braucht. Ägypten ist aufgrund seiner Abhängigkeit vom Nilwasser besonders empfindlich für ökologische Fragen und hat ein modernes Umweltgesetz 4/1994 in Kraft gesetzt. Das Gesetz 4/1994[60] und die zugehörige Basisverordnung regeln die Behördenstruktur und den Schutz von Land, Luft und Wasser vor Verschmutzung sowie das Umweltstrafrecht. In deutschrechtlichen Kategorien umfasst dies die Grundlagen der Regionalplanung, die Umweltverträglichkeitsprüfung, das Recht der technischen Anlagen einschl. Emissionsrecht, das Abfallwirtschaftsrecht, das Wasserhaushaltsrecht, eingeschränkt auch das Naturschutzrecht[61]. Insbesondere die Regionalplanung erfolgt mit Expertise und großem Engagement[62].

An diesen Aspekt des Umwelt- und Ressourcenschutzes knüpfen zunehmend internationale Initiativen zum Umwelt- und Naturschutz, zuletzt zum Klimaschutz, von NGOs und der Völkergemeinschaft, die in einer gebildeten, vor al-

---

57 S. auch *B. eldin Hassan*, The Human Rights Dilemma in Egypt: Political Will or Islam, in: H. Ellisie (Hrsg.), Islam und Menschenrechte, Beiträge zum Islamischen Recht VII, Leipziger Beiträge zur Orientforschung 26, Frankfurt/Main 2010, S. 281 ff.

58 Ausführlich zu den theoretischen und sozialen Grundlagen in Ägypten *H. Müller*, Marktwirtschaft und Islam, Leipziger Schriften zur Gesellschaftswissenschaft Bd. 9, Baden-Baden 2002.

59 Unter www.cipe.org/regional/mena/MENA%20EG%20CG/content/cg_programpartners/Egyptian_Code_of_Corporate_Governance_Guideline_and_Standards_October_2005_Egypt_English.pdf.

60 Mit Ergänzung durch Gesetz 9/2009; bereits das Berggesetz 66/1953 enthält strikte Bestimmungen zur Einhaltung des Umweltschutzes.

61 Vgl. auch Gesetz 102/1983 mit Ausführungsverordnungen.

62 Vgl. z.B. Egyptian Environmental Affairs Agency: Alexandria Integrated Coastal Zone Management Project – Environmental and Social Impact Assessment, Oct. 20, 2009, abrufbar unter www.eeaa.gov.eg (Services); ähnliche Planungen erfolgen für den Sinai und für die Küste des Roten Meeres.

lem informatorisch international vernetzten Bevölkerung starke nationale Bewegungen auslösen und mit einer Verbesserung des Rechtsrahmens sowie einer Verschärfung der Anforderungen an Wirtschaft und Verbraucher zu beantworten sind. Stichworte sind der sog. Erdgipfel von Rio 1992 (United Nations Conference on Environment and Development) und die Folgekonferenzen (1997 in New York, 2002 in Johannesburg) mit den zentralen Themen Nachhaltigkeit der Ressourcenbewirtschaftung (Agenda 21), Rio-Erklärung über Umwelt und Entwicklung, UN-Klimarahmenkonvention, betreffend den Schutz der Atmosphäre vor Ozonabbau und CO_2-Aufbau, UN-Wüstenkonvention, UN-Konvention über Biodiversität, betreffend den Schutz der Wale und der wandernden Tierarten (insbesondere Zugvögel) und den Schutz von Biotopen, Biotopverbünden und *biological hot spots* zur Wahrung des Weltnaturerbes.

Die Nachhaltigkeit der Ressourcenbewirtschaftung ist ein Thema, zu dem Ägypten aufgrund seiner langen Zivilisationsgeschichte im Niltal besonderen Zugang hat[63]. Der Energieverbrauch (derzeit ca. 101 TWh) wächst seit 1980 mit über 4,5 % jährlich, während der Assuan-Staudamm und die übrigen Wasserkraftwerke zwar konstant, aber eben anteilig abnehmend Elektrizität liefern und die einheimische Erdöl- und Erdgasgewinnung inzwischen trotz verstärkter Bemühungen ein Plateau erreicht haben[64]. Der Schritt zu Erneuerbaren Energien (Renewable Energies – RE) und Energieeffizienz (Energy Efficiency – EE) liegt daher schon energiepolitisch nahe[65]. Hinzu kommt der Klimaschutz, dessen Verfolgung den Vorteil bietet, Hilfen aus den Industriestaaten zu erhalten, während die Energiepolitik mit eigenen Mitteln umzusetzen ist. Erneuerbare Energien und Energieeffizienz werden somit vor allem unter dem Gesichtspunkt des Klimaschutzes propagiert.

4. Die Erneuerbaren Energien (RE) und die Energieeffizienz (EE)

a) Das internationale Recht des Klimaschutzes

Die 1992 verabschiedete und 1994 in Kraft getretene UN-Klimarahmenkonvention[66] ist die Grundlage des 1997 verabschiedeten und 2005 in Kraft getretenen Kyoto-Protokolls, das die CO_2-Emissionsminderungen bis 2012 festschreibt.

---

63 Übersicht mit Schwerpunkt Gebäudeeffizienz bei *A. Khalil*, Sustainable Development in the Middle East – Egypt: Transition from Rich History to Future Challenges, Seattle 2008, abrufbar unter www.pugetsoundashrae.org (EV 2003-2008 Presentation Materials).

64 Egypt State Information Service, Energy (mit Zahlen bis 2006), abrufbar unter www2.sis.gov.eg/En/Economy/Sectors/Energy/050302000000000001.htm.

65 Zur ägyptischen Stromwirtschaft UN Environment Program, International Energy Acency: Baseline Survey of the renewable energy sector – Egypt, 2003, abrufbar unter www.unep.fr/energy/activities/medrep/pdf/MEDREP%20-%20Egypt%20Baseline.pdf.

66 United Nations Framework Convention on Climate Change, http://unfcc.int.

Aufgrund der Bali Road Map von 2007 wird über weitere Minderungsziele verhandelt. Nachdem das Treffen Anfang Dezember 2009 in Kopenhagen ohne verbindliches Ergebnis blieb, richten sich jetzt die Hoffnungen auf die Fortsetzung des Treffens in Mexico City[67]. Das Kyoto-Protokoll sieht zwei Wege internationaler Zusammenarbeit zur Erreichung der Klimaschutzziele vor, den Clean Development Mechanism und die Joint Implementation[68].

Beide betreffen Investitionen im Ausland, die im Verhältnis zur dortigen Referenzmenge eine zusätzliche Emissionsminderung bringen und die vorgenommen werden, weil sie effizienter bzw. wirtschaftlicher als im Heimatland sind. Ankerpunkt im Investitionsland ist die Designated National Authority (DNA). Die Joint Implementation ist nur zwischen Industrieländern möglich. Ihre Minderungsziele sind in absoluter Menge definiert, und für die erlaubte Emissionsmenge richten sie grundsätzlich ein Emissionshandelssystem[69] ein. Wenn hier ein neues Projekt zu einer zusätzlichen Emissionsminderung führt, zertifiziert die DNA des Investitionslandes die Minderungsmenge und stellt Zertifikate, sog. Emission Reduction Units (ERU) aus, die der Investor erwirbt und im Heimatland durch Anrechnung auf seine Emissionen verbraucht oder im Handelssystem veräußert. Der Clean Development Mechanism arbeitet zwischen Industrie- und Entwicklungs- bzw. Schwellenländern. Letztere haben keine quantifizierten Reduktionsziele und demgemäß auch kein Emissionshandelssystem. Nach Zulassung des Projekts durch die DNA verifiziert eine international akkreditierte technische Validierungsstelle die Emissionsminderung und ihre Zusätzlichkeit. Das CDM Executive Board des Klimarates erkennt die Validierung an, zertifiziert die Mindermenge als Certified Emission Reductions (CER) und erhöht die nationale Emissionsmenge des Investorenstaates. Der Investor erhält die Zertifikate und kann sie verbrauchen oder handeln. Für Europa hat eine EU-Richtlinie[70] sichergestellt, dass ERUs und CERs 1:1 in europäisch handelbare Emissionszertifikate umgeschrieben werden.

---

67 Ausführlich *F. Lamprecht*, Klimagipfel-Enttäuschung in Kopenhagen, Hoffen auf Mexico, Energiewirtschaftliche Tagesfragen 2010, Heft 1, S. 134 ff. m.w.N.

68 Vgl. dazu Umweltbundesamt/Deutsche Emissionshandelsstelle, Klimaschutz: Joint Implementation und Clean Development Mechanism – Die projektbezogenen Mechanismen des Kyoto-Protokolls, Berlin 2005, abrufbar unter www.dehst.de (Internationaler Klimaschutz).

69 Für Europa Richtlinie 2003/87/EG über ein System für den Handel mit Treibhausgasemissionszertifikaten, ABl 2003 L 275/32, geändert mit Richtlinie 2008/101/EG, ABl 2009 L 8/3; für Deutschland siehe Gesetz über den Handel mit Berechtigungen zur Emission von Treibhausgasen – TEHG, BGBl 2004 I 1578 mit späteren Änderungen.

70 Sog. linking directive, Richtlinie 2004/101/EG zur Änderung der Richtlinie 2003/87/EG über ein System für den Handel mit Treibhausgasemissionszertifikaten in der EU im Sinne der projektbezogenen Mechanismen des Kyoto-Protokolls, ABl 2004 L 338/18.

Die arabische Welt trägt gut 4 % zum anthropogenen CO_2-Aufkommen der Welt bei, ähnlich viel also wie Deutschland. Ägyptens Emissionen wurden für 2004/2005 auf gut 137 Mio t CO_2 pro Jahr (= ca. 0,6 % des CO_2-Weltaufkommens) geschätzt, davon 70 % aus der Energiewirtschaft einschl. 35 % aus der Elektrizitätswirtschaft[71] (18,5 GW installierter Leistung decken knapp 70 TWh Bedarf mit Spitzenlast 17,5 MW; zum Vergleich: in Deutschland decken 140 GW installierter Leistung ca. 600 TWh Bedarf mit Spitzenlast knapp 80 MW). Ägypten wurde früh Vertragsstaat der Klimakonvention und des Kyoto-Protokolls[72]. Sein Umweltgesetz von 1994 enthält zwar Emissionsgrenzwerte für Anlagen, aber es fehlen eine absolute Emissionsobergrenze, definierte nationale Reduktionsziele und für die Großanlagen ein entsprechender nationaler Allokationsplan. Damit sind ausländische Projekte zur Emissionsminderung in Ägypten über den aufwendigen Clean Development Mechanism zu führen. Seit 2005 ist eine DNA bei der Umweltbehörde (Egyptian Environmental Affairs Agency) eingerichtet. 2007 gab es ca. 40 CDM-Projekte, drei Viertel davon bereits in Ausführung.

b) Die nationale Energie- und Klimapolitik

Ägypten hat um die Jahrtausendwende mit großer Verve eine Klimapolitik definiert, die sich auf UN-Hilfsprogramme und die Zusammenarbeit mit der EU, darunter insbesondere Deutschland mit der Gesellschaft für technische Zusammenarbeit (GTZ), sowie USA und Japan stützt und mit Hilfe einer New and Renewable Energy Authority (NREA, gegründet 1986!) folgende Felder betrifft[73]: Ausbau der RE, und zwar auf 20 % des Bedarfs bis 2020 (Regierungsbeschluss vom Februar 2008), insbesondere durch Ausbau der Windenergie (Ausbau auf 12 %), Ausbau der Solarthermie und Methangewinnung aus Deponien; Energie-Effizienz zur Minderung des Bedarfs um 8,3 % bis 2022, insbesondere durch Energiedienstleistungen, verbraucherseitig gesteuertes Lastmanagement (Demand Side Management – DSM), Green Building, Verbesserung der Elektrizitätsnetze und KWK; Änderungen im Verkehrssektor (Modellprojekte für Erdgas- und alternative Antriebe im öffentlichen Personennahverkehr, Erdgas-Motorräder).

---

71 S. *Y. Georgy/A. T. Soliman*, Mediterranean and National Strategies for Sustainable Development, Priority Field of Action 2: Energy and Climate Change, Energy and Renewable Energy, Egypt – National study; Sophia Antipolis (Plan Bleu Regional Activity Center) aus dem Jahr 2007, im Internet abrufbar unter der Adresse www.planbleu.org/publications/atelier_energy_EG_National_Study_Final.pdf.

72 Gezeichnet 1999, ratifiziert 2005, in Kraft seit 2005.

73 Vgl. www.eeaa.gov.eg/ecc/ClimateInitiativesTI.htm mit Stand 2002; Industrial Modernization Center, Energy Efficiency, Renewable Energy and Environmental Protection Programme, Stand 2009, abrufbar unter www.imc-egypt.org/pgmenergy.asp.

Aufgrund dieser frühen proaktiven Gestaltung und mit Hilfe der Vernetzung zu den Geberländern hat Ägypten eine Führungsrolle in der arabischen Welt eingenommen. Im Rahmen der Europäischen Nachbarschaftspolitik schloss Ägypten mit der EU die Vereinbarung von Kairo vom 02. Dezember 2008, das Memorandum of Understanding on Strategic Partnership on Energy between the European Union and the Arab Republic of Egypt. Das Memorandum folgt der Cairo Declaration of Intentions vom 25. Juni 2008, mit der das Regional Center of Renewable Energy and Energy Efficiency (RCREEE) gegründet wird. Gründer sind Algerien, Ägypten, Jordanien, Libanon, Libyen, Marokko, Palästina, Syrien, Tunesien und Jemen einerseits und Deutschland, Dänemark und die EU andererseits. Für die europäischen Partner handelt die deutsche GTZ. Sie war schon an der Gründung des Egyptian German Joint Committee on Renewable Energy and Energy Efficiency[74] durch das Bundesministerium für wirtschaftliche Zusammenarbeit und Entwicklung (BMZ) und die ägyptische Regierung am 30. Oktober 2008 in Kairo beteiligt und kann nun mit dem ägyptischen Partner die Führungsrolle für RE und EE in die arabische Welt ausbauen.

c) Einzelheiten von RE und EE

Wichtige Voraussetzungen für die Erzeugung von Elektrizität aus Erneuerbaren Energien liegen vor. Seit 1996 dürfen Private in Ägypten wieder Elektrizität erzeugen[75]. Seit 2007 gilt für die Einfuhr von RE-Materialien ein ermäßigter Zolltarif[76]. Dennoch gibt es ein wesentliches Problem für RE und EE: Die Preise für Energie setzt der Staat aus sozial- und industriepolitischen Gründen niedrig fest und subventioniert sie herunter[77]. Diese Subventionen machen – sinkend – ca. ein Achtel des Staatshaushalts aus. In der Folge hängen private RE- und EE-Projekte von Fördergeldern ab[78]. Die EU schießt seit 2007 140 bis 150 Mio EUR jährlich zu[79]. Grundlage der Zusammenarbeit ist das EU-Assoziierungsabkommen von 2004, dessen Art. 53 über die Zusammenarbeit im Energiesektor,

74 Vgl. www.jcee-eg.net.

75 Gesetz 100/1996.

76 Präsidialerlass 39/2007.

77 Auf durchschnittlich 2 Eurocent/kWh für HuK und 1,5 Eurocent/kWh für Industrie; die Arbeitspreise sind nach kWh-Abnahme gestaffelt von 0,7 bis 4,7 Eurocent/kWh für Haushalte und 3-7 Eurocent/kWh für Gewerbe, sind aber für Hochspannungsabnahme und Wohnungsbaugesellschaften fest.

78 *D. Morgan*, Renewable Energy in Egypt, Juni 2009, abrufbar unter www.english.globalarabnetwork.com/200906191305/Energy/renable-energy-in-egypt.htm; *M. Tawfik*, Egypt: Renewable energy competing against nuclear power, Deutsche Welle 24.11.2009, im Internet abrufbar unter der Adresse www.dw-world.de/dw/article/0,477794,00.html.

79 *C. LeCoq*, A gust of wind energy in Egypt, Daily News Egypt 23.05.2010, abrufbar unter www.zawya.com/printstory.cfm?storyid=ZAWYA20100524044255.

der die Erneuerbaren Energien und die Energieeffizienz (zusammen mit dem Energiedatenaustausch und der Verbesserung und Verknüpfung der Netze) als Priorität definiert. Für RE-Projekte, insbesondere Windkraftanlagen, übernimmt die staatliche Elektrizitätsgesellschaft Egyptian Electricity Transmission Company (EETC) die wesentlichen Netzanschlusskosten und vergütet die Einspeisung mit Preisen, die 10 % über dem staatlichen Tarifpreis liegen. Dies beruht auf Beschlüssen der Egyptian Electricity Regulatory Agency im Ministry of Electricity. Das Parlament arbeitet derzeit an einem neuen Elektrizitätsgesetz[80], dessen Entwurf eine Privatisierung und Liberalisierung des Elektrizitätssektors in Schritten bis 2014, 2017 und 2020 vorsah[81]. Inzwischen scheint man aber doch das staatliche System beibehalten zu wollen, wonach weiterhin die EETC den RE-Bedarf ausschreibt und nach Abstimmung mit der Aufsichtsbehörde (Egyptian Electric Utility and Consumer Protection Regulatory Agency) mit Zustimmung der Regierung die Bedingungen für den Ankauf privat erzeugter RE-Elektrizität festlegt. Dies geschieht nicht zuletzt aus Sorge, Strompreissteigerungen seien sozial inakzeptabel[82]. Abgesehen von innenpolitischen Fragen scheint mir vor allem offen, inwieweit das Ziel, 20 % des Bedarfs in 2020 aus RE zu erzeugen, einer nuklearen Leistungsabsicherung bedarf[83]. Bei den RE liegt bisher der Fokus auf Windkraftanlagen. Seit 2005 liegt ein Windatlas für das gesamte Staatsgebiet vor. Neben einer Pilotanlage in Ras Ghareb (4 x 100 kW) aus 1993 gibt es Windparks in Zafarana (335 MW, insgesamt bis 545 MW mit deutschen, aber inzwischen auch dänischen, spanischen und japanischen Geldern) und Hurghada (5 MW mit dänischem Geld); geplant ist ein Ausbau der Windkraft im Gulf el-Zayt um 860 MW[84] und entlang der Küste des Roten Meeres um 2.500 MW und insgesamt in Ägypten bis 2020 auf 7.210 MW.[85] Bei den Solarkraftanlagen setzt man auf den Verbund mit Erdgas, damit auch nachts

80 Zum Stand der Gesetzgebung s. *N. Mansour*, The Unified Electricity Law ... will it meet the interest of low-income brackets, Al Ahram Daily Newspaper of February 15, 2010, abrufbar unter www.jcee-eg.net (Articles: Electricity law explained); *E. El-Sebaii*, The Wind Speed attracts World investors to "Gabal El Zeit", Al Akhbar Daily Newspaper of March 22, 2010, abrufbar unter www.jcee-eg.net (Articles: The Wind Speed ...).

81 *J. Chester*, Alternative Energy goes mainstream, Business Today Egypt, early 2009, abrufbar unter www.businesstodayegypt.com/ArticleID=8308.

82 *A.M. Storch*, Egypt's recent developments in renewable energy legislation, International Bar Association Section on Energy, Environment, Natural Resources and Infrastructure Law – Current Practice vol 6 no 1 (July 201), S. 5, 8; S. 6, 7 mit Einzelheiten zu den Verfahren; sie sieht nur geringe Chancen auf Verabschiedung vor den Präsidentschaftswahlen 2011.

83 Mit der Präsidialentscheidung von 2007 hält sich Ägypten die nukleare Option auch vor dem Hintergrund der Spannungen mit dem Iran offen; zum Stand in El Dabaa vgl. *Storch* (FN 82), S. 5, 6.

84 *E. El-Sebaii* (FN 80).

85 *Chester* (FN 81); s. auch Global Wind Energy Council, Egypt, Stand 2010, abrufbar unter www.gwec.net/index.php?id=122.

und bei bedecktem Himmel ausreichend geliefert werden kann. Eine Pilotanlage mit 150 MW aus Erdgas und 20 MW aus Solar bei Koraymat (95 km südlich von Kairo) geht in diesen Tagen in Betrieb. Zwei weitere Anlagen mit 300 MW sind geplant.[86] RE-Projekte, insbesondere Photovoltaik, werden vor allem in die weitestgehend erfolgte ländliche Elektrifizierung eingebunden.

Den EE-Bereich führt die Organization for Energy Conservation and Planning, die als staatliche Behörde bereits 1983 gegründet wurde. Ein ministerieller Erlass von 1987 über die Installation von Sonnenwärmekollektoren für Heißwasser in neuen Stadtteilen ist bisher nicht strikt umgesetzt worden.[87] Hier steckt aber das größte Potential, denn 1/3 des fossilen Verbrauchs bedient Heizung und Warmwasser[88]. Angesichts eines privaten Verbrauchs von 40 % und eines industriellen Verbrauchs von ebenfalls ca. 40 % der Stromproduktion sowie weiterer hoher Zuwächse – man rechnet mit bis zu 8 % pro Jahr – birgt vor allem der EE-Sektor energie- und klimapolitisches Potential. Er wird geschätzt auf ein Marktvolumen von 1 Mrd. USD[89] und gemeinsam mit DSM auf ein Einsparvolumen von bis zu 15 % des Elektrizitätsverbrauchs[90]. Das Hauptaugenmerk liegt auf energieeffizienten Gebäuden (sog. green buildings). Das Thema wird vor allem mit Hilfe des UN Development Program[91] sowie amerikanischen Hilfsprogrammen und deutschen bzw. europäischen Initiativen verfolgt. Mit Unterstützung der University of California at Irvine wurde 2009 ein Egyptian Green Building Council eingerichtet[92], das amerikanische Green Building Standards rezipiert. Parallel dazu hat die GTZ das Egyptian German Joint Committee on Renewable Energy and Energy Efficiency mit einem CDM-Programm „Green Buildings in Egypt“ beschäftigt[93] und die EU einen Workshop zur Standardisierung gesponsort[94]. Zur Energieeffizienz soll weiterhin die Einführung technischer Normen zur Kennzeichnung von Haushaltsgeräten nach Ener-

86 *Chester* (FN 81) und *C. McGrawth*, Plenty of sun, nobody catching any rays, MEED 29.07.2009, abrufbar unter http://ipsnews.net/print.asp?idnews=47861. (FN 114).

87 *Chester* (FN 81).

88 *McGrath* (FN 86).

89 *Magoicx-Gacic*, Untapped Market for Energy Efficient Technologies in Egypt, B2B Mai 2009, s. www.renewablesb2b.com/ahk_indonesia/eu/portal/index/news/print/a31effcfaec.

90 *Y. Abu-Alam*, Energy Efficiency Improvements- Egypt, 1998, abrufbar unter http://esa.un.org/techcoop/flagship.asp?Code=EGY97G31.

91 Vgl. UNDP-GEF: Project Report on Energy Efficiency Improvements and Greenhouse Gas Reductions (EEIGGR) for Egypt, auf dem Stand des Jahres 2007, abrufbar unter www.undp.org/gef/portfolio/writeups/cc/egypt_ee.html.

92 Vgl. www.egypt-gbc.org.

93 Vgl. www.jcee-eg.net/JCEE/Green Buildings-Clean-Development-Mechanism-Egypt.

94 *A. Mourtada*, National Consultation – Egypt Policies for Energy Efficiency in Buildings in Egypt, Workshop Cairo 28.05.2009, abrufbar unter www.med-enec.com/en/NC/2009/NC_Egypt_09/Report%20Mourtada%20for %20NC%20EGY.pdf; *G.B. Hanna*, Egyptian Energy Efficiency Building Codes, Cairo 28.05.2009, abrufbar unter www.med-enec.om/en/NC_Egypt_09/George Bassili.pdf.

gieverbrauchsklassen durch die Egypt Organization for Energy Planning beitragen[95]. Vorlage ist eine EU-Richtlinie[96].

d) Das Desertec-Projekt

Das Projekt, Solarstrom aus der Sahara für Europa zu gewinnen, geht auf Überlegungen im Rahmen des Club of Rome zurück. Aus der von ihm initiierten Trans-Mediterranean Renewable Energy Cooperation wurde 2008 die Desertec-Sttiftung[97], der es gemeinsam mit der Münchener Rückversicherung AG im Juli 2009 gelang, mit deutschen Industrieunternehmen die Desertec Industrial Initiative in Form der Dii GmbH zu gründen. Deutschland folgte damit dem französischen Vorhaben des Plan Solaire Méditerranéen, der im Rahmen der von Präsident N. Sarkozy im Juli 2008 gestarteten Union pour la Méditerranée entwickelt wurde.

Das Konzept beruht auf solarthermischen Kraftwerken, die über Spiegel die Sonnenstrahlen bündeln und durch Erhitzung eines Wärmeträgers Dampf erzeugen, der Generatoren antreibt. Der Wärmeträger ist begrenzt, maximal für zwei Tage, vor Ort speicherbar, so dass eine gleichmäßige Produktion und Einspeisung möglich ist. Der so erzeugte Wechselstrom soll umgeformt und über Hochspannungs-Gleichstrom-Übertragungsleitungen (HGÜs), die vor allem über große Entfernungen wesentlich weniger Übertragungsverluste als Wechselstromleitungen (10–15 v. 30–60 %) haben, in Tiefseekabeln durch das Mittelmeer nach Europa gebracht und dort über Landleitungen verteilt werden, um den dortigen Bedarf zu decken und so den aus fossilen Energien mit CO_2-Emission und evtl. auch den in Kernkraftwerken erzeugten Strom ersetzen. Theoretisch wäre eine Wüstenfläche von 100 x 100 km ausreichend, um den Strombedarf Europas zu decken. Praktische, ökonomische und politische Überlegungen bzgl. des Projekts selbst, seiner Auswirkungen in den Empfängerländern insbesondere auf deren Energieprogramme und der daraus entstehenden neuen Importabhängigkeit[98] haben den Plan reduziert auf einen derzeitigen Deckungsbeitrag von 15 bis 50 %, eine installierte Leistung von bis zu 100 GW und eine Investition in Kraftwerke und Leitungen von bis zu 400 Mrd. EUR bis 2050. Auch für diese

95 *K. Tiedemann*, Performance standards and residential energy efficiency in Egypt, Transactions of the Wessex institute, Wessex e-Library, abrufbar unter http://library.witpress.com/pages/PaperInfo.asp?PaperID=16451.

96 Richtlinie 2010/30 vom 19. Mai 2010 über die Angabe des Verbrauchs an Energie und anderen Ressourcen durch energieverbrauchsrelevante Produkte mittels einheitlicher Etiketten und Produktinformationen, ABl 2010 L 153/1; zuvor Richtlinie 92/75/EWG. Die Reglung wird ergänzt durch die sog. Öko-Design-Richtlinie 2005/32/EG, ABl 2005 L 191/29.

97 Vgl. www.desertec.org.

98 Vgl. auch *Y. El-Sharif*, Experten zweifeln an Wüstenstromwunder, Der Spiegel vom 13.07.2009, abrufbar unter www.spiegel.de/wirtschaft/0518,635811,00.html.

Größen bedarf es technologischer Sprünge, denn bisher leisten die Solarkraftwerke maximal 64 MW (Nevada), ein Zehntel eines üblichen Kraftwerksblocks, und die HGÜs maximal 3 GW. Hinzu kommen Umweltprobleme (Wasserbedarf, Abhitze), die sogar das koranische Gebot zur Achtung der Schöpfung als Zeichen Gottes und entsprechende verfassungsrechtliche Vorgaben verletzen können. Schon die technischen Herausforderungen für eine gleichmäßige Belieferung der europäischen Verbrauchszentren sind also erheblich, nicht zuletzt auch aufgrund der einseitigen Konzentration auf Solarkraftwerke. Ägypten setzt auf eine Kombination von Solarenergie und Erdgas im Kraftwerk Koraymat und mischt seine RE-Produktion mit Windkraftanlagen ab.

Naturgemäß sind die südlichen Mittelmeeranrainer aufs Höchste am Desertec-Projekt interessiert. Für Ägypten wird ein möglicher Beitrag von bis zu 25 GW in Aussicht gestellt. Von jeder installierten Leistung dürfte das Land selbst einen erheblichen Anteil benötigen. Es geht um riesige Investitionen in eine Hochtechnologie, zu der die Wüstenstaaten das Land und die Arbeit beisteuern. Die Beschäftigungseffekte wie auch die Zinsen für Landpacht und Steuern werden wie gewaltige Konjunkturpakete wirken. Darüber hinaus kann ein Gastland eine Stromquote zur Deckung des eigenen Elektrizitätsbedarfs verlangen, zumal der eigene Bedarf steigt mit wachsender Bevölkerung, wachsendem Lebensstandard und vor allem mit der absehbaren Verknappung von Süßwasser, das durch entsalztes Meerwasser ersetzt werden muss. Damit werden die Projekte wesentlich teurer als bisher gerechnet.

Auch ohne diese Verteuerung steckt das Projekt in einem Dilemma. Zu rechnen ist schon aus technischen Gründen eher mit Pilotprojekten für den lokalen Bedarf als mit großen Exportprojekten. Angesichts durchweg subventionierter Strompreise rechnen sie sich aber nur mit Entwicklungshilfezuschüssen. Nur Großprojekte ermöglichen ausreichende *economies of scale*, um das Niveau europäischer Strompreise zu erreichen. Damit müsste man erklären, dass der „saubere“ Strom nur für den Export ist, weil er so teuer ist, dass die einheimische Bevölkerung ihn nicht kaufen kann. Das erhöht das Risiko einer steigenden Belastung der Anlagen mit lokalen Abgaben (von Strom oder Geld), letztlich sogar einer Enteignung der Anlagen. Hinzu kommt: Je größer der Anteil importierten Solarstroms in der EU ist, desto größer ist die Verhandlungsmacht der Exporteure, da der Aufbau alternativer Stromquellen – nicht zuletzt wegen der Einrichtung der vorgelagerten Infrastrukturen – Jahrzehnte beansprucht und damit viel zeitintensiver ist als der kurzfristig darstellbare Ersatz einer ausgefallenen Erdöl-, Erdgas-, oder Kohlelieferung.

Mit Desertec laufen die privaten Investoren also hohe technische, finanzielle und existentielle Risiken. Sie werden sich nicht auf den Schutz durch nationale Gesetze der Gastländer verlassen können, zumal diese in ihrer Wirksamkeit (insbesondere Sharia-Konformität) und Geltungsdauer (infolge gesellschaftlicher Instabilitäten) kaum absehbar sind. Ohne projektspezifische multi- und bilaterale Investitionsschutz- und Beistandsverträge unter Einbindung der EU und ihrer Mitglieder, der Maghreb-Union bzw. der Arabischen Liga und ihrer Mitglieder werden die Investitionen wohl nicht annähernd das geplante Volumen erreichen können. Beistandsverträge bezeichnen hier zwischenstaatliche Vereinbarungen zur Zusammenarbeit. Sie fördern lokale Projekte (Kraftwerke und Leitungen), z.B. durch Abstimmung der UVP- und Genehmigungsverfahren beim Bau, garantieren ihre Unversehrtheit und verpflichten für den Fall eines Ausfalls wechselseitig zur Beistellung ausreichender Reserven zur Einhaltung von Exportzusagen. Eine gesamtschuldnerische wechselseitige Garantie von Liefervolumen erfordert eine gemeinsame Planung zum Vorhalt ausreichender Reserven, die Installation und den Betrieb der Erzeugungskapazitäten, ein gemeinsames Lastmanagement und die tatsächliche und finanzielle Ausbalancierung der Reservekapazitäten unbeschadet eines anzustrebenden Wettbewerbs der einzelnen Kraftwerksauslieferungen. Derartige Rahmenvereinbarungen müssten dann in die nationalen Rechte umgesetzt werden. Im Vergleich zu den bisherigen eher vertikalen Energie- und Klimaprojekten bedarf das Desertec-Projekt der Absicherung durch technische und rechtliche Vernetzung und birgt damit wesentlich höhere Komplexitäten nicht nur in technischer, sondern vor allem auch in rechtlicher Hinsicht. Die Rechte der arabischen Länder werden diese neuen Herausforderungen gemeinsam mit unseren Rechten annehmen.

LEIPZIGER BEITRÄGE ZUR ORIENTFORSCHUNG

Herausgegeben von Hans-Georg Ebert
Begründet von Günter Barthel

Die Reihe *Leipziger Beiträge zur Orientforschung* widmet sich Themen und Problemfeldern der islamischen Welt in Vergangenheit und Gegenwart. Dabei werden unterschiedliche Disziplinen, Regionen und Methoden erfasst. Das Spektrum reicht von rechtlichen, historischen, religiösen, kulturellen, sprachlichen, politischen und sozial-ökonomischen Fragestellungen bis hin zu vergleichenden "area studies". Innerhalb der Reihe erscheinen die in Zusammenarbeit mit der "Gesellschaft für Arabisches und Islamisches Recht e.V." herausgegebenen Tagungsbände. Die einzelnen Veröffentlichungen sollen das interkulturelle Verständnis fördern, neue Forschungsansätze aufzeigen und Ergebnisse wissenschaftlicher Untersuchungen präsentieren.

Band 1 Lutz Knörnschild: Zur Geschichte der Nilwassernutzung in der ägyptischen Landwirtschaft von den Anfängen bis zur Gegenwart. 1993.

Band 2 Henner Fürtig / Rolf Müller-Syring (Hrsg.): Ursachen gewaltförmiger Konflikte in der Golfregion. Internationale und zwischenstaatliche Faktoren. 1993.

Band 3 Ingelore Goldmann (Hrsg.): Beiträge zur Fachdidaktik Arabisch. Didaktische und methodische Probleme des modernen Arabischunterrrichts. 1993.

Band 4 Roland Kühnel: Die sprachliche Situation an Hochschulen des Maghreb und die offizielle Sprachpolitik – Eine soziolinguistische Untersuchung. 1995.

Band 5 Henk Knaupe / Ulrich G. Wurzel: Aufbruch in der Wüste. Die Neuen Städte in Ägypten. 1995.

Band 6 Wolfgang Reuschel: Aspekt und Tempus in der Sprache des Korans. 1996.

Band 7 Hans-Georg Ebert: Das Personalstatut arabischer Länder. Problemfelder, Methoden, Perspektiven. Ein Beitrag zum Diskurs über Theorie und Praxis des Islamischen Rechts. 1996.

Band 8 Uwe Pfullmann: Politische Strategien Ibn Sa^{c}ūds beim Aufbau des dritten saudischen Staates. Eine historische Studie unter besonderer Berücksichtigung deutschen Archivmaterials. 1996.

Band 9 Hans-Georg Ebert (Hrsg.): Beiträge zum Islamischen Recht. 2000.

Band 10 Anja Wünsch: Innenansichten ökonomischer Restrukturierung. Wirkungen und Wirksamkeit der Strukturanpassung in Jordanien, 1989-1999. 2001.

Band 11 Thoralf Hanstein: Islamisches Recht und Nationales Recht. Teil 1 und 2. Eine Untersuchung zum Einfluß des Islamischen Rechts auf die Entwicklung des modernen Familienrechts am Beispiel Indonesiens. 2002.

Band 12 Hans-Georg Ebert / Thoralf Hanstein (Hrsg.): Beiträge zum Islamischen Recht II. 2003.

Band 13 Hans-Georg Ebert / Thoralf Hanstein (Hrsg.): Beiträge zum Islamischen Recht III. 2003.

Band 14 Hans-Georg Ebert: Das Erbrecht arabischer Länder. 2004.

Band 15 Silvia Tellenbach / Thoralf Hanstein (Hrsg.): Beiträge zum Islamischen Recht IV. 2004.

Band 16 Almut Hinz: Die Sanktionen gegen Libyen. Sanktionen im modernen Völkerrecht und in der Staatenpraxis sowie ihre Anwendung am Beispiel Libyen. 2005.

Band 17 Hüseyin Demir: Die osmanischen Medresen. Das Bildungswesen und seine historischen Wurzeln im Osmanischen Reich von 1331–1600. 2005.

Band 18 Sebastian Maisel: Das Gewohnheitsrecht der Beduinen. Der Stellenwert von Urf in den Rechtsvorstellungen tribaler Gruppen im Norden der Arabischen Halbinsel. 2006.

Band 19 Irene Schneider / Thoralf Hanstein (Hrsg.): Beiträge zum Islamischen Recht V. 2006.

Band 20 Anja Wehler-Schöck: Ehrenmorde in Jordanien. Ursachen und mögliche Gegenstrategien. 2007.

Band 21 Hans-Georg Ebert / Thoralf Hanstein (Hrsg.): Beiträge zum Islamischen Recht VI.

Band 22 Naseef Naeem: Die neue bundesstaatliche Ordnung des Irak. Eine rechtsvergleichende Untersuchung. 2008.

Band 23 Hans-Georg Ebert: Die Qadrî-Pâshâ-Kodifikation. Islamisches Personalstatut der hanafitischen Rechtsschule. 2010.

Band 24 Hans-Georg Ebert / Assem Hefny: *Der Islam und die Grundlagen der Herrschaft*. Übersetzung und Kommentar des Werkes von Alî Abd ar-Râziq. 2010.

Band 25 Nedim Zahirović: Murteza Pascha von Ofen zwischen Panegyrik und Historie. Eine literarisch-historische Analyse eines osmanischen Wesirspiegels von Nergisi (El-vaṣfü l-kāmil fī-aḥvāli l-vezīri l-'ādil). 2010.

Band 26 Hatem Elliesie (Hrsg./ed.): Beiträge zum Islamischen Recht VII. Islam und Menschenrechte / Islam and Human Rights / الإسلام وحقوق الإنسان. 2010.

Band 27 Ibrahim Salama: Muslimische Gemeinschaften in Deutschland. Recht und Rechtswissenschaft im Integrationsprozess. 2010.

Band 28 Sabaheta Gačanin: The Persian Divan by Ahmad Khatem Aqovalizade. 2011.

Band 29 Martin Heckel (Hrsg.): Rechtstransfer. Beiträge zum islamischen Recht VIII. 2011.

www.peterlang.de